The Tokyo Chamber of Commerce and Industry
Business Management Certification Test
Official Textbook

4th edition

東京商工会議所［編］

ビジネスマネジャー検定試験® 公式テキスト

管理職のための基礎知識

中央経済社

はじめに（本書の目的）

　マネジャーは，企業という組織の中で様々な役割を担っていますが，その
ミッションを一言で表現すると「チームとして成果を出すこと」です。

　チームとして成果を出すマネジメントを行うためには，チームメンバーで
ある部下とのコミュニケーションを円滑に行い，その育成とモチベーション
向上を図りながらチームの力を最大化させなければなりません。また，課題
解決や新たな目標の達成に向けた現状分析と戦略立案のスキルや，法制度に
精通しリスクを回避したり，万一のリスクに備えたりする能力が必要です。

　世の中には，マネジメントを体系的に学んでいなくても，優れた結果を出
すマネジャーが存在します。また，経営学や様々なマネジメントに関する知
識を持ちながら，的確な課題の発掘とその解決を図ることができず，目標の
達成が困難なマネジャーも存在します。このことから，優れたマネジメント
は，そもそも個人の資質や経験に基づき行われるものであり，知識に頼るべ
きものではないという声があります。

　しかし，マネジメントのあり方を，個人の資質や経験に頼るということだ
けで片付けてはいけません。優れたマネジャーをもう少し深く分析すると，
優れたマネジャーは，真摯に自己を省みて悪かった点の原因を探りつつ，先
人の知恵や知識をヒントとして新たな問題に対処することのできる人であり，
知識と経験のコラボレーションを効率よく実行できる人であることがわかり
ます。つまり，過去に生じた出来事と同種の出来事に経験を生かすことがで
きるだけではなく，経験に含まれる核心ともいうべきエッセンスを抽出し，
それを新規の目標や課題に応用し成果を出す能力を有する者が優秀なマネジ
ャーであるといえます。

　ビジネスをめぐる環境変化のスピードはますます加速しており，経験に基
づくマネジメントだけでは対応が困難となっています。したがって，マネジ
ャーは，マネジメントに関する知識を継続してインプットすることがきわめ
て重要なのです。継続した知識のインプットがなければアウトプットは生ま

れない時代となったといっても過言ではありません。

　とくに，新任マネジャーは，十分な準備を経てマネジャーになることは稀であり，それにもかかわらずマネジャーに就任した直後から待ったなしにその業務は始まり結果を求められます。そのため，マネジャーになる前から「マネジメントに関する総合的な基礎知識」のインプットが不可欠なのです。

　本書は，すでにマネジャーとしての業務に取り組んでいる人，あるいはこれからマネジャーになる人のために，マネジャーとしての心構えを紹介するとともに，ビジネスの実践の場で必要不可欠な知識や情報を網羅的に提供するもので，マネジャー自身が業務で得た経験を将来に生かすための羅針盤ともなるものです。

　本書および姉妹書の公式問題集，そして本書を公式テキストとする検定試験を活用することによって，企業・団体では，マネジャーの人材育成をより効果的かつ効率的に行っていただくことを，また，マネジャーとしての活躍が期待されるビジネスパーソンの方々には，自身のさらなるマネジメント能力のステップアップを図っていただくことを願っております。

東京商工会議所

ビジネスマネジャー
検定試験® 試験ガイド

●企業の要となるマネジャーの土台づくり

　経営者と従業員の結節点であるマネジャーは，企業の事業分野や規模を問わず，「経営ビジョンの浸透」や「事業戦略の策定・遂行」，「チームのモチベーション向上」，「人材育成」などの多様で重要な役割を担っており，まさに企業の浮沈の鍵を握る要の存在です。それだけに，優秀なマネジャーを育成することは，企業における最重要課題の1つです。

　本検定試験は，マネジャーとしての活躍が期待されるビジネスパーソンに対し，その土台づくりのサポートを目的とし，「あらゆるマネジャーが共通して身に付けておくべき重要な基礎知識」を網羅的に習得する機会を提供します。

●チームとして成果を出すマネジメントに必要な知識

　東京商工会議所では，マネジャーのミッションを「チームとして成果を出すこと」と定義し，そのミッションを果たすために必要なマネジメントの知識を厳選しました。

　大きく3つのカテゴリーに分類し，多岐にわたる実践的な知識を系統立てて学習できるよう，わかりやすく整理しています。

> **マネジャーのミッション＝チームとして成果を出すこと**
>
> **①人と組織のマネジメント**
> （コミュニケーション，人材育成，チームビルディング…）
>
> **②業務のマネジメント**
> （業務管理，戦略立案，マーケティング，財務分析…）
>
> **③リスクのマネジメント**
> （リスク管理，コンプライアンス遵守，企業統治…）

■試験要項

主催	東京商工会議所・各地商工会議所
出題範囲	公式テキストの基礎知識とそれを理解した上での応用力を問います。 最近の時事問題からも出題する場合があります。
合格基準	100点満点とし，70点以上をもって合格とします。
受験料（税込）	7,700円

受験方式	IBT	CBT
概要	受験者ご自身のパソコン・インターネット環境を利用し，受験いただく試験方式です。 受験日時は所定の試験期間・開始時間から選んでお申込みいただきます。	各地のテストセンターにお越しいただき，備え付けのパソコンで受験いただく試験方式です。 受験日時は所定の試験期間・開始時間から選んでお申込みいただきます。 ※受験料の他にCBT利用料2,200円（税込）が別途発生します。
試験期間	■第19回 【申込期間】5月17日（金）～5月28日（火） 【試験期間】6月21日（金）～7月8日（月） ■第20回 【申込期間】9月20日（金）～10月1日（火） 【試験期間】10月25日（金）～11月11日（月）	
申込方法	インターネット受付のみ ※申込時にはメールアドレスが必要です。	
試験時間	90分 ※別に試験開始前に本人確認，受験環境の確認等を行います。	
受験場所	自宅や会社等 （必要な機材含め，受験者ご自身でご手配いただく必要があります）	全国各地のテストセンター

お問合せ
東京商工会議所　検定センター https://kentei.tokyo-cci.or.jp/

Contents
目次

はじめに（本書の目的）

ビジネスマネジャー検定試験® 試験ガイド

4 マネジャーの心得   18

第2部 人と組織のマネジメント

第1章 マネジャー自身のマネジメント

第2章 コミュニケーションの重要性

第3章 部下のマネジメント

第4章 上司・外部とのコミュニケーション

第5章 人材の育成と人事考課

第6章　チームのマネジメントと企業組織論

第 3 部 業務のマネジメント

第7章 経営計画・事業計画の策定

第**8**章 マネジャーに求められる
業務のマネジメント

第9章 成果の検証と問題発見およびその解決

第12章　職場におけるリスクマネジメント

第13章 業務にかかわるリスクマネジメント

第14章 組織にかかわるリスクマネジメント

第15章 事故・災害時にかかわる リスクマネジメント

おことわり

●本書は，原則として，2022年12月 1 日時点の法令などに基づいて
　編集されています。

●内容の変更・追加等がある場合は，下記に掲載いたします。

　https://kentei.tokyo-cci.or.jp/bijimane/support/official-text.html

＜4th editionの主な改訂事項＞

●**第1部「マネジャーの役割と心構え」**では，マネジャーが直面するビジネス環境の新しい流れとして，デジタル社会への移行に関する情報を新たに追記し，また，持続可能な世界の実現に向けた取り組みである「持続可能な開発目標：SDGs」，投資対象の評価について環境（environment），社会（society），統治（governance）を重視するESG投資に関する記述を詳細化しています。

●**第2部「人と組織のマネジメント」**では，マネジャーが自分自身をコントロールし，自らの成長を促す方法として「メタ認知」に関する記述の充実化，テレワーク実施時における部下とのコミュニケーションや評価にあたっての注意点，コミュニケーションに役立つ知識としてのソーシャルスタイル理論，1on1ミーティング，心理的安全性，モチベーションに有用な知識である自己決定理論，多様な世代への対応などの知識を新たに追加しています。

●**第3部「業務のマネジメント」**では，変化の激しい現代のビジネス環境において事業計画を策定する際に有用なバックキャスティング思考，サプライチェーンマネジメント，非財務資本（「人的資本」，「知的資本」，「社会・関係資本」，「製造資本」，「自然資本」）の戦略的投資，財務情報と非財務情報を戦略的に統合して開示することの重要性などの知識を新たに追加しています。

●**第4部「リスクのマネジメント」**では，地球規模の課題として環境リスクへの配慮，サプライチェーンにかかわる様々なリスク，ビジネスと人権，デジタル社会における情報セキュリティリスクなどの知識を新たに追加しています。

第 1 部

マネジャーの
役割と心構え

① マネジャーが直面するビジネス環境

1-1 社会や経済の変化に対応できるマネジャーであること

(1) 求められる「新しい価値」の創造

　近年の企業ビジネスを取り巻く環境（社会・経済環境，企業の競争環境，雇用・働き方，個人のライフスタイル，地球環境など）は，ますます不透明さを増し，常に目まぐるしく変化しています。このようなビジネス環境の複雑さから未来予測が困難である現代社会の特性は，「VUCA（ブーカ）」と呼ばれることがあります。VUCAは，Volatility（変動性）・Uncertainty（不確実性）・Complexity（複雑性）・Ambiguity（曖昧性）の頭文字を取ったものです。また，後記1-2で述べるように，日本国内の生産年齢人口は，少子化に伴い，今後減少が見込まれ，労働力の深刻な不足が懸念されています。こうした状況において，企業が生き残り，持続的に発展するためには，社会全体の生活様式や消費行動，働き方等は常に変化し続けるものであることを認識した上で，その変化に適切に対応しながら自社の将来の持続的な発展につながる経営と事業展開を図ることが不可欠です。

　マネジャーは，このようなビジネス環境の変化に対応し続けなければなりません。そのために，マネジャーは，自らの経験を基礎としながらも，常に新しい知識や技術を学び続けることが不可欠です。言い換えると，これまでに培った経験やスキルだけでは，時代の変化を読み解き，新たな発想で従来のやり方を変革することは困難になっているといえます。そして，マネジャーは，組織の経営方針・ミッションに従って活動を進める中で，チームメンバー一人ひとりが，それぞれの持ち味を生かし，個性を発揮しつつ，社会が必要とする商品やサービスの提供ができるよう，チームをリードしていかなければなりません。つまり，マネジャーは，これまで行われてきたように，どちらかというと部下に対して画一的な働き方を指導・育成するのではなく，

個性豊かで多様性があり自ら考えて行動できる部下を育成し，ときには前例にとらわれることなく勇気を持って変革にトライすることが求められます。

　言葉を換えていえば，旧来の業務の方法にひそむ問題を発見してその解決への道筋をつけて実行し，組織における「新しい価値」を創造できるマネジャーが，これからの組織を支えるために必要なのです。

　マネジャーが，従来と同じやり方で日々の業務をこなすだけでは，チームはもちろん組織の持続や発展は期待できません。

(2)　デジタル社会への移行

　ビジネスの隅々にデジタル技術が浸透し，世界中の端末とネットワークでつながっています。また，スマートフォンをはじめとする携帯型端末が普及することで人々の暮らしにデジタル技術が浸透しました。

　こうした社会全体のデジタル化は，消費者の生活をますます便利にし，ビジネスの世界ではその業務はますます効率化しています。デジタル技術の発展により，消費者や顧客の状況に応じたきめ細かいサービスを低コストで提供できるようになった結果，個々の消費者・顧客の細かなニーズを満たす付加価値の高い体験が可能となっています。

　デジタル社会の実現に向けた司令塔として，日本ではデジタル庁が設置されています。日本で世界水準のデジタル社会を実現するには，将来の目指す姿を描き，構造改革，地方の課題解決，セキュリティ対策といった多くの取り組みを推進する必要があります。こうした状況を踏まえ，デジタル庁は，「デジタル社会の実現に向けた重点計画」を策定しています。この計画は，目指すべきデジタル社会の実現に向けて，政府が迅速かつ重点的に実施すべき施策を明記し，各府省庁が構造改革や個別の施策に取り組み，それを世界に発信・提言する際の羅針盤となるものです。

1.	オープン・透明	6.	迅速・柔軟
2.	公平・倫理	7.	包摂・多様性
3.	安全・安心	8.	浸透
4.	継続・安定・強靱	9.	新たな価値の創造
5.	社会課題の解決	10.	飛躍・国際貢献

1-2 企業の社員構成の変化に対応できるマネジャーであること

(1) 労働人口の減少に対応できるマネジャー

　図表1は2015年および2040年に推計される人口ピラミッドを並べたものです。図の中ほどに四角い枠で示した箇所は，マネジャーとして想定される30歳～50歳の範囲を示しています。

図表1　マネジャー人口の推移

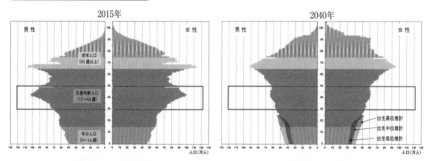

出典：国立社会保障・人口問題研究所「日本の将来推計人口（平成29年推計）」（出生中位（死亡中位）推計）に基づき作成。

　2015年と2040年を比較すると，マネジャーとして想定される30歳～50歳の層よりも，部下になる若い世代が減少し，この減少傾向は続いていくと思われます。このような年齢別人口構成は，今後のマネジャーの役割や責任を考える上で十分考慮されなければなりません。

人口の長期的な減少傾向が続く中で，部下の数も図表1で示されているように増加することは望めないのが一般的です。マネジャーは，今後，数少ない部下をいかに効率よく機能させ，仕事のできる部下を育てていくかという大きな課題を担っています。

POINT 少人数で業務遂行が可能なようにシステムやITを活用する

　日本は少子化が進んでおり，生産年齢人口（15歳以上65歳未満の人口）は減少する傾向にあります。組織にとって，優秀な労働者を確保することが重大な経営課題となっています。マネジャーは，より少ない人数で従来の業務を着実に進めるとともに，新しい事業の企画も着実に進展させなければなりません。その半面，マネジャーは，チームメンバーの労働時間を的確に管理し，法律で定められた範囲内に時間外労働を抑えなければなりません。

　より少ない人数で業務をこなしながらメンバーの労働時間を一定の範囲にとどめるためには様々な工夫が必要ですが，デジタル技術を上手に活用することはその1つです。例えば，業務に活用できるソフトウェアやデジタル機器を使って，チームメンバーが日々の業務で繰り返し行っている定型的な作業（ルーチンワーク）が自動的に実行されるようにすれば，ルーチンワークに費やされていた時間をもっと生産的な業務のために使うことができます。

(2)　雇用形態の多様性に対応できるマネジャー

　労働者の雇用形態は多様であり，雇用形態の異なる様々な人が，同じ職場で働いているという状況は，今後も続いていきます。また，国籍や性別等の要素も勘案すると，企業で働く人々の多様性が急速に高まってきています。

　マネジャーは，こうした多様な人々の立場を理解してチームをマネジメントしなければなりません。つまり，マネジャーは，いろいろな人の置かれている立場や環境を理解し，個性を知った上で円滑なマネジメントを実行する

ことが求められます。

> 👉 雇用形態の多様化に対応できるマネジャーは，第3章第5節「多様な人材の
> マネジメント（ダイバーシティへの対応）」で解説します。

1-3 企業が生き残るための戦略としてのSDGsとESG

⑴　ビジネスに携わる者としてのSDGsの理解

　1-1の冒頭で説明したように，近年のビジネスを取り巻く環境は，多く
の企業にとって，将来の持続的な成長が容易であるとはいい難い状況ですが，
特に，社会環境，地球環境の悪化についていえば，従来の社会・経済システ
ムの在り方がその原因の1つともいえます。短期的利益の過度な追求と大量
生産・大量消費を前提とするこれまでの社会・経済システムが自然環境に多
大な影響を及ぼした結果，人類の生存基盤までもが脅かされるなど，企業活
動の前提となる社会・経済システム自体が根底から揺らぐ事態が生じていま
す。このような状況の下，マネジャーは，現在の経済活動を続ければ持続可
能な人類の生存が脅かされるという危機感から生まれた考え方であるSDGs
（Sustainable Development Goals（持続可能な開発目標））について理解し
ておく必要があります。

　「国連持続可能な開発サミット」（2015年）において採択されたSDGsは，
2030年までに実現すべき，環境や貧困，人権，開発，平和等，17の目標を
ゴールとして定め，持続可能な世界を実現する取り組みを示しています（図
表2）。

　SDGsは，「貧困をなくす」，「飢餓をゼロに」といった貧困・飢餓の撲滅
や気候変動対策など，一見，社会貢献や環境保護のための慈善活動のような
印象を受けることがありますが，これに取り組めばビジネスの機会拡大につ
ながる一方で，取り組まないこと自体が大きなリスクになるという，企業の
将来の持続可能性に大きな影響を及ぼす重要な課題です。次に述べる観点か
ら，企業がその経営において直面するビジネス環境の変化を的確に捉え，そ
の変化に適切に対応しつつ将来の自社の持続的な発展につながる事業展開を
図るために，SDGsを理解し，的確にその動向を押さえることが重要な手掛

1 貧困を なくそう	**2** 飢餓をゼロに	**3** すべての人に 健康と福祉を	**4** 質の高い教育を みんなに	**5** ジェンダー平等 を実現しよう	**6** 安全な水と トイレを 世界中に
7 エネルギーを みんなに そして クリーンに	**8** 働きがいも 経済成長も	**9** 産業と技術革新 の基盤を つくろう	**10** 人や国の不平等 をなくそう	**11** 住み続けられる まちづくりを	**12** つくる責任 つかう責任
13 気候変動に 具体的な対策を	**14** 海の豊かさを 守ろう	**15** 陸の豊かさも 守ろう	**16** 平和と公正を すべての人に	**17** パートナー シップで目標を 達成しよう	

かりになると考えることができます。

①SDGsに潜在する巨大な市場

　SDGsが掲げる目標は，今後，2030年までの世界のニーズであり，SDGsが掲げる世界の課題の解決に向けたソリューションを提供することは，大きなビジネス機会になります。SDGsの経済効果の推計は，その達成によりもたらされる市場機会の価値が年間約12兆ドル，世界で2030年までに創出される雇用は約3億8,000万人にのぼるなど，潜在的に巨大な市場があるとされています。的確にSDGsを理解し，SDGsの達成に貢献する製品やサービスを社会に提供することができれば，大きな需要を見出すことができると考えられます。

②世界に対し巨大な影響力を持つSDGs

　SDGsは，世界全体（国際機関や各国政府，自治体，教育機関，研究機関，企業，NGOやNPOなど多種多様な組織）が全地球規模で，2030年に向けて取り組む普遍的な目標であり，世界中の人々の生活様式に対し，大きな影響力があります。さらに，各国政府はSDGsの目指す目標を政策や行動計画に反映することが推奨されていることから，今後の達成状況によっては，法令

の見直しや世界的な規制が進む可能性もあり，こうした変化は，企業にとってリスクになり得ます。そのため，リスク管理の観点からも，SDGsを理解し，その動向をしっかりと押さえることが重要です。

③優秀な人材の確保に資するSDGs

前記1-2で述べたように，日本国内の生産年齢人口は，少子化に伴い，今後減少することが予想され，労働力の深刻な不足が懸念されています。将来にわたる企業の持続的な発展には，今後，消費者，従業員，あるいは投資家として企業を取り巻くステークホルダーの中核となる若い世代の価値観の変化を適切に捉えることが不可欠です。これらの若い世代（いわゆる「ミレニアル世代」や「Z世代」）の特徴として社会問題や環境問題に対する意識が高いことが指摘されています。

日本のビジネス環境は，今後も労働人口減少が継続する中，必要な人材の確保が困難な状況が続くと考えられ，優秀な人材の確保が企業の重要な課題です。「SDGs経営ガイド」（経済産業省）は，「ミレニアル世代は，どのような社会貢献をしているかをビジュアルに感じられない企業では，あまり働きたくないと考えているようだ。皆が働く目的，消費する目的をもとめており，それを可視化できない企業は投資家のESG資金（後述参照）も引き寄せられず，ミレニアル世代の優秀な人材も採用できないという時代が来ているのではないか」と述べています。

人権問題・働きがい・ダイバーシティなど，SDGsに取り組む企業は働きやすい職場と認識され，優秀な人材の確保，離職率の低下，採用コストの削減，人手不足による生産性の低下の防止にもつながります。

④ESG投資との親和性

近時，世界中で，急速にESG投資（後記(2)参照）が拡大しています。

ESGの要素である環境（Environment），社会（Social），ガバナンス（Governance）は，いずれもSDGs目標として示される様々な課題と親和性が高く，また，いずれも企業の安定的かつ長期的な成長に不可欠の要素です（図表3）。

E (Environment=環境)	温室効果ガスの削減等，水質汚染の改善，気候変動への対応などの環境問題対策
S (Social＝社会)	ジェンダー平等の実現，格差や人権問題の解決，地域社会への貢献など
G (Governance＝ガバナンス)	不祥事の回避，不正のない公正な経営や情報開示など

　環境，社会，ガバナンスに存在する課題を認識し，その課題解決を事業に組み込み，事業活動を通じて課題解決をする過程において，新規事業の創出や新規商品開発といったイノベーションが促進されることが期待できます。

(2) ESG投資の世界的な拡大

　ESG投資は，投資家が投資対象としての企業を選定するに際し，企業の財務状態に加え，上記のE，SおよびGを重視する投資をいいます。ESG投資は国連による責任投資原則に基づくものであり，投資家による投資判断に，環境問題への対策や社会課題等に対する企業の取り組みが影響をもたらすという認識が広がっています。

　ESGに配慮した経営を行う企業は投資家や金融機関に支持されやすくなり，そうでない企業は事業の運転資金の調達が困難になると想定されます。こうした変化は，環境や社会に配慮した活動をしない企業は投資対象から外されるリスクをもたらします。また，ESG投資は，投資判断材料として企業のサプライチェーン（第3部第7章2-6参照）も対象とすることから，自社が投資家による投資の対象となることに重点を置かない中小企業であっても，SDGsに取り組まない場合には，サプライチェーンを構成する取引先として，その選定から除外されるリスクが生じます。企業には，こうした経済構造の変化に対応できる事業戦略の策定が求められます。環境問題，社会問題など多岐にわたる開発目標を掲げるSDGsに取り組むことは，ESG投資の対象としての評価，あるいは取引先として他社からの評価の向上をもたらします。

2 マネジャーに求められるミッションと 5つの役割

マネジャーのミッションを一言で表現すると，「チームとして成果を出すこと」です。

いかに優秀であっても個人が生み出すことができる成果にはどうしても限界があり，また継続性を見込むことも容易ではありません。様々な課題やリスクを乗り越え，成果を安定的に生み出し続けるためには，チームとして機能することが必要です。そのため，組織は，チームとして成果を出すことを重視し，それをマネジャーに求めています。ここでは，マネジャーがこのミッションを果たすために必要となる5つの役割について解説します。

2-1 経営方針とチームの目標を共有・浸透させる

マネジャーは，経営者とチームメンバーである部下との結び目・結節点です。マネジャーは，チームの目標を設定するにあたり，企業理念や経営方針をよく理解し把握していなければならないことは言うまでもありません。その上で，マネジャーは，部下の強みを遺憾なく発揮させるとともに，責任ある活動をさせて，部下をチームの目標に導いていかなければなりません。

そのためには，チームとしての目標が明確でなければなりません。

マネジャーはチームメンバーに自チームの目標を明確に示し，その達成に向け，チームメンバーを導いていかなければなりません。

☞ マネジャーがどのように目標を設定し，その進捗を管理するかについては，第3部「業務のマネジメント」で解説します。

2-2 戦略を策定・実行し，問題を解決しながら目標を達成する

マネジャーは，組織の管理職として経営の一端を担う者であり，経営層が決定した経営方針を具体化するために目標を設定し，その目標を達成するために様々な戦略を策定・実行する役割を担います。

まず，マネジャーは，チームとしての業績目標を達成する責任を負います。

マネジャーに課される業績目標は，売上や利益，生産数量等の水準（対前年度割合や具体的な額）など様々ですが，マネジャーは，業績目標を具体的な業務計画に落とし込み，自らのマネジメントによって収益の確保やサービスの実現といった業績目標を達成しなければなりません。

マネジャーは，業績目標を達成するために，現状を分析・把握し，それと業績目標との差を確認します。自ら率いるチームとチームメンバー，および与えられた予算・期間で，問題を解決し現状を向上させて目標を達成するための戦略を練り，具体的な業務計画を策定します。

チームとして，従前の活動の延長線上で業務計画を策定するだけでなく，組織の成長・発展を目指して，従来は取り組んでこなかった新たな問題解決への取り組みなども考え実施していきます。

> 👉 業績目標の達成は，主に第3部「業務のマネジメント」で解説します。

2-3 チームのエネルギーを最大化する

マネジャーは，チームとしてのエネルギーを最大化するために，自らが中心となり，部下との絶え間ないコミュニケーションを通じて部下のモチベーションを高めて，部下一人ひとりの長所を生かし短所を補いながら，その強みを発揮させなければなりません。このようなマネジャーの働きによって，個々の部下がそれぞれ持っているエネルギーの単純合計を超えた，チームとしてより大きなエネルギーを生み出すことが期待されているのです。

マネジャーは，この期待に応えるため，チームや部下の仕事などに「さら

図表4　マネジメントのイメージ

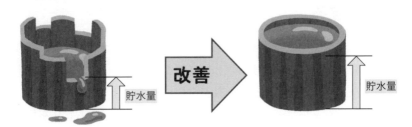

業務レベルが不揃いの状態　　　　　　　　　　　業務レベルが揃っている状態

に改善すべき点はないか」,「ボトルネックはどこにあるか」などに気づくことが重要となります。

「asking the right questions（マネジャーは真に解決すべき問題が何かを常に問い続けなければならない）」という言葉に示されるように，目標を設定し，それを達成するには，いつも問題意識を持ち，「何が問題なのか」に気づかなければなりません。このことは，図表4に示すイメージを使って理解することもできます。

桶のイメージは，マネジャーがマネジメントを行うべきチームを表し，桶の貯水量はそのチームによって達成可能な成果を表しています。左側の桶の貯水量は，最も低い木の板の高さに限定されてしまいます。これでは，高い位置まで伸びている木の板がいくつかあっても，桶に水を貯めることができません。左側の木の板は，マネジャーが設定したチームの目標や業務計画に問題があり，達成が困難な状態を表す場合もありますし，部下の能力が不揃いであることを表している場合もあります。

マネジャーは，常に，何を改善すればチーム全体の業務の水準を上げることができるかを問い続け，その水準を上げる解決策を見つける努力が必要です。

コミュニケーションおよび部下の動機づけについては，第2部「人と組織のマネジメント」で解説します。

2-4 部下を育成し評価する

(1) 部下を育成する

マネジャーが，部下を育成することは重要な役割の1つです。

チームとして成果を出すことはもちろん，組織が持続的に存続し成長するためには，常に次世代の人材を育てていくことが不可欠であり，チームの責任者として部下を管理する立場にあるマネジャーは，次の世代を担う人材として部下を育てる責任があります。

マネジャーは，部下を育成するとともに，自らの成長にも取り組まなければなりません。部下は，マネジャーが自己啓発に取り組んでいるのを見て，よりいっそう自己を成長させなければならないと感じるでしょう。部下は，マネジャーの背中を見て，業務に必要な経験を積むことによって成長することができます。

(2) 部下を評価する

人材の育成は，その人材の評価と切り離して考えることができません。

マネジャーは，そのチーム全体の業績評価の基準と，部下一人ひとりの業績評価の基準を定めなければなりません。そして，チームとして成果を出せたか，あるいは部下は予定していた結果を出せたかについて，業績基準に基づいて評価します。これは，人と組織のマネジメントにおけるマネジャーの重要な仕事の1つです。

☞ 部下の育成および部下の評価（人事考課）については，第2部「人と組織のマネジメント」で解説します。

2-5 リスクを迅速かつ適切に処理する

マネジャーは，日々の業務に潜むリスクに気づき，その顕在化を未然に防止し，また，緊急かつ例外的に発生するリスクについて迅速かつ適切に判断・対応をしなければなりません。リスク対応でマネジャーが行うマネジメント

は，あらかじめ定められたマニュアルを，単に当てはめるだけではうまく機能しません。

(1) リスクの予見・防止

マネジャーは，チームの活動に責任をとる立場にあることから，チームメンバーである部下の業務遂行にいかなるリスクがあるか，またリスクの発生を未然に防ぐためにいかにチームをマネジメントすべきかを常に考えなければなりません。

これらは，いわば「平常時」におけるマネジャーのリスクマネジメントとして，どのように業務を進め，また，どのようにチームメンバーとコミュニケーションをとればリスクの顕在化を防止することができるかを考えることとなります。

(2) 緊急時対応（マネジャーの真価が問われるとき）

イレギュラーな事態やリスクが顕在化する事態が発生した場合に，マネジャーは，事態の問題点や対応方法を見抜き，実行して，事象の解決にあたらなければなりません。

緊急かつ困難な問題が発生したとき，いかにその苦境を乗り切るかということは，マネジャーに求められる重要な役割の1つです。言葉を換えると，機能性のある優秀なチームとは，リスクの発生を防止できるだけではなく，リスクが発生したときに，マネジャーの指示のもとに迅速かつ適切に対処することができる集団です。

マネジャーの真価が問われるのは，不測の事態が発生したときにどう対応したかということです。マネジャーの本来の力量が試される場面といえます。

> マネジャーに求められるリスクの対応については，第4部「リスクのマネジメント」で，詳しく解説します。

3 マネジャーの資質

マネジャーにとって欠くことのできない資質に「真摯さ」があります。ピーター・ドラッカー（Peter Drucker）は，この資質を「Integrity（インテグリティー＝真摯さ）」といい，マネジャーの業務遂行能力や，人柄といったものの基盤ともいえる根本的な素質だといっています。

そこで，このマネジャーの資質である「真摯さ」とは何かについて，様々なマネジャーの役割の中で考えてみましょう。

POINT ピーター・ドラッカーが重要視する「真摯さ」

「真摯さ」について，ピーター・ドラッカーは次のように述べています（ドラッカー著　上田訳（2008b））。

「真摯さはごまかせない。ともに働く者，特に部下には，上司が真摯であるかどうかは数週間でわかる。（中略）真摯さを定義することは難しい。しかし，マネジメントの地位にあることを不適とすべき真摯さの欠如を明らかにすることは難しくない。」

そして，マネジャーとして不適格なタイプを以下のとおり列挙しています。自分への戒めとして定期的に自問自答するとよいでしょう。

- 人の強みよりも弱みに目のいく者
- 評論家（口ばかりで実践できない者）
- 何が正しいかよりも，誰が正しいかに関心を持つ者
- 真摯さよりも頭の良さを重視する者
- できる部下に脅威を感じることが明らかな者
- 自らの仕事に高い基準を設定しない者

3-1 業務に対する「真摯さ」

まず，業務に対する「真摯さ」で重要なのは，マネジャーとして，企業から期待されている成果を上げるという，粘り強さと強い意志です。

そのためには，過去の成功体験，自己のプライド等に引きずられることなく，率先して現実を直視して受け入れ，感情的ではない合理的な判断を下す必要があります。ただ，むやみに業務を押し進めたり，部下を厳しく叱責したりするだけでは物事を成し遂げることはできません。

そして，マネジャーに降りかかる日常的なリスクや，業務上の大きな逆境に対しても，現実を見据え，より本質的な問題解決を図る姿勢を持ち，その結果に対する責任を引き受ける強さと勇気が必要です。

また，もっぱらリスクを回避しているだけでは，チームとしての成長も，大きな成果も上げることはできません。リスクを精査することは重要ですが，そこに成長と発展の機会があるのなら，積極的にそのリスクに取り組む意欲と覚悟を持つこともマネジャーには求められます。

3-2 部下に対する「真摯さ」

マネジャーは，部下の心をつかみ，それぞれの持ち味を生かし，チームとして最高の能力を発揮させることが理想です。

マネジャーが，それぞれの部下の異なる能力や考えを理解し，また，部下からリーダーとして信頼されるためには，「真摯さ」が不可欠です。

これは，単に表面的にフランクな態度で接し，友達のような関係になることではありません。部下一人ひとりに対して，真正面から向き合い，自分の考えを押し付けるのではなく，部下の希望や考えに耳を傾け，「絆」を結ぶことが重要です。その上で，部下一人ひとりの成功とチームとしての成功を獲得することがマネジャーに求められます。

3-3 自分に対する「真摯さ」

自分に対する「真摯さ」は，今まで述べた「業務」や「部下」に対する「真摯さ」の基本であり源であるといえます。

まず，自分と他人の違いを理解し，自己のアイデンティティ（明確な自己像）を意識することが必要です。そのために，マネジャーは，自分自身が，広い視野を持って現実を直視し，何が正しいかを見極める基準を持つことが大切です。マネジャーは，時として孤独な存在となり，マネジャー自身が責任を持って判断することを求められます。そのため，いつも自分の判断の水準を高める努力をし，基準の正しさを問い続けること，自分の言動がその基準に一致しているかどうかを振り返る努力を続けることが重要です。

　このような「真摯さ」がなければ，部下から真の信頼を得ることはできず，マネジャーとしての誠実さを疑問視されることとなります。

POINT　情報収集はマネジャーの重要タスクの1つ

　マネジャーは，目標達成のために必要なあらゆる情報を収集し，分析しなければなりません。そこで，必要となるのが，好奇心です。

　好奇心が旺盛なマネジャーは，常に自分の持っている業務情報や，自分を取り巻く環境の情報を更新しようとする意欲のある人です。その意欲が，新しいアイデアを生み出し，業務の効率化につながる可能性を増やすことになります。あるいは，全く違った斬新なアイデア，新たな事業につながるヒントをつかむことにもつながります。

　ただし，情報の収集といっても，ただむやみに，手当たり次第に情報を集めるだけでは，意味がありません。

　マネジャーには，マクロの視点とミクロの視点を使い分けながら，情報を収集し分析する力が必要となります。具体的には，戦略的に，先を見通せる情報なのか，目下の事業に有益な戦術的情報なのかを選別しながら，情報を収集し，分類し，自分の判断の糧とする習慣を身につけることが大切です。

4 マネジャーの心得

　マネジャーになるということは，部下から上司へと「立場が変わる」ということです。部下に対する評価や人事に関する権限が拡大し，企業業績に対する責任が重くなり，他部門等への影響力も増してきます。また，物事を見る際の目線が部下の目線から上司の目線へと変わるというのも大きな変化です。

　マネジャーの行うマネジメントは，解決すべき課題の変化に応じて，役割の内容も変わってくるのは当然です。もちろん，マネジャーも1人の人間ですから，自分の培った経験や個性により対処の仕方に違いが出てきます。

　しかし，優れたマネジャーは，自分の個性とマネジャーの理想形のギャップを真摯に意識し，状況に応じて自分の個性を発揮してよい場面と，自分の個性を抑えるべき場面を敏感に察知します。

　マネジメントの成功は，様々な要素を，迅速に分析し状況に対応できるか否かにかかっています。バランスのとれたマネジャーは，処理すべき課題に応じて，自分の役割を適切，かつ柔軟に対応させることができるのです。

　マネジメントの目的は，チームのメンバーである部下や，業務に関係する人々と協同して，成果を挙げることです。マネジャーとしての役割を適切に果たすことによって，効率のよいバランスのとれたマネジメントが可能となります。

　本書を通じて，実力のあるチームを作り，部下のモチベーションを高め，目標達成を部下とともに分かち合えるマネジメントの考え方や方法を学習してください。

COLUMN　間違いを認めることの重要性

　マネジャーといえども完全無欠ではありません。

　情報の理解や業務の指示に，ときとして間違いが生じることもあります。このとき，マネジャーに必要なことは，「自分は間違ってはならない」と過度な完璧主義に陥らないことと，「自分が間違ったことを認めると，面子が潰れてしまうし，かっこ悪い」と思わないことです。

　自分の間違いに気がついたり，人から間違いを指摘されたりしたら，潔く間違いを認めることが大切です。部下は，間違いを認めないマネジャーを，「プライドの高い，意固地な人間，狭量な人間」と見抜いてしまいます。そうなると，次第にマネジャーに対して，進んでコミュニケーションを図ろうとする部下は少なくなっていくでしょう。チームの連帯感は次第に薄れ，マネジャーの役割である目的達成に対する大きな阻害要因となってしまいます。

　間違いに気づき，潔くそれを認めるマネジャーは，部下の目からもさわやかに映り，その後のコミュニケーションもずっと楽になるでしょう。

第 **2** 部

人と組織の マネジメント

第1章

マネジャー自身の
マネジメント

1 マネジャー自身をマネジメントする

1-1 自己を管理し評価・判断する

　マネジャーは，部下をマネジメントする以前に，まず自己管理ができなければなりません。

　マネジャーは，チームの目標のほかに，自分自身が達成すべき目標を設定し，その目標に照らして自らの仕事ぶりと成果をたえず客観視し，自分自身に必要な修正や調整をする必要があります。

　つまりマネジャーが，自己管理をする力を持つためには，マネジャー自身が，自分の能力や長所・短所，修正すべき行動や習慣を客観的に評価できる能力を身につけなければなりません。

　しかし，マネジャーともなると，そのチームメンバーや周囲の人々も，賞讃こそすれ，ストレートにマネジャーの短所や修正すべき行動を直言することは少なくなるでしょう。

　それだけに，マネジャーは，このような現実を踏まえて，自己に対する賛美があっても，それを鵜呑みにすることなく，常に自己を客観的に判断する姿勢が必要です。

　また，習慣の壁はさらにやっかいです。例えば，怒ると頭に血が上りやすく口調が荒くなってしまう人は，「部下とのコミュニケーションでは，論理的に何度も説明することが重要」とわかっていても，いざイライラした場面

では怒鳴り口調となってしまい，頭で理解していることをなかなか実践できません。この習慣の壁を突き破るには，まず，自分自身の習慣を客観視する必要があるのです。

1-2 自己分析に役立つ「ジョハリの窓」

マネジャーが，チームを率いていく上で，どれだけ自分のことをチームメンバーに開示してその理解を得ているかを分析する手法として「ジョハリの窓」があります。

ジョハリの窓とは，アメリカの心理学者であるジョセフ・ルフト（Joseph Luft）とハリー・インガム（Harry Ingham）により公表された「対人関係における気づきのグラフモデル」のことです。これは，ジョセフとハリーの両者の名前を組み合わせて「ジョハリ」とし，図表1-1に示される4つの領域をそれぞれ「窓」に見立てて分析することから「ジョハリの窓」と呼ばれています。

ジョハリの窓では，自己を，①自分も他人も知っている「開放の領域」，

図表1-1 ジョハリの窓

	自分にわかっている	自分にわかっていない
他人にわかっている	❶ 開放の領域 (open self)	❷ 盲点の領域 (blind self)
他人にわかっていない	❸ 秘密の領域 (hidden self)	❹ 未知の領域 (unknown self)

出典：ハーシィ他（2000）p.303を修正。

②自分では気づいていないが他人は知っている「盲点の領域」，③自分は知っているが他人は知らない「秘密の領域」および④自分も他人も知らない「未知の領域」の４つに分けて分析します。

　マネジャーは，部下や上司などとの関係で，①開放の領域が広ければ広いほど，自己開示が進んでいるとみることができます。また，②盲点の領域にあたる項目については，マネジャーは，自己を省みたり，他人に尋ねて自己の行動にフィードバックしたりすれば誤解やトラブルを避けることができます。また，③秘密の領域については，必要に応じて自己を理解してもらえるようにコミュニケーションを図っていきます。④未知の領域は，これまで意識されていなかった部分ですので，従来気づかずにいた才能などが発見されることがあります。

　マネジャーは，自分を理解してもらい，または部下を理解するために，ジョハリの窓を用いて，お互いのことを開示し合うことも有用です。

　具体的には，①の開放の領域を広げて③の秘密の領域を開放することが必要です。いわば，垣根を取り払うといった自己開示を進んで行うことで，自分というものを相手によく理解してもらう行動です。そのことを契機として，部下（上司）は，これまで以上にマネジャーのことを知るようになり，親近感や信頼感を抱くことにつながります。また，重要なことは，マネジャーによる自己開示をきっかけに，部下（上司）がマネジャーをどう見ていたのかをフィードバックしてくれるようになり，マネジャー自身が気づかなかった②の盲点の領域を自覚するチャンスにもなります。マネジャーは，②の盲点の指摘については，これを真摯に受け止め，今後の行動の改善点とすることが大切です。

1-3 自ら行うべき仕事を選別する

　マネジャーの多くは，部下やチームのマネジメントに加えて自ら業務を実施しています。いわゆるプレイング・マネジャーです。現場に近いラインマネジャーであれば，その傾向は顕著でしょう。こうした中，マネジャーとしては，自身が行うべき仕事をいかに選別するかが重要です。

　図表１-２は，仕事のタイプを「重要度」と「緊急度」によって４つに大

図表1-2 重要度と緊急度による仕事の区分

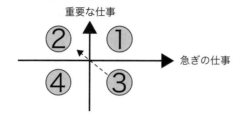

別したものです。とくに新任のマネジャーは，往々にして「②急ぎではないが重要な仕事」よりも「③重要ではないが急ぎの仕事」を優先してしまう傾向が見られます。マネジャーは，「③重要ではないが急ぎの仕事」はなるべく部下に実施させ，自らそのような仕事に忙殺されることがないようにしなければなりません。

図表1-2を整理してみましょう。

①は急ぎでかつ重要な仕事です。仕事の内容にもよりますが，マネジャーは，①に当たる仕事についてはチームとして真っ先に取り組むべきでしょう。

②は急ぎではないが重要な仕事です。急ぎではないが重要な仕事というのは，現状の顧客や課題の分析をはじめ仕事をより効率化させるチーム体制の改善，将来に備えた商品の企画などが挙げられます。組織の長期的な成長に貢献し，複数年度にわたって取り組むべき仕事ともいえます。マネジャーは，その仕事の重要性を認識し，自らその実現のために注力すべきです。

③は重要ではないが急ぎの仕事です。前述のとおり，マネジャーはこれに当たる仕事は部下に委譲し自ら行わないようにすべきです。

最後に，④は急ぎでも重要でもない仕事です。この仕事は，行うべき積極的な理由がない限り最後に処理することとなります。

POINT 部下への権限委譲のポイント

部下といえども，マネジャーから細かい指示ばかりで，部下の業務の制約が多すぎると，業務に対する意欲は高まりませんし，何よりも成長のスピードが遅くなります。

連合艦隊司令長官であった山本五十六の「やってみせ，言って聞かせてさせてみて，褒めてやらねば，人は動かじ」という有名な言葉には続きがあります。「話し合い，耳を傾け，承認し，任せてやらねば，人は育たず」という言葉です。

部下に当事者意識を持たせ，成長を促すためにも，権限委譲をすることはマネジャーの重要な仕事の1つです。

このような観点から，以下の点に留意して，部下に権限の委譲を行うとよいでしょう。

① 部下を信頼して，自分の業務を委ねるという姿勢を持つ
② 部下の育成という観点を忘れない
③ 委譲した業務も，最終的には自分の責任の範囲と自覚する
④ 部下の技量を考えて，委譲した業務の報告を適宜求める

1-4 自己のストレスを適切に管理する

マネジャーは，業務を展開する中で，様々なストレスにさらされています。業務目標を達成する過程の中で解決すべき問題に直面するとき，また，部下や取引先あるいは上司とのやりとりにおいて精神的緊張は避けられません。

過度なストレスは心身の不調を来すことがあります。しかし，適度なストレスは，むしろやる気を奮い立たせて生産性の向上につながることがあります。

したがって，重要なのは，ストレスについて正確に理解し，これに適切に対処することです。この項では，ストレスについての一般的な知識を整理するとともに，マネジャーが，自身のストレスをどう管理すべきかを解説します。

マネジャーによる，部下のストレス管理にかかわるメンタルヘルスについては，第12章「職場におけるリスクマネジメント」で解説しています。

COLUMN　良いストレスと悪いストレス

　ハンス・セリエによれば，ストレスには良いストレス（eustress）と悪いストレス（distress）があるとされています。

　良いストレスには，入浴や熟睡，軽い飲酒などの適度な刺激や，達成感・充実感といった自己のやる気を奮い立たせる刺激や状態が挙げられます。

　これに対し，悪いストレスは，厳しい寒さや暑さ，不眠といった心身に悪影響を及ぼす刺激や，業務の失敗などの刺激・状態をいいます。

　もっとも，ストレスの中には，良いストレスと悪いストレスのどちらにもなり得るものもあります。例えば仕事のノルマなどは，人によって，目指すべき目標として良いストレスになったり，過度な負担として悪いストレスとなったりします。

(1)　ストレスの発生するメカニズム

　ストレスとは，カナダの生理学者であるハンス・セリエ（Hans Selye）によれば，外部環境からの刺激によって起こる歪みに対応しようとする一般的反応をいいます。そして，ストレスを引き起こす外部環境からの刺激をストレス要因（ストレッサー）といいます。

(2)　ストレスに対する対処

　ハンス・セリエが生物学の観点からストレスを説明したのに対し，アメリカの心理学者であるリチャード・ラザルス（Richard Lazarus）は，心理学の観点からストレスを捉えています（認知評価モデル）。

　まず，ストレッサーにさらされた人は，ストレッサーをどのように評価するかという段階を経ます（第一次評価）。ここでは，ストレッサーを自分と無関係であるか，無害もしくは肯定的なものであるか，またはストレスフル（Stressful：ストレスが強い）かが評価されます。次に，ストレッサーがストレスフルであると評価された場合に，二次的評価としてストレス対処行動の選択がなされます。このように，ストレスに対処する行動をコーピング

（coping）といいます。

　コーピングには，ストレッサーである問題そのものの解決を目指す問題焦点型（problem-focused）と，ストレッサーそのものではなくそれによって生じるストレス反応をコントロールしようとする情動焦点型（emotion-focused）があります。

COLUMN　部下とのコミュニケーションを通じたストレス解消

　Xさんは，メーカーY社のマネジャーに任命されました。

　製造機器の操作には熟達していながらも，今まで，部下に操作方法を指導することに関心がなかったXさんは，つい自分で操作をしてしまいます。部下に対する操作のポイントの指導はもちろん，生産目標の部下への周知，品質管理等も周知徹底する方法がわかりません。

　部下に対する指導に慣れていないXさんは，孤立し，自分でも能力に疑いを持ち，重いストレスを感じ身体を壊してしまいました。

　その後，退職した元の上司のアドバイスや，部下からの意見を手掛かりに，思い切って「自分は，技術一筋で生きてきて，対話や指導は素人である」と正直に部下全員を前にして話し，初めて腰を落ち着けて部下の意見を聞くことに努めました。

　そうしたXさんの真摯な姿は，部下にも伝わり，部下それぞれが自分の現在の技量や過去の経験をXさんに伝え，今まで義務的にしか行っていなかったミーティングを中身の濃いものにする工夫を手伝ってくれるようになりました。

　これも，ひとえにXさんが虚心坦懐に部下とのコミュニケーションを自然にとった結果です。

　とかくマネジャーになると，「自分が模範にならなければ」や「自分が部下を指導しなければ」と責任感ばかりが空回りをして良きマネジメントができないケースを目にしますが，気負うことなく，部下を信頼し自身をさらけ出すコミュニケーションも大切です。

POINT 様々なコーピング

　マネジャーは，様々なストレス要因にさらされています。優秀なマネジャーの中には，自らに高い要求水準を課し，高い目標を掲げて過大な負荷を自らに課する人もいますが，そのような人は適度に自己のストレスを緩和・発散させてバランスを保っているものです。ここでは，コーピングの具体例をいくつか紹介します。

①リラクセーション

　リラクセーションとは，交感神経の興奮を抑制し，副交感神経の働きが優位になっている状態をいい，一般にくつろいだ状態にするための活動や行動をいいます。

　具体的なリラクセーションの方法はさまざまですが，例えば，ゆっくりと呼吸を行う腹式呼吸や，意識的に筋肉の緊張と緩和を繰り返す漸進性筋弛緩法などがあります。他にも，ウォーキング，ジョギング，水泳などの適度な運動や，精油やその芳香等を用いてリラクセーションを行うアロマテラピーなどが挙げられます。

②認知行動療法

　認知行動療法とは，ストレス等で生じる思考・感情の歪みや偏った考え方や行動等の認知を，合理的な思考や行動に置き換えること等により行う治療法です。

　一般に，人は，通常の状態であれば，自己を取り巻く状況を適応的に認識し判断していますが，例えば長期間ストレスを受け続けていると認知に歪みが生じ，現実にそぐわない考え方に囚われることがあります。

　認知行動療法では，ストレス等により抑うつ状態に陥ったときなどに自然に頭に浮かんだ考え方（これは「自動思考」と呼ばれます）に注目し，自動思考と現実とのギャップを確認した上で，現実的でバランスのとれた考えに変えていきます。このように，ストレスにより歪んだ認知を調整してバランスを取り戻すという意味で，認知行動療法はコーピングの一種であると捉えることができます。

③適切なコミュニケーション

　職場におけるストレス要因として対人関係が挙げられます。対人関係を円滑にするために適切なコミュニケーションを心がけることは最も重要なコーピングのひとつです。マネジャーとしての適切なコミュニケーションについては第2章以降で詳細に説明しています。

2　経験から学ぶ

2-1 マネジャーは，経験から教訓を学び自分のものにする力が必要

　マネジャーの成長は，その多くが日常の業務を通じた経験（業務経験）から生まれます。この業務経験を通じて，諸先輩が構築してきたノウハウや，自分では思いつかなかったアイデア，あるいは自分の企画の失敗等に接することが可能となり，それを自分自身の分析力や企画力，そして行動力として身につけることができます。

　しかし，ここで重要なポイントは，「経験することがすなわち学習であり，自然と血となり肉となるということではない」ことです。全く同じ業務経験をしている2人がいたとして，2人の成長に違いが生じることは珍しいことではありません。これは，いかに経験を学習に変えているかの差なのです。ただ漫然と業務をこなしているだけでは成長は見込めません。日々何気なく行っているルーティン業務からでも学習できるかが，成長の鍵を握っているのです。

　そのためには，自己を取り巻く環境を絶えず意識し，それを消化し自己を変革することが必要となります。次の項では，経験を学習に変える手順について解説します。

> **COLUMN**　　**仕事を通して，経験を体系化する姿勢が大切**
>
> 「君子は下学して上達す，小人は下達す」（論語）という一節があります。これは，君子と小人の物事の理解の仕方の違いについて孔子が語った言葉です。
>
> 「下学」とは手近なことに学ぶという意味です。君子は，より善きものに向けて理性的な認識力を身につけるのに対し，小人は年齢を重ねるにつれて，低俗で粗野なものへと意識が向かってしまうということを表しています。
>
> マネジャーは，ルーティンワークをおろそかにせず，常に身近なことから学び，視野を広げ，上達することを目指すことが必要です。

2-2 経験からの学習プロセス

マネジャーが，経験を通して学習をするプロセスで重要なのは，自己の行動について内省をし，そこから何かを生み出すということです。

要するに，実際の経験を自分なりに真摯に解釈し，その経験がどういう意味を持つのかを絶えず探ることを通して，教訓を得て，新たなモデルを構築して実行してみるというステップです。

それが新たな経験となり，そこに課題が生じれば，それをさらに改善するなどして成功が積み重なっていきます。このようなサイクルを繰り返し，行動が変化していくプロセスそのものが，学習ということです。

以下，段階ごとに見てみましょう。

(1) 経験の段階

まずは，経験の段階です。同じ立場で同じ経験をしたとしても，その経験から何を学ぶかは人によって異なります。経験を取り巻く状況について注意深く目を向ける必要があります。

経験から，より多くのものを得るためには，些細な事象であっても疑問を感じ，その疑問について深く考察する姿勢が重要です。「物事を多面的に見る」と言い換えることもできます。例えば，「長年引き継がれているこのル

ールは，このままでよいのだろうか，どのような経緯があったのだろうか」
「この道具はここに置いてあることがベストだろうか」「なぜ今回のプロジェクトはスムーズに進行できたのだろうか，自分の知らないところで誰かが何かしてくれたのではないか」といった具合です。

日々の仕事の中に，マネジャー自身の学びの素材は山のようにあるはずです。マネジャーは，それらを意識するだけで，自分の仕事の風景が違って見えてくるはずです。そして，これが次の内省や教訓につながっていきます。

(2)　内省の段階から教訓の段階まで

具体的な経験から自らを省みて（内省），教訓を得るまでは，段階を踏んで行われます。また，それぞれの段階において，その人の心理的な変化も作用します。

例えば，新任マネジャーAは，参入困難な新規市場での新商品の販売業務を任された場合，強い不安を感じながらこの業務に取りかかることになるかも知れません。そうした中，Aのチームは，新規市場において努力を重ね，ある新規顧客に自社商品を販売することに成功しましたが，商品管理部門との連絡が不十分であったことから，商品の納品が期日より遅れそうになったとします。Aは，今後，同様のミスが生じないようにするため，商品管理部門と打ち合わせをし，納品等に関して両部門間の連絡の取り方，担当者等を明確にしました。

Aは，この一連の出来事から，商品を販売する際には他部門との調整も重要であるとの教訓を得たといえます。

このように，具体的な経験から教訓を得ることは，経験を自分の中に取り込み，深く意識化し，それを1つの意味のあるものに統合していくプロセスだといえます。

(3)　得られた教訓を実行する段階

Aは，新規市場開拓業務の中で，商品の納期を守るために商品管理部門と意思疎通を図り，緊密に連絡を取ることが必要だという教訓を得ました。その後，別の新規顧客と取引を開始する場合には，前の教訓を生かし，商品管

理部門と納期を確認しながら遺漏なく処理することにより，トラブルなく商品を納入することができます。

　しかし，ある出来事から得た教訓がどのような場合にも活用できるというわけではありません。経験による学習においては，強く確信するに至った教訓であっても，それにこだわりすぎないで，「応用」していくという姿勢が大切です。

　このように業務の実行の中で，自分で得た教訓を当てはめたり，状況に応じて別の教訓へと転換したりすることを繰り返すことにより，マネジャー自身の学習のプロセスが発展していきます。

3 マネジャー自身をマネジメントする具体的実践法

3-1 マネジャー自身のマネジメントへの挑戦

　これまで述べてきたとおり，マネジメントをより質の高いものに変化させるには，マネジャー自身が成長する方法を学び，それを実践することが大切です。

　そこで，ここでは，マネジャーの自己成長に結びつく「マネジャー自身のマネジメント」への取り組みの実践方法を紹介します。

　例えば，マネジャーのあなたが，「マネジャー自身のマネジメントの方法があるけど挑戦してみないか」と言われたとき，心に思い浮かぶのは，次のどちらに近いでしょうか。

　　① Can I do it？ ……………… 自分にできるだろうか？
　　② How can I do it？ ……… どうやったらできるだろうか？

①の「Can I do it？」と答えた人
このタイプの人は，何か新しい仕事や取り組みを与えられたときに，まず，

「自分ができるかどうか」を考えてしまう人です。

　少しでも，自分の手にあまりそうな仕事や取り組みは，遠慮する，やりたがらない，どちらかといえば，挑戦する前に，無意識のうちに，自分の心にブレーキをかけてしまっている人です。

②の「How can I do it？」と答えた人

　このタイプの人は，自分ができるかどうかという判断よりも，積極的に「どうやったら実施できるか」と考えられる人です。

　一見して，実現が難しそうな仕事や，課題の取り組みでも，視野を広げて，幅広い選択肢の中から，実現可能な方法を探ることができる人です。「こうやれば，実行できるかもしれない」とか，「あの人の助けを借りれば，実現できるかもしれない」などと思いをめぐらせるうちに，実現できそうな予感を抱ける人です。そうやって新しい仕事や取り組みにも積極的に挑戦していく，まさに仕事を楽しめる人たちです（上田（2009）pp.12-13）。

　言葉を換えていうと，「Can I do it？」の考え方は，自分の過去の体験領域から生まれてくる考え方です。これに対して「How can I do it？」の考え方は，自分の未体験領域への取り組みを積極的に目指していく考え方です。したがって，「How can I do it？」の考え方を選択することは，まさしくマネジャー自身の成長への"挑戦"という取り組みにつながります（図表

図表1-3　未体験領域への挑戦

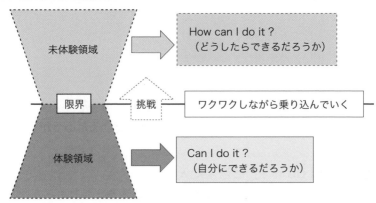

1-3）。

3-2 「メタ認知」で自分をコントロールし，自らの成長を促す

　「メタ認知」とは，自分が行っている認知活動（思考，知覚，言動，情動，記憶など）を，自分自身が客観的に把握し，これを評価した上で，自分の活動をコントロールすることをいいます。自分が行っている言動を，もう一人の自分が客観的な立場から，制御したり調整する能力です。マネジャーは，自分が認知していることを客観的に捉え，自分自身を冷静に理解することにより，自己の能力や不足している点，改善すべき点を知ることができ，これによって，自己の課題を適切に設定するのに役立てることができます。

　メタ認知という用語は，ジョン・フラベル（John Flavell）が初めて使用しました。

　メタ認知は，「メタ認知的知識」と「メタ認知的活動」から構成されます。

(1) メタ認知的知識

　メタ認知的知識は，次の3つの知識をその要素としています。

図表1-4　メタ認知的知識の3つの要素

i)「人間の認知特性」にかかわる知識	自分を含めた人間一般の「認知」についての知識 例）「同時に沢山のタスクをこなすのは苦手だ」 　　「疲労状態では注意力が散漫になる」 　　「判断が感情の影響を受けることがある」
ii)「課題」にかかわる知識	直面する課題で求められているのは何かなど，「課題」の性質等についての知識 例）「抽象的に表現された文章は理解しにくい」 　　「桁数の多い数字の計算は，桁数の少ない数字の計算よりも間違えやすい」
iii)「課題解決のための方略」にかかわる知識	課題にどのように取り組めばより成果が上がるかなど，「方略」についての知識 例）「抽象的な文章は，図やイラストとともに示した方がわかりやすい」 　　「物事を覚える際には，関連性を持たせると覚えやすい」

参考文献：三宮（2022）。

　ⅰ）の「人間の認知特性」にかかわる知識は，自分自身や周囲の他者，人間一般の認知の特性に関連した知識です。例えば，「自分は，先入観に流されやすい」ということを知っていれば，物事を判断する際に「先入観にとらわれていないか」，「この判断は客観的な情報に基づいているか」と考えることができます。このように，自分自身や周囲の他者，人間一般の特性を知ることにより，短所に注意したり，短所を長所でカバーすることが可能になります。

　ⅱ）の「課題」について，「何を要求しているのか」，「本質は何か」といった知識を持つことにより，その課題に適切に対応することができます。

　ⅲ）「課題解決のための方略」にかかわる知識を持ちその知識を活用して課題に取り組むことで，より多くの成果を上げることが可能となります。

　このように，メタ認知を働かせるために，メタ認知的知識を有することは重要な要素となります。

(2)　メタ認知的活動

　上述のように，メタ認知的知識は重要な要素ですが，知識だけでは不十分であり，メタ認知を働かせるためには，その知識を持った上で，現在の自分自身を確認し，必要な対策を講じるという活動（メタ認知的活動）が必要です。メタ認知的活動は，次の2つの要素で構成されます。

図表1-5　メタ認知的活動の2つの要素

ⅰ）メタ認知的モニタリング	「好ましい傾向になっているか」，「準備は十分か」など，自身による自己の認知状態の観察
ⅱ）メタ認知的コントロール	メタ認知的モニタリングを踏まえて感情や行動などを制御するなど，改善に向けての活動

(3)　メタ認知の実践

　メタ認知は，与えられた仕事と自分の能力とを検討し，どのような行動をとればよいかを適切に判断したり，目標を達成するために取り組むべき課題を選定しその達成手順を適切に設定したりするといった場面で機能します。

メタ認知能力の高い人は，自分を第三者的に見ることができることから，「客観的な自己診断やモニタリング」ができる人です。

このメタ認知能力を向上させるポイントとして，次の点が考えられます。

① 自己の知識の有無を選別すること。知らないことを知ることで，何を学べばよいかがわかります。

② 自己の能力レベルや範囲を知ること。どのような能力があり，どの程度の実力かを知ることです。自分で処理できるか，第三者に委託するか，学習のレベルを上げるための努力をする必要があるか，などがわかります。

③ 自己の欲求の内容を判断します。自分の欲求内容を知れば，欲求内容に沿った提案を根拠なく受け入れてしまう危険性がわかります。自己の判断や行動をコントロールする契機となります。

④ 自己の行動評価をします。自分のとった行動の正誤や当否がわかります。自己の行動を客観視することで，次の行動の改善点が見えてきます。

以上のメタ認知を実践する際，「自分の判断は今の自分の感情に左右されていないか」，あるいは「根拠のない他人の批評に惑わされていないか」といった点に留意して，より自分を客観的な視点から俯瞰できるようにしてください。

第 2 章

コミュニケーションの
重要性

❶ コミュニケーションの基礎

1-1 コミュニケーションの意味と重要性

　マネジャーは，上司や部下，あるいは他の部署のマネジャー，取引先などとの間で，適切なコミュニケーションをとることが求められます。

　ここで，「適切な」コミュニケーションと表現したのには，理由があります。例えば，普段からコミュニケーションをとり，同じチームで仕事をしているメンバー同士であっても，目指すべき目標に対する理解や，どのレベルまで仕事を進めればよいかなどの認識は，必ずしも一致しているとは限りません。むしろ，それぞれの部下が，それぞれ違った認識を持っていることも多いのです。コミュニケーションは，そもそも，自分と相手は異なる認識を持っているという前提に立って行うことが大切です。自分と相手の認識が異なっているからこそ，「適切な」コミュニケーションを通じて，それぞれの認識をお互いに理解し，共通の認識に到達する必要があるのです。

　また，コミュニケーションとは，一般に，人が社会生活を営む上で，相互に知覚・感情・思考などを伝達し合うことをいいますが，人と人との間にコミュニケーションが成立したといえるためには，単に知覚・感情・思考などを伝達し合うだけでは足りず，人と人との間でお互いにそれぞれの気持ちや考えを理解し共有することが必要です。言い換えると，「意思の疎通を図ること」が必要であるともいえます。心理学的には，コミュニケーション行動

は，情報の伝達のみならず，共感という情動的側面や，それによる行動制御
など幅広い意味を持ちます。とくに，人と人のコミュニケーションの場合は，
自己の心的状態などを相手に伝達し働きかけることにとどまらず，相手から
発信された情報を受け取ることにより相手を理解し，共感することを含みま
す。

　マネジャーは，チームの責任者であり，自分が部下の立場であったときと
比べると，コミュニケーションをとる相手が格段に増えます。業務を遂行す
る上で，自分の上司はもちろん，他部署のマネジャーや外部の取引先・関連
組織・地域の団体などの様々な関係者と交渉や報告をし，様々な打ち合わせ
にも参加する必要があります。

　このとき，重要な役割を担うのが，お互いを理解し，共通の認識に至るた
めのコミュニケーションです。

1-2 コミュニケーションの基本姿勢（言葉だけに頼らない コミュニケーション）

　コミュニケーションには，言葉によるコミュニケーションと，「話し方」
や「表情」・「動作」といった言葉以外の要素によるコミュニケーションがあ
ります。ここでは，言葉以外の要素がコミュニケーションに与える影響の大
きさを紹介し，言葉だけに頼らず「聴覚」や「視覚」といった相手の五感に
訴えるコミュニケーションの大切さを説明します。

(1) 「バーバルコミュニケーション（Verbal Communication)」と 「ノンバーバルコミュニケーション（Non-Verbal Communication ：NVC)」

　「バーバルコミュニケーション」とは，言葉を使って自分の意思，考え，
感情などの情報を伝えること，および文字を書くことによってそれらの情報
を伝えることをいいます。一般に，コミュニケーションというと，このバー
バルコミュニケーションを思い浮かべることが多いでしょう。

　一方，「ノンバーバルコミュニケーション」とは，言語以外の方法により，
コミュニケーションを図ることをいいます。Non-Verbal Communication の

頭文字をとって「NVC」と略されることもあります。

　ノンバーバルコミュニケーションは，「態度」，「表情」や「目の動き」，「声色」，「動作」などの言語以外の手段によるコミュニケーションであり，人間に限らず多くの動物も行うコミュニケーション方法です。

　ノンバーバルコミュニケーションは，直接的な表現ではありませんが，情報の発信者の表情や動作が，情報の受け手の感性に大きな影響を与えるという特徴があります。

COLUMN　いつも部下から見られていることを自覚すること

　マネジャーは，その役割として，チームをまとめ，リーダーシップを発揮して目標の達成に向けた活動をします。

　そして，部下は，マネジャーの行動はもちろん，顔の表情や服装，話しぶり，対人折衝における立ち居振る舞いをよく見ています。

　極端にいえば，マネジャーの一挙手一投足を見ているといっても過言ではありません。

(2)　ノンバーバルコミュニケーションの重要性（メラビアンの実験）

　アメリカの心理学者であるアルバート・メラビアン（Albert Mehrabian）は，人が相手からの情報として読み取る要素を「言語」と「聴覚」および「視覚」の3種類に分類し，その割合を実験したところ，次のような結果が得られました（図表2-1）。

　情報の受け手が判断する基準として，情報発信者の言葉の内容は7％にす

図表2-1　言語・聴覚・視覚の影響度合い

言語（言葉の意味）・・・・・・・・・7％
聴覚（声の大きさや質，話し方）・・・38％
視覚（見た目，表情，動作など）・・・55％

ぎず，93％は声の大きさや話し方，身だしなみや話す表情・動作といった感覚的要素であったという結果です。

　この実験結果は，コミュニケーションには，言語情報（Verbal）だけではなく，聴覚情報（Vocal）および視覚情報（Visual）も重要であることを示していると考えることができます。

(3)　ノンバーバルコミュニケーションの実践

　ノンバーバルコミュニケーションは，大きく次の4つに分類されます。これらを普段から意識することによりコミュニケーション能力は確実に高まります。

①パーソナル・スペース

　他人に近づかれると不快に感じる空間のことであり，相手との角度・距離・視線の高さなどが関係します。

　例えば，部下と一対一で話をする際に，安心感を持って自分の話を聞いてもらいたいときに，

- お互い正面に向かい合うのではなく，部下と自分との角度を90度くらいにする
- 遠からず近からずの適度な距離を置く
- 上から目線にならないよう視線の高さを同じにする

などを工夫するだけで，部下の安心感は大きく変わってくるものです。相手や状況によって，「角度」，「距離」，「視線の高さ」を工夫することを心掛けましょう。

②セルフ・プレゼンテーション

　髪型，衣服，アクセサリー，持ち物，化粧や香水など，つまり見た目です。見た目は，相手に大きな印象を与えます。

　マネジャーになると，いつも部下や周りから見られていることを意識し，信頼に値するような見た目を心掛けましょう。

③ボディー・ランゲージ

表情・アイコンタクトや態度，身振り手振りのジェスチャーなどです。

コミュニケーション学では，自分の周りに1人でも人が存在したら，その人に何かしらのメッセージを送っていると捉えます。普段の何気ない表情や態度，歩き方や姿勢などから，多くのメッセージを周りの人に発信しているのです。

話し手の表情は「言外の意思表示」といわれるほど強い印象を聞き手に与えます。目の表情については，「目にものを言わせる」など，古くからコミュニケーションの大事な要素として認識されてきました。自分の何気ない表情が，相手に不快感や不安感を与えていないか，また自分のどのような表情が相手に好感を与えるのかをよく心得ておくことが必要です。

身振り手振りのジェスチャーで，ある程度，相手方との意思の疎通は可能です。自分の意思を伝えるための道具として手や体を動かすことをコミュニケーションツールとして活用しましょう。例えば，作業を指示する際には，実際に必要な動作を示しながら説明することが，相手の理解度を増すことにつながると心得てください。

④パラ・ランゲージ

パラ（para）には，本来，「近い」や「補助的な」といった意味がありますが，パラ・ランゲージは，話をするときの声の大きさや高低，調子やスピードのことであり，「周辺言語」や「言語外言語」と呼ばれることもあります。

言葉の内容がいかに論理性を持っていても，話し手の声の調子や大きさ，声のトーンや明瞭性によって聞き手の受ける印象は大きく異なります。状況に応じて工夫をすることが大切です。

とくに，日本語の場合，語尾によって話の内容が「否定形」か「肯定形」か結論づけられることが多いため，最後まで明瞭に話すことを心掛ける必要があります。

1-3 テレワーク実施時のコミュニケーション

⑴ テレワークの意味，利点と課題

　テレワークは，「ICT（情報通信技術）を利用し，時間や場所を有効に活用できる柔軟な働き方」（厚生労働省・総務省）を指します。テレワークには，次のような種類があります。

図表2-2　テレワークの種類

在宅勤務（自宅でのテレワーク）	労働者が自宅において業務に従事する働き方。
モバイルワーク	労働者が，顧客先・移動中・出張中における宿泊先・交通機関の車内・喫茶店などで，ノートパソコン・スマートフォンなどを利用して会社と情報のやり取りをしつつ業務に従事する働き方。
サテライトオフィス勤務	労働者が属する部署のあるオフィスとは別の小規模なオフィスやレンタルスペースなど作業環境の整った場所で業務に従事する働き方。

　オフィスへの出勤の必要がないテレワークでは，通勤のための時間・交通費など通勤に伴うコストの削減に寄与します。また，育児や家族の介護に携わる労働者の継続雇用の可能性の拡大，遠隔地の優秀な人材の確保，災害時の事業継続，ワーク・ライフ・バランス（第12章第4節参照）の実現への寄与といった多くの利点があります。

　多くの組織でテレワークが実施されるに伴い，その課題も指摘されるようになっています。例えば，マネジャーとチームメンバーとの間，またはチームメンバー間のコミュニケーションをとりにくいことや，マネジャーがチームメンバーの仕事ぶりを把握しにくいことなどです。

⑵ テレワークにおけるコミュニケーション

　テレワークにおけるコミュニケーションは，一般に，電話やインターネットを活用したコミュニケーションツールなどを利用して行われます。これらの方法によるコミュニケーションは，音声や文字のみまたはパソコン上に表

示される画像と音声の組み合わせにより行われます。1-2で説明したとおり，コミュニケーションをする上では，言語によらないコミュニケーション（ノンバーバルコミュニケーション）が重要ですが，テレワークにおいて通常用いられるこれらのツールを用いたコミュニケーションでは，言語や文章以外の情報が不足してしまうことに注意が必要です。

　例えば，職場において対面でチームメンバーと会話をしていれば，そのチームメンバーの表情や顔色，話し方や姿勢のわずかな変化からメンタルヘルスの状況や業務上の悩みを抱えていないかといったことなどを察知することができますが，テレワークでツールを用いたコミュニケーションではチームメンバーのこのような微妙な変化を察知することが必ずしも容易ではありません。

　マネジャーは，テレワーク中のチームメンバーとコミュニケーションを行う際には，必要な業務指示をしたり業務報告を受けたりするだけでなく，チームメンバーの状況を把握するための会話を意識して行うことが必要です。

(3)　テレワークにおいても重要な「雑談」

　ビジネスにおけるコミュニケーションには，マネジャーからチームメンバーに対する業務指示やチームメンバーからマネジャーへの業務報告といった業務に必要な情報伝達のほかに，必ずしも業務に直結しない対話である雑談もあります。

　業務に支障を来たさない程度の雑談は，チームメンバー同士の信頼関係を強固にしてより円滑な業務遂行に役立つことがあります。また，業務に必要不可欠な連絡事項のみを伝達するのみで雑談ができない状況はストレスの原因にもなります。

　例えば，組織に入社したばかりの新入社員や職歴の浅いチームメンバーは，組織文化や業務の進め方などに十分習熟しているわけではなく，またマネジャーや他のチームメンバーとの信頼関係が十分に構築できているわけではありません。これらのメンバーは，ベテランメンバーやマネジャーとの間の雑談を通じて，業務上の疑問を解消したり，その組織の文化を理解したりします。

テレワークでは，このような雑談を自然に行うことは一般に困難ですから，マネジャーは，職場での雑談を通じて得られる効果をテレワークにおけるコミュニケーションを通じて実現するように意識する必要があります。

POINT コミュニケーション5つのポイント

　マネジャーは，多方面で色々な立場の人とコミュニケーションを図り業務の遂行と達成を実現しなければなりません。

　そこで，コミュニケーションを円滑に図れているかをチェックする必要があります。次の①～⑤のポイントに着目して自身のコミュニケーションを省みてください。

① 人と話をするとき，同じ日本語という共通言語で話をしているのだから，相手は自分の説明内容を基本的に理解してくれていると思っていないか

　気をつけなければならないのは，経験の違いにより話の理解度は大きく左右されるということです。同じ言葉であっても，自分が説明しようとしている内容の正確な理解ができているとは限りません。

　話の途中で質問を挟むことにより，相手の理解度を判断しながら，具体例を入れたり，わかりやすい言葉を選んだりして話を進めます。

② 自分の話を，相手が黙って聞いてくれるので，自分は話上手だと思っていないか

　人は，相手の話の内容がわからなくなったり，興味が持てなくなったりすると沈黙する傾向にあります。とくに，立場に違いがある場合，立場の弱い人は，発言者の意見に質問や反論もできず沈黙をするしかありません。

　相手が，自分の話に対して適度に質問をしたり，意見を述べたりすることができているかどうかを見極めます。

③ 相手の話を，発言が終わるまでよく聞き，相槌を打ったり，建設的な質問をしたりしているか

　コミュニケーションは，双方向の意思の伝達が前提です。相手の話を
よく聞き理解する努力を示すことによって，相手も自分の話を聞いてく
れるようになります。

　「聞き上手は，話し上手」です。

④　**発言者から意見を求められたとき，賛否だけを言ったり，「とくに**
　　意見はない」と答えたりしていないか

　発言者は，自分の話す内容が相手に理解されているか，話の本筋から
外れていないか気になるものです。そのとき，質問に対して単に「賛
成」，「反対」，「とくになし」だけでは，コミュニケーションは成立しま
せん。具体的に，発言内容を指摘しつつ，補足質問や自分の意見を言う
ことが必要です。

⑤　**発言者の発言を途中で遮り，自分で発言者の結論を指摘したり，質**
　　問もないのに先行して意見を言ったりしていないか

　会話は，互いの話を聞き意見を出し合うことで成立します。しかし，
そこには，相手の判断や見解を聞き，次に自分の意見を言うという一定
のルールがあります。

　会話のキャッチボールにおいて，相手のボールが届かないうちに相手
に投げ返すことはできません。また，発言を遮って自分の意見を一方的
に述べることは，発言者に不快の念を生じさせコミュニケーションは失
敗します。

1-4 マネジャーに求められるコミュニケーション能力

(1)　相手を信頼し，相手の信頼を獲得する能力

　コミュニケーションが成立するには，必ず相手が必要です。情報の内容を
発するだけでは，コミュニケーションは成立しません。

　まずは，相手を信頼し，信頼していることを相手に理解してもらうことか
らコミュニケーションはスタートします。そのためには，相手の立場を理解
し，認めることが必要です。人は，自分という存在を承認してもらいたいと

いう承認の欲求（Need for Approval）を持っています。そのため，自分が社会的な存在として承認を受けることによって，初めて有効なコミュニケーションへと発展していきます。

とくに初対面の相手については，入手可能な情報の範囲内で，相手の社会的立場や専門分野，あるいは，業務等の実績を知っておけば，相手に根拠ある信頼感を示すことが可能となります。

相手を信頼していることが伝われば，相手も自分を信頼することを期待できるようになります。相互の承認行動が成功すれば，お互いの信頼のもとにコミュニケーションが円滑に進むといっても過言ではありません。

POINT 「挨拶」の心理的効果

「挨拶は当然の礼儀やマナーである」といわれることが多いですが，実は，挨拶は，人の心理にきわめて重要な意味を持つ行為です。

本文で述べたとおり，人は，誰しも自分を認めてほしい（Need for Approval）とか，自分を社会的存在として認めてほしい（Need for Social Approval）という承認の欲求を持っています。

挨拶という行為は，挨拶をされた相手が持っている承認の欲求を満たす第一歩としての意味を持っています。

したがって，挨拶を交互にかわすということは，互いに相手を認め，一緒に仕事をするチームの一員であるという承認行動なのです。

職場などのビジネスの場面において，よく「挨拶」が重要であると言われるのは，このような理由があるためです。

(2) 相手から共感を得る能力

相手との円滑なコミュニケーションを図るためには，相手からの共感を得る必要があります。相手の共感を得るためには，相手に説明や提案を聞いてもらうことが前提となります。

したがって，コミュニケーションを図る際には，相手が理解できる言葉・

表現を使うように心掛けることが大切です。相手が持っている知識や経験を踏まえた言葉・表現を使わなければ，いくら説明しても通じません。相手が経験したことのない言葉で話しかけても，相手の知覚能力の範囲外にあるため，相手には理解されないのです。

このことは，部下とコミュニケーションを図る場合も同様で，マネジャーは，部下の知覚能力の範囲を見極めて，部下が理解できる言葉を使う必要があります。

(3) 相手の納得を得る能力

人は，他者とコミュニケーションをしているとき，自分が期待しているものだけを知覚するという傾向があります。人は，期待していないものを知覚することや，期待するものを知覚できないことに対し，本能的に抵抗する傾向が強いのです。したがって，相手に納得してもらうためには，相手の期待するものを理解した上で，内容の提案を適切に行うことが必要です。マネジャーが部下とのコミュニケーションを図る場合も同様で，部下が何を期待しているかを知っておくことが必要です。

しかし，マネジャーは，業務の必要上，部下の期待に反することを伝え，理解を促さなければならないこともあります。そのときは，まず，部下が，何を期待しているかを知るようにします。その上で，期待に反しているであろうことをあらかじめ伝え，注意喚起を促し，部下の理解を深めていく作業を繰り返し行わなければなりません。

❷ 会議の生産性を高めるコミュニケーション手法

会議には，定例的な会議や必要に応じて臨時に開催される会議など様々なものがあります。業務は複数人によって進められるものであり，それらの者の間で必要な情報を共有したり合意形成をする上で会議は必要不可欠です。

しかし，マネジャーとチームメンバーとの間や，メンバー間で，お互いに

伝えたい内容を正確に相手に伝えることは，実際には容易なことではありません。言葉（例えば，日本語）としての正確さをいくら追求しても，伝えたい内容を正確に相手に理解させるのは，実は難しいことです。まして，多くのメンバーが集まって行われる会議においては，なおさらです。

メンバー全員が主体的に会議に参加し，相互に理解できる表現方法を用いることなどによって，会議の生産性を高めることが必要です。

POINT 会議を円滑にする「アイスブレイク」

企業やチーム内での会議であれば，参加者はお互いのことをよく知っているでしょう。

しかし，場合によっては，お互いに初対面の人同士で集まって会議を行うこともあります。例えば，新商品・サービスなどの開発プロジェクトを新規に立ち上げた場合，普段は交流がないメンバーが集まることがよくあります。

このように，普段あまり交流のないメンバーが集まる会議などにおいて，コミュニケーションを図りやすい雰囲気をつくって積極的な意見・発言ができるようにするために，参加メンバーの緊張をほぐして気持ちを和らげるための手法を「アイスブレイク」といいます。

このような会議においては，最初に自己紹介をすることが多いですが，アイスブレイクとして，例えば次のような自己紹介の方法をとると，メンバーの名前や人となりをより早く知ることができます。

◆他己紹介

近くの人と2人1組になってお互いに自己紹介をした後，全員に向かって組になった相手のことを紹介します。みんなに紹介しなければならないので，相手へのインタビューを真剣に行いますし，相手にも自分のことを詳しく話そうとするでしょう。そして，初対面に近い人から自分を紹介されることで参加者の気分も和みます。

◆リレー式自己紹介

あまりに大人数の会議では使えませんが，10人程度までの会議であ

れば，参加者の名前をより確実に記憶にとどめられる方法です。まず，自己紹介を始める順番を決め，最初の人から順に自己紹介をしますが，２番目の人は，「○○さんの隣の◇◇です。」と自己紹介をし，３番目の人は「○○さんの隣の◇◇さんの隣の□□です。」というように順番に自己紹介をしていきます。最後の方に自己紹介をする人は覚えるのが大変ですが，参加者の名前をより確実に覚えることができます。

2-1 会議のマネジメントの基本

マネジャーは，会議を開催するに際して，目的と求める成果を明確に定め，参加メンバーに周知します。会議に関する情報を参加メンバーに周知するには様々な方法が考えられますが，会議における検討課題等を簡潔に書いた書面を作成し，会議に参加する予定のメンバーに事前に交付したり，会議で配付したりするのは１つの方法です。このような書面は，会議の協議事項や予定表，工程表，行動計画といった意味で「アジェンダ」（agenda）と呼ばれることがあります。

アジェンダは，会議で何を話し合うかをあらかじめ整理して参加メンバーに周知することによって会議の生産性を高める等の目的で作成されます。アジェンダの記載項目は，会議の規模や性質によって様々ですが，例えば，会議名，会議の目的，参加メンバー，日程・場所，開始時刻と終了時刻等を記載します。

会議は，開始時刻と終了時刻を厳守するようにします。終了時刻がわからない会議では，中身の濃い会議は期待できません。

POINT　生産性のない会議の5つの弊害

会議が適切に運営されないと，以下のような弊害が生じます。

① 参加者の目的や意識が統一されていない

会議の目的が明確でなければ，貴重な業務時間を無駄にすることにもなりかねません。

② 人の意見を聞こうとしない人がいる

会議の公平かつ公正な運用ができなければ，結局声の大きい人や，立場の強い人の発言の場と化してしまい，生産性の高い会議は望めません。

③ 議事内容が整理されておらずブレる

会議の内容を適切に整理できないと論点・議題からの乖離が大きくなり収拾がつかなくなります。

④ 安易に妥協しようとする

会議の目的をしっかりと確保できなければ，適当に会議を終わらせるためや，立場の強い人に迎合するための妥協が増えてきます。

⑤ 結論があいまいなまま会議が終わる

会議の意思形成がうまく機能しなければ，一定の結論にすら至らず，会議の目的を達成できなくなります。

2-2 ファシリテーターの役割と心構え

「ファシリテーター」（facilitator）とは，会議において，会議の中立的な進行・推進役のことをいいます。ファシリテーターは，会議の参加者に対して適切な支援を行い，会議の所期の目的を達成するように努めます。

ファシリテーターの具体的役割は，次の(1)～(4)のとおりです。

⑴ 会議のゴールを示すこと

会議の冒頭に「目的」を明確に示します。例えば，「A案とB案のどちらにするか決めること」なのか，「意見を出し合うこと」なのか会議の目的を具体的に説明する必要があります。また，終了時間をあらかじめ伝えることも大切です。

⑵ 会議での発言が安心かつ健全にできる場をつくること

ファシリテーターは，発言の内容に対して中立の立場を貫くことが必要です。人の話を積極的に聴き，他のメンバーにもそうするように求めます。また，メンバー個人とメンバーの発言が攻撃されたり無視されたりすることの

ないように保護し，健全な討論の場を確保します。

(3) 会議参加者の自由な対話・意見が出るように配慮し参加意欲を引き出す

ファシリテーターは，会議参加者の参加意欲を引き出すために，発言者が偏らないように配慮します。また，メンバー同士の話し合いを促し，グループ作業に適した体制とプロセスを構築する必要があります。さらに進んで，参加者の意見の相違を歓迎する配慮が必要です。

(4) 会議の収束を支援し合意形成を行う

ファシリテーターは，ホワイトボード等を活用して会議出席者の発言を記録し，整理し，要約をします。

そして会議により形成される意思決定やコンセンサスに向かう道筋を示します。

ファシリテーターは，これらの役割を的確に果たすために，議論に入ることなく，場の状態と推移を見守り，必要に応じて介入することで，安心かつ健全に話し合いのできる場をつくり，最大の成果を生み出すことを心掛けます。具体的には，以下のような点に留意して実行してください。

①客観的立場に自分を置く
内容や議論に一緒に入り込むと，主張したいことや納得してもらうことに必死になるあまり，周りで起こっていることが見えにくくなります。

②参加者・話し合いの当事者を主役にする（会議の主役はファシリテーターではない）
主体性をもって話し合ってもらうためには，参加者を主役にしなければなりません。とくにマネジャーが前に出すぎると，「発言しにくい」，「自由にできない」，「気を遣う」などの感情を抱かせてしまいます。効率をあまり重

視せず，議論が深まるように心掛けましょう。

③参加者と議論の状態を把握する

　参加者の表情や雰囲気から，不満げな人，発言したい人，場に参加できていない人などを把握します。あわせて，議論の状態として，会議の目的に向かって話が進んでいるか，脇道に逸れていないかを把握します。

2-3 会議の内容を確認し次のアクションに活かす
　　　議事録の活用

　会議を開催した場合には，議事録を作成します。

(1)　議事録の役割

　議事録は，会議の内容や会議によって決定された事項などを記録するものであり，組織内での会議だけでなく，顧客との間の打合せ・ミーティングにおいても作成され，次に示すように重要な役割を持っています。

①責任の所在を明確にする

　議事録の役割として，会議で決定された事項の責任の所在を明確にすることが挙げられます。例えば，顧客との間で合意された事項が履行されずに後にトラブルが生じた場合などに，いかなる合意がなされていたかを議事録で確認することで責任の有無が明らかになります。また，組織内でのプロジェクト会議等において，進めるべき業務とその担当者，スケジュールが確認された場合に，議事録にそれらを記録しておくことも有用です。

②会議に参加していない者との間の情報共有

　様々な事情により会議に参加すべき人が会議に出席できないことがあります。このような場合に，会議に参加していない人に対し，議事録によって会議での決定事項等を知らせることができます。また，例えば，顧客との打合せの結果などを議事録によって上司に報告することもあります。

(2) 議事録を作成するにあたっての留意点

議事録を作成する際に最も重要なことは読み手を意識することです。議事録を読む人が，その会議の要諦を短時間で確認できるように簡潔にして的を射た正確な内容とする必要があります。

議事録には，アジェンダと同様に，会議名，会議の目的，参加メンバー，日時と場所の記載に加え，会議によって決定された結論，会議後に実施すべき事項，議論の内容と，必要に応じて次回の会議の予定を記載します。

要領を得た議事録を作成するためには，内容をそのまとまりごとに整理し，それぞれに見出しを付けるなどして一読してわかりやすくすることが重要です。特に，議論の内容については，会議における発言をそのまま羅列するのではなく，発言や議論の内容を適宜要約して記載します。

POINT オンライン会議の注意点

遠隔にある拠点のメンバーやテレワーク中のメンバーとの間で会議を実施する場合にオンライン会議を実施することがあります。オンライン会議は，「オンラインミーティング」や「リモート会議」，「WEB会議」などと呼ばれることがあります。

オンライン会議は，スマートフォンやインターネットに接続されたパソコンがあれば，場所を問わず開催できますので，例えば遠隔地にある拠点から本部の会議室にメンバーが集合するといった場合に，移動の時間や経費を節約できるというメリットがあります。また，オンライン会議は，会議のための移動が不要ですので，チームメンバー等の時間を調整できさえすれば容易に開催できることもメリットの1つです。

オンライン会議には，このように様々なメリットがある反面，注意を要することもあります。

オンライン会議はどこにいても参加できることから，会議の内容が周囲に聞こえてしまうことに注意が必要です。会議の内容は，会議の参加者以外の人に知られてはいけないものであることが通常です。オンライ

ン会議の参加者は，その内容が部外者に聞かれない場所にいることを確認する必要があります。また，パソコン等のカメラを使用して会議参加者の様子が確認できるようにしてオンライン会議を実施する場合には，部外者などがカメラに写り込んでいないか，パソコン等の画面を部外者がのぞき込んでいないかなども確認します。

また，オンライン会議では，発言者以外の参加者は音声をミュートにするなどして他のメンバーの発言の邪魔にならないようにします。

さらに，オンライン会議を行うためのツールには様々なものがあり，その機能や仕組みはツールによって異なります。特に，オンライン会議は，インターネットを通じて行われることがあるため，情報セキュリティリスクには十分な注意が必要です。例えば，オンライン会議に使用するツールを選定する際には，インターネット回線を通じて伝達される情報が暗号化されているかなどを確認します。また，オンライン会議の参加者を限定するために，その会議の主催者が認めた者のみが会議に参加できるようにする機能も活用すべきです。

③ コミュニケーションに役立つ様々な理論や方法

マネジャーが，適切かつ効率的なコミュニケーションを図り，効率的なミーティングを成立させるのに役立つ様々な理論があります。

ここでは，その主なものを紹介します。

3-1 EQ理論(Emotional Intelligence Quotient)

自分や相手の感情の働きを理解し，感情を適切にコントロールする能力であり，「こころの知能指数」あるいは「情動の知能指数」といわれます。

1989年にアメリカの心理学者であるピーター・サロベイ（Peter Salovey）とジョン・メイヤー（John Mayer）により提唱されました。

　EQ理論は，人間の思考，判断，対人関係などにおけるあらゆる言動は，その時々における自己の感情の状態に大きな影響を受け，また，問題解決のために適切な判断をし最善の行動をとるためには，感情は不可欠であるとしています。そして，適切な感情活用を行えば，意図する目標や成果を得るために適切な思考・行動・態度をとることができると提唱しています。

　EQ理論では，「感情の識別」，「感情の利用」，「感情の理解」，「感情の調整」という4つの能力の使い方を習得し，また，弱いエリアを強化することで，人間関係を円滑に運用できるようになることを目的としています。

図表2-3　EQ理論における4つの能力

感情の識別	感情（気持ち）を読み取る能力。感情には，われわれが身を置く世界で起こっている出来事についての信号である客観的な情報が含まれている。人とのコミュニケーションを効果的に図るには，自分自身の感情を正確に識別することと，相手や周囲の人の感情を正確に識別することが重要である。
感情の利用	適切な感情（気持ち）になる能力。考え方や行動は，その時において自分がどのように感じているかに大きく影響を受ける。問題解決や課題を達成するための行動を起こす際，自らをその行動に最も適切な感情の状態にすることができれば，よりよい結果を期待できる。
感情の理解	感情（気持ち）の生起と今後の変化を予測する能力。感情は，潜在的な原因に基づき生起し，一定の法則に従って変化するという特性を理解する。自己や周囲の人がある感情に至った原因やその時の状況を理解し，自分の行動によって相手の感情はどう変化するかを理解することができれば，どのような行動をとるべきかを知ることができ，人とのコミュニケーションが円滑に行われることを期待できる。
感情の調整	適切な感情（気持ち）を持って行動する能力。感情は，物事の判断や行動にあたって思考に大きく影響を及ぼす。そこで，問題解決等のための行動をとる際に，自身や他者が抱えている感情を抑え込むのではなく，これらの感情を，当該行動に知的に統合・調整し意図的に活用する能力が重要である。

3-2 エゴグラム（Egogram）

　アメリカの心理学者エリック・バーン（Eric Berne）による人間関係の心理学理論「交流分析」（Transactional Analysis：TA）に基づき，ジョン・デュセイ（John Dusay）が考案した性格診断法です。

　エゴグラムは，人の心を5つの領域（CP・NP・A・FC・AC）に分類し，その5つの心理状態が，それぞれ人間の交流や行動においてどのように表れ

るかを分析するものです。エゴグラムを活用し，自己と周囲の人間の心の特性・行動特性を分析し，普段のコミュニケーションの傾向を把握することができるとされています。

＜エゴグラムにおける5つの心の領域＞

交流分析では，人の心の特性を，「Parent（P）」，「Adult（A）」，「Child（C）」の3つに分類しています。

Pは，「親のような心」であり，面倒を見る・叱るなどといった行動を起こさせる心の特性です。Aは，「大人のような心」であり，感情に流されず，情報を論理的，客観的に整理して，適切な行動を判断するといった特性です。Cは，「子供のような心」です。無邪気に遊んだり，人からの指摘に気分を害したりといった，子供のころに感じていたようなことを感じているとき，心はこのChildの状態にあります。

エゴグラムでは，これらを組み合わせて5つの人の心の特性を説明します。

① 正義感，責任感のあるタイプ（Controlling Parent（CP））

リーダー的な性格，強い正義感を有します。他人への接し方において，「～するべきだ」と批判的な態度をとる傾向があります。

② 優しさ，寛容性のあるタイプ（Nurturing Parent（NP））

面倒見のよい性格，親切心を有し，他人への接し方において，思いやりや温かみのある許容的・保護的な態度を示す傾向があります。

③ 論理性，理性，現実志向性のあるタイプ（Adult（A））

理性的な性格，優れた判断力，落ち着き，自信を有し，客観的事実を重視し，自分の感情を適切に制御できるといった傾向があります。

④ 直感力，創造性，表現力のあるタイプ（Free Child（FC））

闊達な性格，感情の自由な表現，創造性，健康的で活動的といった傾向があります。

⑤ 協調性，忍耐力のあるタイプ（Adapted Child（AC））

協調性が高く，受身的で，行儀よくふるまい，絶えず周囲に気兼ねし，その期待に応えようと努力する傾向があります。

エゴグラムを使うことにより，人の心の特性と，そこから生じる行動特性を可視化できるようになります。そして，心の傾向＝行動傾向を認識することで，これらを状況に応じ適切な状態に改善する手掛かりとすることができます。

3-3 ソーシャルスタイル理論

ソーシャルスタイル理論は，アメリカの産業心理学者デヴィッド・メリル（David Merrill）とロジャー・リード（Roger Reid）によって提唱されたコミュニケーション理論です。社会における人間の言動に着目し，人間はアサーティブネス（自己主張）とレスポンシブネス（感情表出）という2つの軸によって，アナリティカル，エミアブル，エクスプレッシブ，ドライビングの4つのパターンに分けることができるとしました。

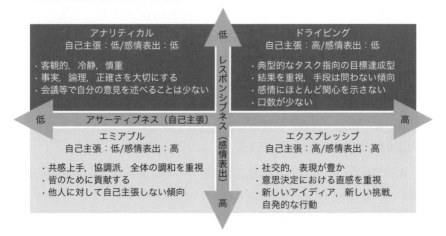

アナリティカル
自己主張：低/感情表出：低
・客観的，冷静，慎重
・事実，論理，正確さを大切にする
・会議等で自分の意見を述べることは少ない

ドライビング
自己主張：高/感情表出：低
・典型的なタスク指向の目標達成型
・結果を重視，手段は問わない傾向
・感情にほとんど関心を示さない
・口数が少ない

レスポンシブネス（感情表出）
低
高

低　アサーティブネス（自己主張）　高

エミアブル
自己主張：低/感情表出：高
・共感上手，協調派，全体の調和を重視
・皆のために貢献する
・他人に対して自己主張しない傾向

エクスプレッシブ
自己主張：高/感情表出：高
・社交的，表現が豊か
・意思決定における直感を重視
・新しいアイディア，新しい挑戦，自発的な行動

出典：Merrill and Reid（1981）をもとに作成。

ソーシャルスタイルは，相手や状況により，強味にも弱みにもなります。そこで，これら4つのパターンのうち，自分のソーシャルスタイルは，いずれに該当するのかを知ることが大切です。自分のソーシャルスタイルが弱みになる状況で自分のソーシャルスタイルの傾向を抑制するように注意するこ

とで，コミュニケーションの悪化を回避できる可能性が高まります。自分では自己のソーシャルスタイルに気付きにくい場合，周りの人の客観的な意見等が手掛かりになります。

　自分のソーシャルスタイルを把握した上で，相手のソーシャルスタイルがわかれば，例えば，これまで「辛辣な話し方をする人だ」と苦手意識を感じていた相手のソーシャルスタイルが「ドライビング」であり，単にその相手は事実を単刀直入に述べようとしていただけといったことが理解できるようになります。

　自分のソーシャルスタイルだけを前提とすれば，コミュニケーションを良好に進めることは困難でしょう。相手のソーシャルスタイルを把握した上で，そのソーシャルスタイルに適した対応をとることができれば，コミュニケーションは向上すると考えられます。例えば，相手のソーシャルスタイルが，周囲から注目されることを好むエクスプレッシブの場合にはこちらが聞き役になったり，合理的な考えの持ち主であるドライビングの場合には論理的に，単刀直入に結論を先に伝えた後に，根拠や具体例を順序立てて述べる話し方をするといったことが考えられます。

　このように，相手を理解し，相手との良好な関係を築くために，ソーシャルスタイル理論は，有効な知識となります。

第3章
部下のマネジメント

① 部下に対するアプローチと心構え

　本節では，マネジャーが，部下のマネジメントをする際のポイントを紹介します。

1-1 部下の自律性や自発性を尊重する

　マネジャーは，部下を単なる自分の補助者，あるいは道具とみるべきではありません。自分の技能に強い自信を持っているマネジャーほど，部下の能力の低さや経験の乏しさに不満を感じ，部下は自分の指示どおりに動けばよいと思いがちです。しかし，このような思考では，部下は自律性や自発性を発揮できず，マネジャーが思っているほどの成果を期待できません。ましてや，それ以上にチームの活性化やチームとしての成果を期待することはできません。

　マネジャーは，部下を動かそうとするなら，まずは，部下を尊重しなければなりません。マネジャーは，大前提として，まず部下の自律性や自発性を信じて，部下の意見を尊重することが必要です。ものの見方の相違や理解の違いがわかれば，お互いが納得できるまでコミュニケーションをとることが可能となります。

　つまり，部下の自発性や自律性を発揮させるためには，可能な限り部下自身の考え方に耳を傾け，実行させてみることです。当然ですが，部下の意見を取り入れた結果失敗したときは，マネジャーは，本人（部下）の見解を聞

き，場合により自省を促し，誤った点の自覚を持つべく指導していくことが必要です。

また，マネジャーは，部下の自律性を尊重し，そのことをチーム内でオーソライズしていくことが必要です。マネジャーによるこのような活動を通じて，部下は，マネジャーが，自分のことを信頼してくれているとの実感を持つことができるでしょう。

部下の自律性や自発性を尊重し，チーム内での立場を認めるプロセスは，部下とマネジャーとの信頼関係に大きな影響を与えていきます。

ポイントは，長期的なスタンスで部下を育てるという視点です。こうして，部下の自律性や自発性を尊重することによって，人は育つということを，確認してください。

1-2 部下の信頼を獲得する

部下がマネジャーを信頼しているチームは，想像以上の価値を創造し，強い力を発揮することができます。部下は，目標に対する強い責任感を持つマネジャーへの信頼があってはじめて，安心して自分の能力を発揮し，目標達成に向け大きな力を発揮します。

マネジャーは，部下からの信頼を獲得するための前提として，それぞれの部下が有する経験や技量の差を踏まえつつ，それぞれの部下の活動状況を把握し，部下が乗り越えられないと感じた障害やリスクを分析・理解し，必要な支援を実施します。実は，この部下に対する支援は，マネジャーが部下からの信頼を獲得する上での大きな力となるのです。

一方的に激励や叱咤を連発するマネジャーは，部下を支配することはできても，信頼を獲得することは難しいといわざるを得ません。

マネジャーは，チームの目標とそれぞれの部下の置かれている状況を，的確に把握しておく必要があり，状況に応じてその部下の個性に合った適切な支援ができれば，今後の業務も強い信頼の絆で乗り越えられるのです。

ここでは，部下からの信頼を醸成する上でマネジャーが注意しなければならないポイントを指摘します。

(1) 利己主義に陥らない

部下がマネジャーを信頼する要素の1つは，マネジャーの持つ廉潔感です。

マネジャーといっても，必ずしも聖人のような人格者とは限りませんが，チームの成果をチーム全体，言い換えれば全員の手柄だとして部下とその喜びを分かち合うスタンスを常に取り続ける必要があります。

しかし，現実には，「成果はマネジャーのもの，失敗は部下のせい」という傾向の強いマネジャーもいます。

このスタンスの違いは，部下の目線から見れば，信頼感を抱けるか否かの重要な要素といえます。

成果の評価は，他人がしてくれるものというマネジャーの廉潔性が，部下の信頼の源です。

COLUMN　駄目なマネジャーは，優れた部下に嫉妬する

マネジャーの役割は，チームをまとめ，目標達成に向けたマネジメントを実行することです。

先ほども述べたとおり，マネジャーは，優れた部下の能力をチームのためにどう活用できるかを考える必要があります。世の中には，「部下よりも能力が抜きん出ているからこそ，自分はマネジャーになれたのだ」と自己過信をするタイプの人がいます。そのあまり，せっかく優秀な部下が配置されても，その部下と競り合い，ライバル心をむき出しにして，あげくには，他部門へ排除するといったマネジャーもいます。

これでは，チームの凝集力は発揮できるわけはなく，自ら目標達成の芽を摘んでしまっていることになります。

---

(2) 目標に対する真摯な姿勢

マネジャーの目標に対する真摯な姿勢に部下は注目しています。

マネジャーは，チームの目標を設定し達成する責任がありますが，ときに

は，マネジャーの意に沿わない目標をその上司から課せられることもあります。このような場合，部下の関心事は，目標に対するマネジャーの姿勢・意欲であり，マネジャー自身がチームの目標に対する真摯な姿勢・意欲を部下に示すことができなければ，部下も目標達成への意欲を持つことは不可能に近い状態に陥ってしまいます。

マネジャーの心得としては，チームの目標は自分の好みで判断しないこと，仮に意に反する目標を設定された場合でも，自分の疑問点を解消すべく情報を分析し，質さなければならないことや改善点があれば，上司に相談をしていくといった対応が必要です。

問題点・疑問点を解消しつつ目標を達成するマネジャーの力を部下は見ています。

POINT 年上の部下，専門知識のある部下に対するマネジメント

初めてマネジャーになった人は，自分より年長者の部下が配属されたり，自分より高い技能や専門知識を持った部下に対処したりするとき，どのように接すればよいかととまどいがちです。

このような悩みに対処するには，本来のマネジャーの役割を思い出すことが必要です。

マネジャーは，チームの資源を有機的に機能させて，目標達成に向かわせる役割を担っていますが，個々の専門的知識・技術力のすべてが部下に抜きん出ている必要はありません。

したがって，部下が，自分より優れた専門知識や技能を持っていても不思議ではありませんし，むしろ有能な部下を持ったマネジャーこそ，より目標達成に近い存在だと考えるべきです。

アメリカの編集者であるジェフリー・クレイムズ（Jeffrey Krames）も，「リーダーにとって何より重要な仕事は，逃げ道をつくらずに責任を引き受けようとする心掛けであり，ドラッカーが強く訴えたように，最強のリーダーは，有能な人材を恐れず，むしろそのような人材に勇気を与える」と指摘しています（クレイムズ（2009））。

　現代社会においては，新しい価値を創造して社会に貢献し続けられる企業が評価されます。

　そして，実際に，その新しい価値創造の多くは，こうした専門知識を持った部下の技量を基礎として構成されています。

　このように，優秀なマネジャーとは，部下の持つ専門性や経験を有効に活用して，新しい価値の創造へと導く能力に長けている人をいいます。そして，優れたマネジャーは，専門性の高い部下や，経験の豊富な年長の部下に対しては，その価値を認めて敬意を払いつつ，状況によっては，部下の高い技術の教えを乞うことをいとわないものです。

　言葉を換えると，マネジャーは，上位者であるというプライドを表に出さず，部下の持つ専門性を活用させてもらうといった考え方が大切です。

(3)　公私のけじめをつけ，折り目正しい態度と行動を心掛ける

　マネジャーには，公私の区別を大事にする姿勢が必要です。

　公私の境界があいまいになれば，部下との関係もあいまいになると自覚すべきです。あいまいになるとは，馴れ合うということです。チーム内の人間関係の円滑性を図ることは必要ですが，公務と私用を明確に区別できなければ，目標達成のための緊張感は次第に薄れていくことになります。

　また，公私の混同は，経費の流用や社内不正にもつながり，コンプライアンス上も問題行動に発展しやすい環境となります。

　また，マネジャーは，可能な限り，身なりをきちんと清潔に保ち，姿勢を正しくし，チームの代表者・責任者らしい態度をとることが必要です。会議の席や対外的な交渉の場面では，礼儀正しく，また落ち着いた態度をとることが，部下に安心感を与え，部下の信頼を得ることにつながります。

　このことは，威張る，虚勢を張る，あるいは過度なおしゃれをするということではありません。あくまで，部下から頼られる存在であるための，最低限の条件という意味です。

POINT 部下に日常的に接する際の心得

①始業時，部下と出会ったら，率先して挨拶すべき。これがチームに明るい空気を漂わす，大切な心得です。

②部下に役割分担を指示し，その実施状況や終了報告を受けた時は，その労をねぎらう言葉を忘れずに。

③部下に注意すべき時は，その場で遠慮なく指摘すべき。ただし，TPOをよく考えて指摘すべきです。年配の部下を若い部下の前で厳しく注意することは，百害あって一利なしと心得るべきです。

④叱るより誉める。短所を探すに先立ち，長所を見出す努力をして誉めることが大切。賞を先にして罰を後にすること。

⑤自ら率先垂範をすべき。プロジェクトの実行においては，常に部下に先んじ，難題に遭った時は，真っ先にマネジャーがその処理に当たり，決して部下を孤立させない。

1-3 部下を注意する際の留意点

マネジャーは，チームの責任者として，部下の不適切な行動に対しては，注意（叱責）をすることも必要です。

以下，部下に注意をする場合の留意点を挙げてみます。

①注意をする前に，事実関係をよく確認すること

マネジャーが部下に対して注意すべきことがあると考えた場合でも，その原因が根拠のある事実なのか，単なるうわさなのか，あるいは悪意のある中傷なのかは，慎重に確認することが重要です。

②注意は，直接本人にすること

注意が必要な場合は，本人に直接伝えるべきです。

注意の内容を間接的に部下の同僚に伝えることは，場合により本人に対す

る中傷と受け取られたり，真意が伝わらなかったりすることが多いからです。

本人に面と向かって，丁寧に注意喚起を促すことが大切です。

POINT　部下と話をするときは，ごく自然に，相手の顔を見る

伏し目または横を向いて話すことは部下に限らず相手に不安感や不快感を与えます。

部下は，マネジャーの表情を見ながら報告し，その反応を見てマネジャーの精神状態を推測して相談をするという心理が働くことに配慮してください。

部下の前では，できるだけ感情を露わにしないようコントロールして，平静な気持ちでいるように心掛けてください。

③注意をする前に，本人の存在価値を認める旨を示すこと

マネジャーに注意を受ける部下の立場からすれば，自分の存在を否定されるのではないかといった不安感があります。まずは，相手の身になって，本人の価値を認めることから話すことが大切です。

④注意する目的を明らかにすること

基本的に，注意の目的は，部下に反省を促し，同様の失敗を繰り返させないための指導です。そのことをまず部下に明示して，感情論と誤解されないように工夫することが必要です。

⑤本人の自尊心を傷つけない表現をすること

注意事項の指摘は，淡々と行い，具体的な行動についての反省と改善を求めることに集中し，本人の性格や家庭環境などに過度に立ち入る，いわゆる「個の侵害」にあたらないように気をつけることが必要です。

⑥本人の同僚，部下や部外者の前で注意しないこと

注意するときは，TPOを考えて，不必要に第三者の前で注意をしないことが大切です。

注意を受ける本人にとっては，注意の内容よりも恥をかかされたと思う気持ちが勝り，かえって逆効果となります。

POINT 「怒る」と「叱る」の違い

「怒る」とは，不満・不快なことがあって，がまんできない気持ちを表す，あるいは，腹を立てるという意味です。

つまり，怒る行為は，怒る側の感情的動機（例えば，自分の自尊心を傷つけられたとか，自分の権威を無視された）の発露として，相手を責めることです。

一方，「叱る」とは，相手の言動の良くない点などを指摘して，強くとがめるという意味を持ちます。叱る目的は，相手に対して同じような誤りや失敗の防止と反省を促すことです。

したがって，「叱る」ときは，基本的に部下の存在や価値を認めていることが相手に伝わるという効果を持ち，部下自らも反省をし，行動を改善するという変化につながります。

マネジャーは，部下に注意する必要性を感じた時は，常に「怒る」と「叱る」の根本的な違いを意識して部下を指導するよう心掛けてください。

2 部下とのコミュニケーション

2-1 部下に対する業務指示

　マネジャーは，部下に対して業務を指示する際には，指示内容が正確に部下に伝わるようにしなければなりません。マネジャーは，部下に対して業務指示を行うにあたっては，次のことを意識して行います。

①指示の内容は，簡潔明瞭であること

　指示の内容が曖昧であり具体性を欠くときや，指示の内容が複雑多岐にわたり，部下の理解力を超えるときは，マネジャーの意思は，部下に伝わらないと考えてよいでしょう。

　マネジャーは，努めて，簡潔明瞭に指示すべきです。

POINT　マネジャーは，明瞭に，はっきりと話すべき

　ミーティングや対外的な説明の場でもそうですが，物事は，はっきりと明瞭に，かつ大きな声で話す必要があります。

　マネジャーに必要なパフォーマンスとして，話す内容を整理した明瞭性や大きな声は，大切な要素です。話す内容が不明瞭であったり，ボソボソと小さな声で話したりされると，聞き手である部下は，意味や趣旨をくみ取ることができないばかりか，マネジャーとしての自信のなさを感じ取ってしまいます。これでは，内容的にはしっかりしたプロジェクトを立ち上げたとしても，部下の信頼感を勝ち取ることは困難です。

　もちろん，マネジャーになったからといって，生来，人前で大きな声を出すことの苦手な人や，話すと上がってしまう人もたくさんいます。そのような人が，マネジャーになったらどうすればよいのでしょう。結論から言うと，訓練や慣れで克服できることであると認識してください。

マネジャーになった以上，これも仕事と割り切って，いろいろな場面や場所で，積極的に話す場を自ら設定してください。最初は，1人でカラオケに行き発声練習をした人もいます。また，有名人のスピーチをまねて練習した人もいます。そういった，自分なりの努力を心掛けてください。

②指示の内容を確認させること

マネジャーが伝えた指示を確認する方法として，部下に復唱を求めます。復唱といっても，業務の内容により，指示内容を正確に再生させることもありますが，部下の言葉で，どのように理解したかを話させることが，部下の理解の程度を判断する上で有効な場合もあります。

③指示した内容は，可能な限り記録として残すこと

部下が，指示した内容どおりに実施したか否かの確認資料として，また後日，指示した事実について問題が発生したときの根拠や証拠として，文書等による記録を残すべきです。

2-2「業務機能の明確化」と「業務内容の具体化」

部下に対して業務指示をするに際し，部下に誤解を生じさせないためには，「業務機能の明確化」と「業務内容の具体化」を徹底する必要があります。

「業務機能の明確化」とは，業務が果たす役割（働き，作用）を明示するということです。

そして，「業務内容の具体化」とは，業務機能として示される役割に関連する作業内容を具体化して，「何を，どうすべきか」を明確に示すことです。

例えば，「伝票を処理する」という業務機能を考えたとき，「処理する」が動詞の部分ですが，処理するということを「保管する」「破棄する」「記録する」「送付する」などに具体化していきます。

マネジャーは，部下との間で，その担当業務の洗い出しや割り振りなどを行ったり，外部との打ち合わせをしたりする際には，以上のような，「業務

機能の明確化」と「業務内容の具体化」を意識的に心掛け，業務の目的に沿った適切な指示を行うことが大切です。

2-3 部下に適切な業務報告をさせる

　マネジャーは，部下に指示した業務の実施状況を具体的，個別的に把握する必要があります。最良の情報収集手段は，何といっても，部下からの直接の報告です。

　部下が，自ら進んで自分の業務状況を報告し，指示したことを確実に実行しているかどうかを報告するように励行させてください。よく言われる「報告・連絡・相談（報・連・相）」です。

　業務というものは，単に与えられた仕事を実行すればよいというものではありません。部下は，自分の担当業務を実施し，その結果をマネジャーに報告してはじめて仕事が完結します。部下がその報告を放置すれば，マネジャーとしては，チームとしての目標達成に向けた実施状況が判然とせず，全体の目標達成のレベルがわからなくなってしまいます。

POINT　部下が報告を怠りがちになったときの対応

　部下の報告が滞りがちのときは，マネジャーは，部下に対して，「促されてはじめてするようでは，与えられた業務を実行していないことと同じだ」ということをその部下に指摘する必要があります。「業務は，報告をもって完結する」ことを徹底してください。また，報告を怠ることは，チームの他のメンバーの仕事にも影響を及ぼすことになります。なぜなら，その部下の実施事項に連動する業務や，連携を必要とする業務であれば，当然，引き継ぎや状況説明が必要であり，その実施状況が把握できなければ，次のメンバーは仕事に取り掛かれません。

　チームワークを支える上でも，報告は必ず実行するよう徹底してください。

⑴ 客観的な報告を上げるよう指示する

　報告は，５Ｗ１Ｈ（誰が，何を，いつ，どこで，なぜ，どのように）を心掛けよという言葉があります。要は，報告の内容が客観的であり，正確なものであるほど価値が高いということを徹底することです。客観性を担保するために，記録やメモ・写真等の資料の提供を求めることも重要です。

　注意しなければならないのは，報告者が，自分の主観を交えて報告するときです。

　マネジャーは，報告者に対して，まずは見てきた事実だけを機械的に報告するよう指導します。また，報告の中に５Ｗ１Ｈで欠けた情報はないかを吟味する必要があります。

　その後に，初めて，報告者の感想ないし推測を聞くようにします。客観情報と主観情報を峻別するように，常に意識する必要があります。

⑵ アクシデント情報は優先的に報告させる

　業務を遂行していく上で，不可避的に発生するのが事故すなわちアクシデントです。アクシデントに関する情報は，マネジャーにとってチームの目標達成に重大な支障を生じさせるおそれがある出来事です。

　アクシデントに関する情報は，ただちに，かつ何よりも優先して報告されなければならないものばかりです。アクシデント情報が遅れたために，被害が拡大したり，場合により操業ができなくなったりする大事件に発展することもあります。

　一般に，業務成果については早めに報告し，業務事故については報告が遅れるという傾向があるのも事実です。

　大きな問題に発展する前に，アクシデント報告は優先して励行するよう部下に指示する必要があります。

⑶ コミュニケーションの断絶を防ぐ

　部下が，せっかくマネジャーに業務報告をしようとしたのに，当のマネジャーが出張中であったり，他の仕事で時間が取れなかったりすることがあり

ます。それがやむを得ない状況ということもあるでしょうが，基本的にはマネジャーは，部下の報告を常に受けられる体制をとる必要があります。

　これは，非常に重要なことで，チームの目標達成に向けた情報収集が，マネジャー自らの都合で断絶してしまうことは，目標の達成ができない，目標達成力がないという評価にまで発展することになるからです。

　マネジャーは，コミュニケーションの断絶を防ぐために次のような工夫をするとよいでしょう。

①マネジャーが報告を受けられる時間を設定する

　この点，誤解のないようにしたいのですが，一定時間以外は報告を受けないということではありません。どのようなことでも，報告を受ける時間帯を設けるという意味です。もちろん，アクシデント情報は，常に，報告の回線をオープンにしておくことを忘れてはなりません。

②できるだけ，face to faceの報告を受けるように工夫する

　連絡はメールやチャットツールなどで行うことを基本とする組織もあります。一見効率が良く，部下も業務を中断しないで手元のキーボードをたたく作業で報告ができるために合理的と思えますが，こうした連絡を過度に重視すると，文字の情報に限定されてしまい，周辺情報が収集できなくなります。

　実際，メールによる報告が常態化した企業で，face to face による業務報告が省略された結果，メールの文章だけでは把握できない情報が伝わらず，重大なアクシデントに発展してしまったというケースがあります。

　マネジャーは，face to face による報告を通して，部下の表情や雑談の中から，言葉として表現されていない情報を読み取ることも大切です。

　業務がリモートで遂行されることが基本となった組織などでは，face to face の報告は物理的に無理な場合がありますが，メールやチャットツールのみではわからない情報もあるということは，常に念頭に置く必要があります。その場合は，できるだけ電話による会話や，写真などの資料の提供を求めるなどの工夫をして，文字だけでは把握しきれない情報を報告として確保できるようにすることを心掛けます。

　IT環境が発達したいまこそface to faceのコミュニケーションが必要

　最近は職場のIT環境の発達によって，マネジャーからメンバーへの連絡や要求，仕事の説明などにメールを活用することが多くなってきています。それどころかマネジャーとメンバーが同じ室内にいるにもかかわらず，声をかけることなくメールで指示や連絡をし，また，メンバーもマネジャーに対してメールで返答することも多くなってきています。

　組織内で何かあったら，マネジャーとメンバーは集まって直接会って討議をする，というスタイルが一般的ではなくなりつつあります。

　このような環境で，マネジャーとメンバーが集まってface to faceのコミュニケーションをとろうとする「場」（日常的なコミュニケーションを通じて，チームの構成員である部下の相互理解，相互の働きかけ，相互の心理的刺激を促す枠組みのこと）を組織に定着させるには，マネジャーの果たす役割が極めて大きいといえます。

　言い換えると，組織内のコミュニケーションを活性化させる「場」の運営はマネジャーに託されているといえます。

3　リーダーシップを発揮する

3-1 リーダーシップの意味とその必要性

　新しいプロジェクトを進めるときや，新規事業を推進するとき，リスクが顕在化したときに，リーダーシップを発揮することに長けているマネジャーは頼もしい存在となります。

　リーダーシップについては，学術的には，ある共通の課題達成において，他者からの援助や支持といった協力を得ることができるようにするための社会的な影響のプロセス（『An Integrative Theory of Leadership』（Martin Chemers））と定義されていますが，リーダーシップを発揮するマネジャー

とは，チームの人々に共通の目標を理解させて，達成のためのベクトルを合わせられる調整力を持った人のことをいいます。

マネジャーは，業績目標などの達成に向けて部下に行動してもらうためには，リーダーシップを発揮しなければなりません。

マネジャーが，チームの目標を達成するためには，経営理念やビジョンを自分自身で明確に理解する必要があります。しかし，単にマネジャー自身が納得し整理するだけではチームは機能しません。マネジャーは，自らがその経営理念・ビジョンに向けて行動するとともに部下とそれらを共有し，チームのベクトル合わせをする必要があります。

マネジャーは，部下とともに目標達成に取り組むためには，リーダーシップを発揮し，チーム内の人々を導く能力が必要となります。また，部下との目標の共有化のプロセスにおいて，様々なヒューマンスキルが必要となってきます。

3-2 リーダーシップを発揮する際に役立つ理論

(1) PM理論

PM理論は，リーダーシップを，目標設定や計画立案，メンバーへの指示などにより目標を達成する能力であるP機能（Performance function「目標達成機能」）と，集団における人間関係を良好に保ち，チームワークを維持・強化する能力であるM機能（Maintenance function「集団維持機能」）で構成されるものと捉え，これら「P」と「M」の2つの能力要素の強弱によって，リーダーシップのタイプを4類型（PM型，Pm型，pM型，pm型）に分類する考え方です（図表3-1）。PM理論は，日本の社会心理学者，三隅二不二により1966年に提唱されたリーダーシップ行動論です。PM理論は，マネジャーのリーダーシップのタイプやチームの状態を客観視することに役立ちます。

PM理論は，リーダーシップを，「個々のリーダーの特性（変わりにくいもの）」としてではなく，常に変化する「行動」として捉えます。したがって，リーダーシップは，常に改善され，向上し得るものであると考えられます。

		M　集団維持機能	
		強	弱
P 目標達成機能	強	① PM リーダーの理想型	② Pm 成果はあがるが 人望はないタイプ
	弱	③ ｐM 人望はあるが 成果をあげる力が弱いタイプ	④ ｐｍ 成果をあげる力も集団を まとめる力も弱いタイプ

　十分に発揮されていないと評価された行動があれば，それを積極的に行動に移すことにより，「PM型」のリーダーに変わることも可能です。

　リーダーは，PM理論の活用等により明らかになった問題点を分析し，望ましいリーダーシップを発揮するために，積極的な行動をとることが重要です。

(2)　SL理論

　SL理論は，ポール・ハーシィ（Paul Hersey）とケン・ブランチャード（Ken Blanchard）によって提唱されたリーダーシップに関する理論です。SL理論のSLは「Situational Leadership」の略語であり，SL理論は，一般にリーダーシップに関する「状況対応理論」や「条件適応理論」などと訳されています。

　SL理論は，「リーダーがどう振る舞うべきか」というように，リーダーとして理想的な行動様式があるのではなく，リーダーシップを発揮すべき対象である部下（follower）の仕事のスキルや，必要とするアドバイスの内容等に応じて，リーダーシップのスタイルは異なるとする考え方です。つまり，発揮されるべきリーダーシップは，部下の「状況（Situation）」に応じて変えるべきということです。

4 部下のモチベーションを高める（動機づけ）

4-1 動機づけの意味とマネジャーが留意すべきこと

⑴ 動機づけの意味

　企業におけるチームは人によって成り立っていますから，働く意欲にあふれた人が集まらなければ，よい成果は生まれません。

　しかし，働く意欲というのは人それぞれです。働く意欲の高い人もいれば，低い人もいます。したがって，マネジャーは，部下の働く意欲を高める，言い換えると，動機づけをすることが必要です。

　動機づけとは，モチベーション（Motivation）ともいわれ，人がある目標や結果に向かって行動しそれを達成するまで維持する働きをいいます。

　心理学では，動機づけには，「動因（ドライブ）」と「誘因（インセンティブ）」という２つの要因が必要だと考えられています。動因とは，人の内にある「欲しい」という気持ち，言い換えると欲求や願望のことです。誘因とは，人の外にあってその人の「欲しいという気持ちを満たすもの」，すなわち目標や目的といったものをいいます。人は，この「欲しい」という気持ちと，「欲しいという気持ちを満たすもの」がなければ，能動的，積極的に行動を起こさないということです。

　部下が仕事に対する意欲を高める（動機づけ）ための動因に当たるのは，「積極的，能動的に働きたい」という気持ちです。マネジャーは，部下との話し合いや激励するなどの行為を通じて部下に働きかけて，働く意欲を起こさせます。

　そして，誘因に当たるのは，働きたいという気持ちを起こさせる外的要因です。マネジャーは，部下のやる気を起こす仕組みをつくり，部下が能動的，積極的に仕事に取り組むようにします。例えば，マネジャーが率先して働き，職場の雰囲気を良くする，部下の間で営業成績を競わせる，成果をあげた者

を表彰する制度をつくる，といったことが例として挙げられます。

⑵　動機づけに際してマネジャーが留意すべきこと

　マネジャーが部下に対し動機づけを行うためには，その前提としてマネジャーが部下の信頼を得ていることや，マネジャー自身に部下の意欲を失わせるような問題行動がないことが重要です。

①部下の信頼を得ていること

　マネジャーは，部下の行動に対する適切な対応を行うことが必要です。部下はほめられたり注意されたりすることによって，マネジャーへの信頼が高まります。また，そうすることにより，チーム内の価値観が方向付けられ，信頼度がさらに増します。

②マネジャー自身の問題点の点検

　マネジャー自身が，部下の意欲を失わせるような問題行動を行っていることがあります。

　部下を必要以上に落ち込ませ，行動を消極的にし，やる気をなくさせる行動をとる場合などです。また，部下は，マネジャーが自分をどう評価しているかということに関心があります。マネジャーが無反応だと，部下は，不安に感じ，最終的には不信を抱くようになります。

＜マネジャーの問題行動の例＞

> ◆小さなミスについても厳格で，失敗しないことを重視する。
> ◆問題が起こるたびにマネジャーが表情を変える。
> ◆マネジャーが部下の創意や新しい試みにあまり関心を示さない。
> ◆部下をほめも注意もせず，部下とは単に仕事上のやりとりしかしない。

4-2 動機づけの具体的アプローチ

　マネジャーは，個々人に対して動機づけをするに際しては，部下を長所から見る習慣を身につけるということを，とくに心掛ける必要があります。

マネジャーが部下に接する際に大切なのは，あらゆる場面において，部下の良いところを積極的に評価してその可能性を肯定することから始めるようにすることです。このようなマネジャーの態度は，部下を勇気づけ，積極的に新たな仕事へと挑んでいく力となります。これは，マネジャーにとって重要な姿勢といえます。人間同士のつき合いとして互いに意思の疎通ができれば，信頼関係が徐々に築かれていき，部下も素直にマネジャーの言葉を聞き入れてくれるようになります。

一方，マネジャーの中には，部下の嫌な面や短所を見つけようとする人もいます。しかし，これはマネジャーが部下に接する態度としては適切ではありません。部下の人柄や能力を否定的に評価する態度は，部下を萎縮させ，部下の能力を活かすことはできません。

仮に部下の短所や欠点が見えても，改めて相手の長所を意識的に見出し評価をするという姿勢が大切です。

4-3 部下の動機づけに際して役立つ種々の考え方

(1)　マズローの欲求段階説

欲求段階説（need-hierarchy theory）は，アメリカの心理学者，アブラハム・マズロー（Abraham Maslow）によって1954年に提唱された考え方で，人間の欲求を低次から高次の5つの段階に分け，重要度・緊急性に従ってそれらが階層構造をなしているとする考え方です（図表3-2）。

人は，通常，下位の欲求がある程度充足されると，その上の欲求を満たすべく行動します。マネジャーにとって，人間に共通する欲求について理解することは有意義であり，マズローのこの説は，モチベーションを考える上で重要な知識です。

5段階の欲求のうち，自己実現の欲求と下位4層の欲求（欠乏欲求）の間には明確な差異があるとされています。すなわち，欠乏欲求は，これを満たすために要因を外部の環境から得なければならないのに対し，自己実現の欲求は，自らの精神的成長のための行動に伴って得られる内的な報酬が満足要因です。

生理的欲求 (Physiological Needs)	生命の維持（食物，睡眠等）にかかわる本能的・根源的な欲求です。現代社会においては，この生理的欲求は満たされていることが一般的であり，より高次の安全・安定を求める傾向が強くなります。	物質的欲求	欠乏欲求	
安全・安定を求める欲求 (Safety／ Security Needs)	身の安全を図ろうとする自己保存の欲求です。 戦争や天災，病気などにより，生存を脅かされる事態となれば，安全を確保することが強い動機づけとなり，通常は，他の欲求は考えにくくなります。			
社会的欲求 (Social Needs／ Love and belonging)	集団に所属し受け入れられたいという欲求です。 人は孤独や他者から拒否されることに痛恨を感じ，他者と有意義な関係を結ぼうと努力します。この欲求が充足されないと，孤独感，社会的不適応，鬱状態を引き起こす原因となり得ます。	精神的欲求		
自尊・承認の欲求 (Esteem Needs)	所属する集団で重要な存在と認められ，尊重されることを求める欲求です。 このレベルの欲求が充足されると，自信，能力，支配力，周囲に対する影響力を感じるようになります。			
自己実現の欲求 (Self - actualization Needs)	欲求段階説において最高次に位置づけられる自己実現の欲求で，人が自らの可能性を最大限に実現しようとする欲求です。人は自分に適する生き方をしていないと十分な満足を感じられず，自分の思いを実現したいと願う自己実現欲求が出現します。 自己実現欲求によって動機づけられている人の特徴として，次のようなものが挙げられています。 1．事実をありのままに観察し，自分自身や他の人々の人間像をそのまま受け止めます。 2．人格の成長，性格の表現，成熟，発展が動機づけとなっています。			存在欲求（成長欲求）

したがって，欠乏欲求は，満たされればもはや動機づけにはならないのに対し，自己実現欲求は，無限に人を動機づけるものといえます。

マネジャーとして，部下の行動を予見するため，人間のどの動機や欲求が，どのようなときに，どのような行為を引き起こすのかを知ることは有益です。

(2)　ハーズバーグの「2要因理論」

2要因理論は，アメリカの臨床心理学者，フレデリック・ハーズバーグ（Frederick Herzberg）が提唱した「職務満足および職務不満足を引き起こす要因に関する理論」です。これは，仕事の満足度に影響を与える要因は1つではなく，満足を引き起こす要因と，不満足を引き起こす要因がそれぞれ別個に存在するという考え方です。そして，満足を引き起こす要因を「動機

要因	衛生要因	動機づけ要因
例	● 賃金・労働時間等の労働条件 ● 職場施設・設備の充実度 ● 職場での人間関係，コミュニケーション ● 福利厚生 <div align="right">など</div>	● 仕事の内容への興味 ● 達成感，成長感 ● 昇進 ● 仕事への責任・与えられた権限 ● 職務拡大・職務充実 ● 目標の魅力 <div align="right">など</div>
特徴	● 満たされないと，職務不満足を引き起こす。 ● 満たされても，やる気が高まるわけではない。不満足を予防するだけである。	● 満たされると，やる気が高まる。 ● 満たされなくても，職務不満足を引き起こすわけではない。

づけ要因」，不満足を引き起こす要因を「衛生要因」としています。衛生要因をいかに充足させても，満足感を引き出すことにはつながらず，逆に，動機づけ要因は，充足されれば満足感を覚えるが，充足されなくても不満足につながることは少ないとされます。（図表3-3）。

　2要因理論から部下の動機づけを考えると，部下の仕事における満足感を引き出すためには，衛生要因に働きかけて職場から不満足要因を取り除くよりも，動機づけ要因に積極的にアプローチすることが重要であるといえます。

　ただし，2要因理論から，単純に，モチベーション向上のために動機づけ要因を充足させることのみを考えるべきではありません。衛生要因の充足をおろそかにして動機づけ要因のみを充足しても，モチベーション向上の効果は限定的と考えられています。

(3)　ＸＹ理論

　XY理論は，アメリカの心理・経営学者ダグラス・マグレガー（Douglas McGregor）の著書『The Human Side of Enterprise』（企業の人間的側面）（1960）の中で提唱された人間観と動機づけにかかわる理論です。

　マグレガーは，人間行動についてのマネジャーの考え方がチーム運営のあり方を大きく左右するものであり，この考え方は大きくX理論とY理論という人の働き方に対する2つの対照的な見解に分類されると提唱しました。また，X理論とY理論は，対照的なマネジメントスタイルを表す際にも用いられることがあります。

①X理論

X理論では，平均的人間は，生まれつき仕事が嫌いであり，できることならしたくないと考えているとされます。

X理論における人間の性質と行動は，マズローの欲求段階説における物質的欲求（生理的欲求や安全・安定を求める欲求といった相対的に低次の欲求）を比較的多く持つ人間をモデルとしています。

X理論におけるマネジメントスタイルでは，仕事を細かく規定し，統制し，四六時中，密接に監督しなければならず，懲罰をもって脅したり昇給を約束するなど「アメとムチ」によりモチベーションを維持する必要があります。逆に，人々の生理的欲求や安全・安定への欲求が満たされているときは，対象となる部下の欲求と適合しないため，モチベーション効果は期待できません。

X理論に基づくマネジメントを続けると，実際に，そのチームの人々は強制や命令がなければ動かなくなるという効果（ゴーレム効果）が生じます。

②Y理論

Y理論によれば，仕事に体力・知力を使うのは，遊びや休息と同じように自然なことであり，平均的人間は，生まれつき仕事が嫌いなわけではないとされます。

Y理論における人間の性質と行動は，マズローの欲求段階説における精神的欲求（社会的欲求や自尊・承認欲求，自己実現欲求といった相対的に高次の欲求）を比較的多く持つ人間をモデルとしています。Y理論におけるマネジメントスタイルでは，魅力ある目標と責任を与え続けることによって部下を動かす手法がとられます。また，個人の欲求や目標とチームの目標がリンクし調和するような仕事環境を整える努力がなされ，マネジャーと部下との間に，より協力的な関係がもたらされる可能性があります。

Y理論に基づくマネジメントにおいては，部下に期待することにより，部下はさらに期待に応えようと努力するという効果（ピグマリオン効果）が生じ得ます。

　X理論・Y理論をマネジメントに応用する際に，X理論によるマネジメントは「悪」で，Y理論によるマネジメントは「善」と即断しないように注意することが必要です。

　極端な例でいえば，貧困な状況に置かれた発展途上国などでは，貧困による金銭的欲求によって短絡的な利益追求が優先されるのであって，このような状況下のチームではY理論に基づくマネジメントはモチベーション効果を期待できません。また，高次の欲求が顕現している者でも，状況によっては低次の欲求にこだわる場面もあり得ます。マネジャーは，部下の成熟度や部下のその時点での課題，また職場や職種の性質上，X理論に基づくマネジメントを必要とする場面にも遭遇し得ることを忘れてはなりません。

⑷　自己決定理論～外発的動機づけから内発的動機づけへ

①内発的動機づけと外発的動機づけ

　内発的動機づけは，興味や関心，好奇心，向上心など，自身の内部からの本質的な欲求によってもたらされる動機づけです。内発的動機づけに基づく行動は，外部からの評価や報酬を得るため，あるいは罰を逃れるためではなく，行動そのものが目的となっています。内発的動機づけによる行動は，自らの興味や関心といった欲求に基づいて主体的になされているため，意欲的で持続性も高く，創造的な活動など，質の高いものになる傾向があります。

　他方，外発的動機づけは，行動そのものではなく，報酬や評価，賞罰など外部からもたらされる事物を実現することが目的となります。外発的動機づけは，行為主体が興味や関心を抱いていない場合であっても，報酬や賞罰などにより，外部から働きかけることによって動機づけを行えるというメリットがあります。他方，外発的動機づけは，目的が，報酬を得ることや罰を逃れることになり，行動が消極的になったり，求められた以上の結果が得られにくくなるといった傾向があります。また，報酬等が提示されなければ，行動しない，あるいは不満を抱くようになるといったデメリットも生じ得ます。

②外発的動機づけから内発的動機づけへ～自己決定理論～

　上述のように，意欲や持続性，創造性等の観点から，部下の動機づけにあ

たっては，内発的動機づけがなされることが望ましいと考えられます。しかし，内発的動機づけは，賞罰など外部から与え得るものではなく，興味や関心，価値観など，個々人の内面に左右されるものが要因であるため，外発的動機づけと比べ内発的動機づけを行うことは難しいと考えられます。導入しやすい外発的動機づけから内発的動機づけへと促していくのに有用な理論として，「自己決定理論（self-determination theory）」（リチャード・M.ライアン＆エドワード・L.デシ）を挙げることができます。

　自己決定理論では，人間の基本的な3つの心理的欲求を挙げています。これらが満たされるとモチベーション，精神的健康が向上し，内発的動機づけが促進されると考えられます。

図表3-4　人間の基本的な3つの心理的欲求

自律性（Autonomy）	他者からの指示・命令や強制されたものではなく，自ら主体的に行動していると感じられる状態。
有能さ（Competence）	自分には能力があり優れていると感じられる状態。
関係性（Relatedness）	集団や社会に属し，周囲の人から関心を持たれている，信頼関係を維持していると実感できる状態。

　その上で，自己決定理論では，外発的動機づけから，図表3-5に示す4段階の過程を経て，内発的動機づけに至るとしています。

図表3-5

第1段階 外的調整	他者からの報酬を得るため，罰を逃れるためなど，外部からの統制によって行動する状態。最も自律性が低い。
第2段階 取り入れ調整	他者による評価など自己の自尊心の維持や，不安や罪悪感を感じないために従う外発的動機づけ。外的調整よりも自我の関与度が高いが，統制は外部から行われている。
第3段階 同一化調整	他者からの統制に，重要性や有用性といった価値を認め，その必要性によって行動する動機づけ。自己が積極的に選択して関与する。自律性が高い外発的動機づけである。
第4段階 統合的調整	他者からの統制の価値を認めるだけでなく，その統制に基づく行動が，自己の別の目的や欲求を実現することに統合されて動機づけられているような状態。自律性の観点から，内発的動機づけにかなり近いが，外部からの統制に関連づけられる外発的動機づけである。

　外発的動機づけから，この４段階を経て，内発的動機づけに到達させるには，上述の人間の基本的な３つの心理的欲求（「自律性」，「有能さ」，「関係性」）を適切に高めていくことが大切です。

　「自律性」については，例えば，部下を指導するにあたり，一定程度，部下自身にどのように行動するか選択する機会を認め，自身が選択していると認識させるなどといったことが考えられます。また，「有能さ」については，例えば，「部下の対応が顧客満足につながった」などと伝え，部下の行動が成果をもたらしていることを認識させることが考えられます。さらに，「関係性」については，例えば，チーム内においてメンバー同士が声を掛けあったり，サポートを継続的に行う体制を整える等，部下にチームの一員であることを認識させることが考えられます。

COLUMN　アンダーマイニング効果とエンハンシング効果

　部下が，仕事に対する探求心や達成感等の内発的に動機づけられた行動をしている場合に，その同じ行動を動機づけるために賞罰等の外発的動機づけを行うことで，かえってその部下のモチベーションが低減する現象が生じることがあります。このように，知的好奇心等によってもたらされる内発的動機づけに基づく行為に対して，賞罰等の外発的動機づけを行うことで，当初の内発的動機づけが抑制されモチベーションが低減する効果をアンダーマイニング効果（undermining effect）といいます。アンダーマイニング効果を生じさせないようにするためには，内発的に動機づけられた行動をしている従業員の自己決定感や有能感を低下させないこと，他者から統制されているように感じさせないことが重要です。

　アンダーマイニング効果とは逆に，褒められたり期待される等の外発的動機づけによって内発的動機づけが高まり，モチベーションが向上する効果をエンハンシング効果（enhancing effect）といいます。

5 多様な人材のマネジメント（ダイバーシティへの対応）

5-1 なぜ企業にはダイバーシティへの対応が求められるのか

　企業の従業員構成については，第1部で述べたように，国籍や性別等の要素を含め，立場や生活環境などが異なる様々な人が，同じ職場で働くという状況は，今後も続いていきます。このことを踏まえると，企業は，ますますダイバーシティ・マネジメント（Diversity Management）の意識を持つことが求められます。ダイバーシティ（「Diversity」）とは「多様性」を意味し，企業活動におけるダイバーシティ・マネジメントは，企業で働く人々の，様々な違いや立場を尊重するという基本的な考え方に基づき，それぞれの社員を個性に応じた形態で積極的に活用・支援することにより，変化を続ける新しい時代環境への適応力と発展する力を企業に持たせることをいいます。

　マネジャーは，多様な人々の立場や環境を理解し，個性を知った上で円滑なマネジメントを実行し，チームを運営することが求められます。

　また，企業は，社会に存在し社会の資源を活用させてもらって活動をしている以上，ビジネスを通した社会貢献をすることも大切です。

　マネジャーは，このような現代社会における企業の在り方を踏まえながら，緊密なコミュニケーションを図りつつ，目標の達成に向けて個性豊かな部下を束ねていかなければなりません。

　言葉を換えていえば，多様な個性を持つ部下のポテンシャルを活性化させて，新しい価値を創造することができるマネジャーが，これからの企業を支えていける人です。

5-2 雇用形態の多様化

　企業においては，基本的に正規で長期的に雇用される人だけではなく，い

わゆる非正規雇用といわれる人々も数多く働いています。

　非正規雇用は需給の変動に応じて人員の調整がしやすいという企業側のメリットがある一方，労働者側にとっても，家庭の事情などがあって労働時間を融通する必要があり正規雇用として働くことは難しいなど，企業側・労働者側の双方に非正規雇用を選択する理由があります。

5-3 多様な人材のマネジメント

　マネジャーは，多様な背景をもつ人材を，チーム内でどのようにマネジメントすればよいのでしょうか。

　多様な人材のマネジメントについて，以下，個別に検討します。

(1) 非正規雇用労働者

　正規雇用と非正規雇用との間で，業務の分担をどうするかという点が問題となります。

　非正規雇用は，正規雇用の履行補助者であり，あくまで業務のわき役だという前提のもとに，一律に単純作業や臨時の仕事を担当するという分け方もあります。しかし，このような区別は，非正規雇用の士気が低下するだけでなく差別にもつながり，職場の雰囲気も悪化していく可能性がありますので避けるべきです。

　非正規雇用であっても，能力に差はないという前提のもとに，業務の内容により高い専門的知識を有している人材であると評価できる場合は，正規雇用と同様にその自律性と自発性を尊重して差別のないコミュニケーションを行い，目標達成のための戦力としてマネジメントすべきです。

(2) 障害者

　企業は，労働者の募集・採用について，障害者に対して，障害者でない者と均等な機会を与えなければならず，その雇用する労働者数に一定の率を乗じた障害者を雇用しなければなりません（障害者の雇用の促進等に関する法律）。

　マネジャーは，障害を持つ者も持たない者も含めた多様な人材によって構成される，すべてのチームメンバーの潜在能力を発揮させ，チームの生産性

の向上や企業の成長等に貢献させるよう心掛けることが大切です。

(3) 高齢者

　高齢者は，勤労意欲があり，実務に根ざした経験と高い技量を身に付けていることが多く，企業における高齢者の受け入れは，その人口構成比が拡大していることもあり，今後ますます増加していくと予想されます。

　こうした状況の下では，マネジャーは，高齢者が自分の部下としてチームに配属されることも当然想定しておくべきです。

　少子高齢化の影響から人手不足が常態化しつつある中，高齢者の雇用確保による人材の有効活用は，企業にとって有用であると考えられます。

　高齢者の雇用確保による人材の有効活用が重要な課題の1つとなる中，マネジャーは，人間は一般に，加齢とともに，身体的な機能，記憶力や認識力等が低下し，特に記憶や認識機能の低下により錯覚や不注意などが生じることがあり得ることを念頭に置き，すべてのチームメンバーの有する経験，知識，能力が遺憾なく発揮されるよう職場環境を整えることが大切です。

　マネジャーは，高齢者が働きやすい職場環境を工夫する中で，ユニバーサルデザインの普及ということも念頭に置く必要があります。ユニバーサルデザインは，物理的環境だけでなく，マニュアルの工夫（例えば，マニュアルに書かれている文字を大きくする，わかりやすい図表による作業手順書を作成する，など）をすることなどが必要です。

(4) 育児中の者や要介護者を持つ者

　マネジャーには，育児や介護などの理由で，働くことに制約のある部下に対する適切なマネジメントが求められています。部下の立場からみれば，もっと働きたいけれども家族のケアが必要なために残業ができない，育児や介護のストレスを抱えているなどの悩みがあります。

　家庭の事情で労働時間が制約される部下に，重要な仕事を任せられるのかといった疑問を持ち，そのことから往々にして補助的な仕事しか任せられないといった思考に陥りがちです。一方，部下は，補助的な仕事しか与えられないことにより労働意欲が失われる，といった悪循環に陥ることにもなりか

ねません。

しかし，マネジャーは，部下の生活が充実してこそ仕事に対する意欲が向上するということを強く意識する必要があります。すなわち，部下の抱える育児や介護の悩みに配慮し，プライベートなストレスを軽減することで仕事の効率化を図れるマネジャーとなることが大切です。

マネジャーは，業務の向上という大前提のもとに，部下との面談の機会を設けたり，日常の雑談の中で部下の抱える事情をくみ取り，解消するための支援をしたりして，人材を育成することを心掛けてください。

(5) 世代の多様性

現代の就業環境の特徴として，いわゆる「ベビーブーム世代」，「X世代」，「ミレニアル世代」，「Z世代」など，1つの職場で様々な世代の人々が働く状況が挙げられます。「世代」は，一般に，同時代に生まれた人々の分類を指し，各世代ごとに共通の価値観や感じ方を持つといわれることがあります。

第1部第1節1-3（1）③で述べたように，少子化が進行し労働市場における人手不足が深刻化する中，今後，消費者，労働者，投資家として経済活動の主力となる「ミレニアル世代」や「Z世代」に選ばれることは，優秀な人材を確保するためにも企業の重要な課題であるといえます。

自分と異なる世代の人と対峙する際に，例えば「若者世代の人の価値観や感じ方は，自分の世代とは大きく異なるため理解できない。若者世代とのコミュニケーションには何か特別な対処法やノウハウ，スキルが必要だ」とする考え方もあります。しかし，例えばZ世代は，「SNSで情報を収集し自分に合った職場を求めて安易に転職する」，「会社に対する帰属意識が低い」といった傾向があるといわれることがある中で，「転職するのは，現在の仕事を通じて自己実現が上手くいっていない」あるいは，「自分の置かれた状況や有するスキルを踏まえ『自分に合った働き方』ができる会社を選び直したい」を考えている人も少なくないとされ，このような考えを抱くのは，Z世代など若者世代に限らず，人間のもつ心理的欲求といえます。この例の場合，本章第4節4-3（4）②の自己決定理論で述べた人間のもつ基本的な心理的欲求である「自律性」，「有能さ」，「関係性」を適切に高めていくことが大

切と考えられます。

　多様な世代から構成される１つのチームにおいて，マネジャーが，事業を円滑に進め目標を達成するためには，異世代の人材への特別な対処法を模索することよりも，チームが進むべき本来の目的，チームメンバー全員の共通の目的から目を離さないことが重要です。今置かれている状況において，本来の目的を達成するために最も大切なことは何かを常に意識し，１on１ミーティング等により個々人の欲求を理解することが大切です。

　とはいえ，様々な世代の人々が働く職場において，マネジャーは，各世代の特徴を知っておくことは有用です。各世代の特徴は，その世代が有する価値観や感じ方，考え方に基づくと考えられます。そして，異世代を理解するために，対象世代がそうした価値観や考え方をするようになった社会的な背景を知ることが大切です。例えば，Ｚ世代には，ⅰ）長期にわたる世界的な不況下で成長してきている，ⅱ）すでにインターネットが普及した時代に生まれ，物心ついた時からパソコンやスマートフォンといったデジタル機器から世界情勢や様々な情報に触れる機会が多い，ⅲ）「価値観や考え方が他者と違うのは当然」という教育環境で成長している，などといった背景があります。こうした背景を理解することで，例えば，Ｚ世代は，ⅰ）浪費は好まず貯蓄や節約への関心が高い傾向にある一方で，自分が真に必要と思うものには積極的に支出する，ⅱ）環境保全や社会貢献に高い関心がある，ⅲ）他者の多様な価値観を尊重することと同等に自分の個性も大切する，などの特徴を理解することができます。各世代には，その世代に共通の価値観や考え方を抱くようになった社会的背景があり，その社会的背景は当該世代にとっては当然のものであるため，異なる世代間の価値観や考え方のいずれが良い・悪いというものではありません。客観的な視点で相手の価値観や感じ方を理解するために，社会的な背景について知ることが有用です。

⑹　LGBTQ

　LGBTQ（Lesbian, Gay, Bisexual, Transgender, QueerやQuestioning）の就労をめぐっては，偏見や差別をおそれ，職場においてLGBTQであることを打ち明けることに困難を感じる人が多いため，身近にLGBTQの存在が

認識され難く，偏見や誤解，憶測などに基づく差別が生じることがあり得ます。職場におけるダイバーシティの実現にあたり，LGBTQであることは本人の代えがたい自我であり，本人の意思で選択したり変更したりすることのできる性質のものではないという認識を共有し，SOGI（性的指向（Sexual Orientation），性自認（Gender Identity））を含む多様性を尊重し，偏見や差別のない職場の構築に取り組むことが大切です。

(7) 外国人

経済がグローバル化していく中で，外国人を積極的に採用する企業はますます増加する傾向にあります。

外国人労働者の増加は，企業によい意味での多様性をもたらすことが期待されます。マネジャーは，外国人の部下についても，日本人の部下と同様に，目標の達成に向けてともに仕事をする仲間として，礼節をもって接することが基本です。

ただし，外国人の部下に対するマネジメントを行うにあたっては，その人の宗教や文化，あるいは企業・労働に対する価値観が多様であることに対する配慮が必要となります。すなわち，日本とそれ以外の国では，仕事に対する意識や文化の違いなどから，日本人であれば一般に通用することが外国人には通用しなかったり，また，特定の宗教からくるタブーがあったりすることも事実です。そこで，ここでは，外国人の採用から対応についての留意点を簡単に紹介します。

①在留資格を確認する

まず，外国人の採用にあたっては，在留資格として，ビザの種類によって労働できる場合とそうでない場合があるため注意が必要です。

外国人は，「出入国管理及び難民認定法」（入管法）で定められた在留資格の範囲内でのみ日本での活動が認められ，在留期間が決まっています。

②労働関係法規（労働法）は，外国人にも適用されることに注意する

国籍を問わず，日本で働くすべての外国人労働者に，労働基準法，最低賃

金法，労働安全衛生法などが，パート，アルバイトといった雇用形態の有無などにかかわらず適用されます。

③外国人の日本語能力等について留意する

すべての外国人労働者が，日本語を熟知しているわけではありません。語学能力のレベルを上げるような支援が必要です。

④外国人の慣習を理解しておく

外国人労働者には，それぞれの国の慣習があり，それを理解していないと上手にマネジメントはできません。宗教上の慣習や食事・飲酒のタブーなどについては，最低限の事項は理解しておく必要があります。

例えば，イスラム教を信仰している外国人を雇用している企業で，従業員食堂がある場合は，豚肉が使用されていないメニューを必ず用意するということはよく知られています。

マネジャーは，これらの点に配慮しつつ，最終的には，コミュニケーションを通して，それぞれの持っている個性を理解し，尊重しながら，マネジャーの属する企業の精神・秩序を承知し約束として守ってもらうという働きかけが重要となってきます。

⑤コンテクスト文化を理解する

外国人と接する際に，コンテクスト文化を事前に知っておくことは，円滑なコミュニケーションを図る上でとても重要です。

アメリカの文化人類学者エドワード・ホール（Edward Hall）は，世界中の言語コミュニケーションの型を高コンテクスト文化と低コンテクスト文化に分類しました。コンテクストとは日本語にすると文脈となりますが，コミュニケーションが成立する際に重要となる拠り所です。

高コンテクスト文化では，状況や文脈から判断して，言葉以外で情報を伝達する割合が多くなります。いわゆる「察し」の文化です。「暗黙の了解」，「阿吽（あうん）の呼吸」，「一を聞いて十を知る」といった言葉があるように，日本人のコミュニケーションスタイルは，高コンテクスト文化の最たるものです。

一方，低コンテクスト文化では，伝達される情報は実際に話される言葉に比重が置かれます。そこには，本音と建前，形式を重んじるような日本人によく見られるコミュニケーションは存在せず，話されている言葉の内容そのものが情報のすべてとなります。

　外国人とコミュニケーションを行う際には，日本人のコミュニケーションスタイルが高コンテクスト文化に位置づけられることを自覚して，あいまいさを排し，明確でより具体的な言葉遣いをすることが求められます。

第4章 上司・外部との コミュニケーション

1 上司とのコミュニケーション

　マネジャーは，部下に業務を指示しその結果の報告を受けると同様に，上司と適切なコミュニケーションをとり，適宜諸活動の実施状況を上司に報告しなければなりません。

　しかし，マネジャーの立場から想定される上司は，一般的には，社会的地位が高く，組織の中でも経営層あるいはそれに準ずる立場にあり，組織の内外で多忙な業務を行っている人です。

　そのため，マネジャーが上司の繁忙度を気にするあまり，報告・連絡・相談（報・連・相）が遅れてしまうことがあります。その結果，例えば，アクシデント情報の報告が上司に届かず，場合により他の部門や，組織全体の経営にも影響を及ぼすこともあり得ます。

　マネジャーが上司とのコミュニケーションを図るためには，以下の点に留意して，適切な報告や相談を実行します。

1-1 報告や相談は早めに，とくに事故情報は迅速に　　報告すること

　多忙な上司だからといって，業務報告が遅れることの正当事由にはなりません。

　上司の業務状況にもよりますが，タイミングを見計らって積極的に時間を調整してもらい，自分のプロジェクト業務の報告を怠らないように心掛けて

ください。報告を受けることによって，上司にはマネジャーに対する安心感が生まれます。とくに，事故情報を上司に申告することは萎縮しがちですが，上司の立場としては，自分で対応策を講じ，対処できるうちに報告を上げてほしいと思っています。

緊急対応を上司の立場で処理すれば，組織的な対応も可能になりますし，上司も協力を惜しみません。

反対に，マネジャーが，アクシデント情報を迅速に上司に報告せず，自己の手元にとどめた結果，企業の一大不祥事に発展したというケースは，枚挙にいとまがありません。

報告は迅速に実施する必要があります。

1-2 報告は可能な限り面談により実行すること

マネジャーが上司に報告する案件は，複数あることが通常です。

また，マネジャーが上司に報告する案件は，経営や人事上の問題等が含まれる頻度が高くなります。

このような事情を前提にすると，報告はメールで行うのではなく，たとえ短時間であっても面談による報告を心掛けるべきです。

面談により，報告の場面で即座に，マネジャーの気がつかなかった組織上の問題点や，対外的な対応策についての指摘を受けることが可能となります。しかも，問題処理も時間をおかずに対応できます。

1-3 報告の際には，必ず相談事項を明確にすること

マネジャーが上司に報告する場合，単に結果だけを報告するだけではなく，その報告に関連して上司に相談すべきことや，支援をしてほしいことをあらかじめ用意しておくべきです。

上司だからこそ処理できる問題点や，対外的な問題点があるはずです。

多忙な上司に時間を割かせるわけですから，面談時に上司に求めるアドバイスや，上司に対応してほしい項目を要領よく相談できるように準備をしてください。その際，マネジャーは，上司が納得できる資料を整えて相談し，必要な判断や支援を求めることが必要です。

② 外部とのコミュニケーション

　マネジャーは，自社以外の人々とコミュニケーションを持つことがあります。マネジャーにとっては，部下やチームを導く役割と同じように，外部の人々との関わりは重要です。

　マネジャーは，自己の業務に関係する取引先や，業界団体や監督官庁の担当者，税理士や経営コンサルタントなどの専門家，関係する官公庁の担当者など，多種多様な人々と関わりをもちます。

　外部とのコミュニケーションにおけるマネジャーの役割としては，①外部との人的ネットワーク構築の役割，②外部への情報発信者としての役割，③対外的・対内的な情報を伝達・調整する役割の3つがあります。

2-1 外部との人的ネットワーク構築の役割

　マネジャーは，長い時間をかけて，外部に人的なネットワーク（いわゆる「人脈」）を構築し，チームに協力してくれる人とのつながりをつくり上げる役割があります。

COLUMN　日常のコミュニケーションを図り，安定的な信頼関係を構築する

　外部の協力を得るためには，日常のコミュニケーションを密にすることが必要です。マネジャーの一方的なスタンスで，気が向いたら連絡をする，気が向かなければ特段用件のない限り連絡はとらないといったことは，よく見受けられることです。

　外部の人といっても，当然同じ人です。取引の力関係により，外部の人に対して高慢な態度をとったり，自分の気が向いたときだけ連絡したりするのでは，安定的な信頼関係が構築されているとはいえません。

　外部の人々とは，平素から良好な関係を築いておくことが必要です。

2-2 外部への情報発信者としての役割

マネジャーは，外部に対し，自己のチームを正式に代表して情報を発信する役割をもちます。

マネジャーは，外部のネットワークを利用して，自己のチームの活動に支援を取りつけるために，適宜収集した情報を，許された範囲内で外部に発信します。

マネジャーはチームを代弁し，チームが目指す目標達成のために根回しをし，チームの活動の成果を外部に周知します。

2-3 対外的・対内的な情報を伝達・調整する役割

外部とのコミュニケーションは，重要な情報を収集し，目標を達成するのに必要な外部の協力を得るための重要な要素です。

また，マネジャーは，対外的なコミュニケーションを通じて得た情報を内部のチームに伝える役割を担っています。

ただし，マネジャーは，外部情報をそのまま伝令のように伝えればよいわけではありません。マネジャーは，外部の情報がチームの目的にどのような影響を与えるか，不必要な情報はないかといった整理・調整をして，外部情報によりチーム内に無用の混乱をきたさないよう注意する必要があります。

また，それとは逆に，外部情報を全くチームの中に伝えなければ，部下は，目標達成に必要な情報を得ることができなくなります。

POINT 部下はマネジャーの対外折衝力を見守っている

　マネジャーにとって，他部門や社外の協力者との連携は大切な役割の１つです。

　部下は，マネジャーが，他部門等の担当者や責任者と適切なコミュニケーションを図っていることを確認できれば，安心して仕事をしていくことができます。とくに，利害関係がある他部門との良好な関係性が保たれているか否かは，部下にとっても自分の仕事の進捗に，大きな影響を及ぼす要素となります。その意味で，マネジャーは，努めて他部門・協力機関との友好性を確保し，その状況を部下も確認できるような雰囲気づくりをすることが必要です。

③ 対外的な交渉

　マネジャーは，自己のチーム外の組織との間で，チームを代表する者として交渉する役割を負っています。

　交渉とは，当事者がお互いの目的や要求を実現させる意図のもとに，相互の主張や説得により，妥結点を見出すための過程をいいます。

　いわゆる交渉術については，古くから様々なテクニックが知られています。３-３で紹介する，米国流の交渉テクニックもその１つです。

　ここでは，交渉にあたって，基本的な考え方や留意すべきことを中心に紹介します。

3-1 対外交渉の基本的な考え方

　マネジャーが，対外的な交渉をするにあたって，何よりもまず心得ておかなければならないことは，相手との信頼関係を築くことが大切であるという

> **COLUMN** 「折衝」「渉外」など「交渉」と類似した言葉
>
> 「交渉」に似た言葉に「折衝」があります。折衝とは，一般に，利害の異なる者の間で相互の要求を調整し妥協点を見出すための話し合いをいいます。交渉にもこのような意味がありますが，交渉は，必ずしも意見や利害の対立がある場合に限られず，広く話し合う場合を含みます。
>
> また，対外的な交渉・折衝をすることを「渉外」と呼び，そのような仕事を担当する人を「渉外担当」と呼ぶことがあります。単に外部との連絡をとることも「渉外」と呼ぶことがあります。
>
> さらに，折衝と同様な意味を持つ言葉に「談判」があります。意見の相違があって問題が発生した場合に，直接話し合って決着をつけることを「直談判」というのを聞いたことがあるでしょう。折衝よりも厳しい対立に決着をつけるというニュアンスを伴います。

ことです。

交渉は，当事者双方の説得の繰り返しです。主張や説得を相互に繰り返すといっても，相手が自分の主張を理解しようとする意思を持てるような信頼関係がなければなりません。

次に，交渉での主張や説得は，相手が理解できる論理性を持たせることが必要です。当然のことながら，感情論や論理が飛躍した主張では，相手の納得は期待できません。

交渉は，ある種の妥協です。したがって，相互に主張し歩み寄れるところは妥協して，初めて相手の納得する妥結点を見出すことができます。

交渉は，自分の主張を曲げないで，強引に相手に受け入れさせることではありません。相手を屈服させ，従わせることは支配であり，命令となってしまいます。

3-2 交渉にあたっての留意点

実際の交渉に臨む際には，以下の点に留意してください。

①自分と相手の「主張」や「要求」を整理し，相互の共通項や相違点を明確にする

　あらかじめ，相手の主張がわかっていれば，この作業は比較的簡単です。相手の主張に対する反論や，条件提示のヒントも見出しやすいといえます。

　しかし，交渉は生き物です。当事者の相互の主張が開始して，初めて論点が明らかとなり，それも交渉の中で刻々と変化していくことが通常でしょう。

　このような交渉過程の中においても，たえず冷静に論点（争点）を意識し整理し続けることが，交渉内容の明確化につながり，冷静な話し合いが可能となります。

②交渉相手を理解する

　交渉は生き物といいましたが，まさに交渉相手も人間です。自尊心や自負心の強い人もいれば，細かいことにこだわる人もいます。猜疑心の強い人もいれば，権威主義的な人もいます。

　交渉相手の特性を理解して，その人に合った説得をすることも大切なことです。

　例えば，相手が知識豊かで自負心が強い人には，当方の主張の理由を理論的に説明し，自分で判断するように導くとよいでしょう。

　猜疑心が強く反対ばかりする人には，当方の強い主張を繰り返すのではなく，相手の反論に異を唱えないほうが，結果として，相手の冷静な判断をもたらすという効果が認められることがあります。交渉の相手方（説得される側）が，説得する側を信用していないときに，説得内容とは逆の意見を抱いてしまう現象をブーメラン効果（boomerang effect）といいます。

　権威主義的な人には，当方の主張について，公的機関や学識経験者などの見解も添えて丁寧に説明すると，相手も納得感が生じます。

POINT　交渉で役立つ心理的効果の知識

・スリーパー効果

　交渉にあたっては，交渉内容がどの程度相手方に伝わるのか，時間の

経過によってその伝わり方がどのように変化するのかを理解する必要があります。ここで有用なのは，スリーパー効果（sleeper effect）です。このスリーパー効果とは，情報源に対する信頼性の忘却スピードの方が情報内容そのものの忘却スピードより速いことから生じる効果をいいます。信頼性の低い情報源との間のコミュニケーションであったとしても，時間の経過とともに，その「情報源の信頼性が低い」というマイナスの効果が薄れ，コミュニケーションの内容そのものの記憶だけが印象に残るというものです。これを交渉に当てはめると，たとえ交渉相手との信頼関係が薄い場合であっても，そのマイナス効果はコミュニケーションを継続することによって徐々に薄れ，逆に交渉内容の理解度が深まることになります。

- **返報性の原理**

　返報性の原理は，人から利益や厚意を受けたとき，その利益や厚意に報いるべきであるとの感情を抱くという心理作用を指します。例えば，交渉の場面で，当方として許容できる範囲で，相手方に対して譲歩することにより，むしろ当方に有利に交渉を展開できることがあります。

- **単純接触効果（ザイオンス（Zajonc）効果）**

　単純接触効果（ザイオンス（Zajonc）効果）は，対象となる物や人物への接触回数が増すと好意度も増加するという心理的効果を指します。この心理的効果を利用して，交渉を円滑に進めるために取引先との接触回数を増やすことで好意度の向上に努めることは有用と考えることができます。ただし，相手方が当方に悪印象を抱いている場合は，逆効果になり得ますので注意が必要です。

③ポジティブ情報だけではなくネガティブ情報も開示する

　先に述べたとおり，交渉相手とは，信頼関係が大切です。相手に対する交渉材料の提供については，あえて「提案には，○○というマイナス要素もある」といったようなネガティブ情報を付け加えることは，客観的資料に基づく冷静な交渉が可能となり，相手が信頼する基礎となります。

3-3 交渉に役立つ様々な考え方——米国流交渉術

　米国では，様々な交渉術が知られています。ここでは，米国流の交渉テクニックの主なものを紹介します。

①Low ball・High ball（ローボール・ハイボール）

　このローボール・ハイボールテクニックとは，相手が受け取れないようなボールを投げて，次に相手がかろうじて受け取れるボールを投げることで，自分のペースで交渉をすることです。相手が到底承諾できないような厳しい条件を提示し，徐々に条件を緩めるという交渉テクニックです。

②Good Cop and Bad Cop（良い警官と悪い警官・怒り役となだめ役）

　2人でチームを組み，一方が厳しく対応し，他方が優しく対応する「北風と太陽作戦」です。米国で使われる交渉テクニックの古典的なものの1つです。例えば，交渉の第一次担当者を部下にさせて，相手に対して強気の交渉を指示します。その交渉が暗礁に乗り上げたところで，マネジャーが登場し，優しく相手の言い分も受け入れる姿勢を見せるという交渉テクニックです。

③Weigh Options（Chicken）（二者択一を迫る）

　この条件を承諾するか，承諾しないか，承諾しなければ取引を中止すると二者択一を迫るテクニックです。基本的には，立場に強弱のあるビジネス交渉の場面では，よくみられる光景ですが，状況によっては交渉自体がとん挫する危険性もあります。

④Bogey（幽霊のようなつかみどころのないもの，転じてそれほど価値のないものを，価値のあるものと装うこと）

　例えば，交渉条件が客観的には有利ではないものを，あたかも非常に有利であるとして交渉することをいいます。

　このような交渉に対抗するには，相手方の条件等を客観的に評価できる情

報を持つことが必要であるといわれています。

　そのほか，様々な交渉術が使われていますが，今日における米国での交渉の基本的考え方は，あまり技巧に走らないで，信頼関係を築き相互に満足できる交渉スタイルが推奨されてきています。

第 **5** 章

人材の育成と人事考課

1 人材の育成の重要性

1-1 人材育成の目的

　人材育成は，人事部門が考えればよいというものではなく，部下を持つすべてのマネジャーが常に意識するべき重要な役割の１つです。

　企業は，組織全体として定めた人事・教育体系に従って集合研修などを実施し，人材育成に取り組みます。マネジャーは，企業全体の人材育成体系に従いつつ，自己のチームにおいては，部下に対する日常的なマネジメントを通じて，部下が継続的に業績を達成する力を持ち続け，時代の要求に対応できる価値を創造することができるように継続的に指導します。

　マネジャーは，組織の次の時代を託すことのできる実力ある人材を育成し，企業の持続的な成長を支えるのに必要な実力を蓄えるという，極めて重要な役割を担っていることを忘れてはなりません。

1-2 人材育成の意味

　部下を育成することは，一人ひとりの部下ができなかったことができるようになり，その結果新たな能力を身につけ，さらには，その能力領域を広げて新規の分野にも対応できる実力を身につける人材を育てるということです。

　部下が身につける能力には様々なものが考えられます。

　担当業務に関連した新たな能力を身につけさせる場合もありますし，未経

験の業務に関する能力を習得させることもあります。これまでは担当業務を1人で処理してきた部下に，人を使ってマネジメントをする能力を習得させるというケースもあるでしょう。部下の育成とは，部下が業務に関して何らかの新しいことができるようにすることです。

② 人材育成に役立つ考え方

2-1 コーチングとは

コーチングとは，人の能力を引き出す，指導するという意味であり，マネジャーが部下に対して行う人材育成の方法の1つです。ちなみに，「Coach（コーチ）」という言葉は，「馬車などで運ぶ」という意味が転じて，「導く」「指導」という意味に用いられるようになりました。

コーチングの特色は，指導する部下の個性を尊重することと，自律性を育成することです。

2-2 コーチングとティーチングの違い

コーチングと類似する概念に「ティーチング」があります。

「ティーチング」は，知識や技能を教えるということです。学校の授業などがその典型ですが，基本的には，基礎知識がない場合や，経験のない新規の情報を習得させる場合に有効に機能します。とくに，集団に対する画一的な知識共有を目指すときには，比較的効率よく学習効果を期待できます。

一方，「コーチング」は，知識や技術を教え込むというスタンスではなく，部下の一人ひとりの個性を尊重し，持てる能力を引き出して，自律性を高めるという点を重視しています。基礎知識や新規情報の習得ができている部下に対して，より効果が発揮できる指導方法といえます。

どちらの指導方法が優れているかという問題ではなく，状況に応じて使い分けをすることが必要であり，その見極めも大切です。

例えば，業務計画の立案やその実施方法の選択にあたり，部下の自律的な力を発揮させようと指導する場面において，業務計画の策定やその実行段階での細かな作業方法をティーチング手法によって指導すれば，部下の自律性は損なわれ，選択の幅も狭くなってしまい，部下の能力を引き出すという当初の目的は達せられなくなってしまいます。

2-3 コーチングスキル

　コーチングスキルとは，マネジャーが，部下の個性を尊重し，部下の自律した力を発揮させることができるよう指導育成するための方法です。

　スキルといっても，単純な技術的作業というイメージではなく，人と人のコミュニケーションを通して行う部下の能力向上のための指導ですから，そこには，マネジャーと部下の信頼関係を築くことが前提となります。そのためには，部下の立場を承認し尊重する姿勢を示すことが大切です。

　コーチングを実施する場合，マネジャーは自分の感情を抑制して，部下に対して冷静に対応しなければなりません。また，部下とコミュニケーションをとる場面においては，「相槌を打つ」など部下の話を肯定的に受け止めることにより，部下がマネジャーに対して話しやすい雰囲気をつくることも大切です。

　具体的には，以下のような点に留意して部下を指導する必要があります。

①部下の話を聞く

　部下がマネジャーと話をするときは，かなり緊張しているはずです。その際，部下の話を途中で遮ったり，考えを否定したりすると，部下は自分を認めてくれないという感情を抱いてしまいます。

　マネジャーは，部下が安心感を持てる雰囲気で自由な思考で話せることが，自発的行動力の基礎になることを忘れてはなりません。

②部下に質問をする

　部下が積極的に話してくれることは，コーチングの第一歩です。他方で，コーチングの目的は，自律的・自発的な行動の育成にあります。

マネジャーは，部下に対して，行動のヒントとなることがらを関連づけながら質問をしていくことが大切です。

質問の内容については，例えば，部下の話が抽象的であれば，より具体的な質問を加える，自分の視点ではなく相手（取引先・他部門の同僚など）の立場になって考えさせる，あるいは今後具体的にどう行動するかなど，考える指針を提示します。

質問の方法としては，「Yes or No ?」という「紋切り型の質問」（Closed Question）と，「○○について，どのような方法が考えられますか」という「オープン型の質問」（Open Question）があります。部下の自律性の育成という観点からは，可能な限り部下自ら考えて答える要素の多いオープン型の質問をすることが大切です。

また，部下の話が，抽象的であったり，要領よく説明できないで行き詰まったりしたときは，より具体性のある説明を促すために「チャンキング」（Chunking）という手法を用いることも効果的です。

「チャンキング」は，話の塊をほぐしたり具体化する「チャンクダウン」（Chunk down）と，話の内容をまとめたり抽象化する「チャンクアップ」（Chunk up）という手法の総称です。

例えば，具体性のある話を導くために，状況説明に必要な要素である5W1Hに，How many（数量），How much（費用）を加えた5W3Hを，適宜質問の中に入れてチャンクダウンをすることが有効です。

反対に，部下の説明が細部にこだわりすぎて，全体像が把握できないときは，話の内容をまとめさせたり，意見の目的・目標を確認したりする質問によりチャンクアップをすると説明の全体像を把握しやすくなります。

③部下の行動進化や成果を認める

部下の自律性に力を与えるためには，部下の行動に改善や進化があれば，それを認めることが必要です。部下は，自発的な行動をとる反面，マネジャーは，自分のことをどう評価しているかを絶えず気にしています。

マネジャーは，単に褒めるということではなく，行動が改善された点などの事実を具体的に指摘して，それを部下に伝えることが重要です。

このような部下の成長を認めることをAcknowledgment（承認）といいますが，マネジャーの承認行動をエネルギーとして，部下の自律的行動力が促進することを期待できるようになります。

2-4 1on1ミーティング

部下の育成やモチベーションの向上に有効な手法の1つに，「1on1ミーティング」があります。1on1ミーティングは，部下の人材育成を目的として，1週間に1回〜1か月に1回など，定期的にマネジャーと部下が1対1で行う個人面談で，次のような特徴があります。

- 1on1ミーティングでは，部下が，自らの課題等の現状について，マネジャーに自分の考えを伝え，これに対しマネジャーがアドバイスをし，次回の面談までに行う具体的な行動等を定め，次回の面談で当該行動等のレビューを行うといったステップを複数回にわたって繰り返して行う。これにより，部下の成長やマネジャーと部下との間の信頼関係を醸成することが期待できる。
- 1on1ミーティングは，マネジャーの視点から業務目標の達成状況の評価をする評価面談等とは異なり，マネジャーが聞き役となり，部下が，自身の直面している課題の解決や部下自身のキャリア等についての目標達成のためにその考えを話すことで進められる。
- 1on1ミーティングにおけるマネジャーの役割は，部下の課題解決や目標の達成などを支援することである。
- マネジャーが部下にアドバイスをする際には，部下に現状の課題の解決策を考えさせることが重要である。

1on1ミーティングを実施した後，次の1on1ミーティングまで長期間が空くと，適時な報告やフィードバックができなかったり，前回の1on1ミーティングで挙がった内容が不明瞭になったりする可能性があります。そのため，1on1ミーティングを実施する日程を決める際には，その実施頻度に注意することが重要です。

1on1ミーティングでは，部下の行動に対する改善点や評価を伝えて軌道修正を促す「フィードバック」が重要です。フィードバックでは，部下にとって耳が痛いことであっても，部下に，自らとった行動が失敗であったことを認識させたり，部下の行動が周囲の者にはどのように映るかを率直に伝

えます。適切なフィードバックによって部下の成長につなげることが重要です。

3 人材育成の手順

マネジャーは，人材育成の目的や意味を十分に理解し，その重要性を認識した上で，部下の育成に努めなければなりません。

マネジャーは，上司と部下という関係にある間，可能な限り時間とエネルギーを割いて，コーチングやティーチングなどのスキルを使って部下の能力向上に向けた活動を実施すべきです。

ただし，マネジャーが，実際に部下を育てるにあたっては，「育てようとする意識」が重要です。育てる技術（スキル）に熟達していても，育てる意識が弱ければ，部下を適切に育成することはできません。

具体的にどのような点に注意し，部下を育てればよいか，その手順を紹介します。

3-1 部下が成長しやすい環境をつくる

育成とは，部下の能力を向上させることですが，部下が成長しやすい環境をつくることによって，自発的に成長させることが重要です。

マネジャーが高圧的に自分の意図する状態に部下を当てはめようとすることは，部下の育成にとってマイナスです。

人間の本来持つ自ら伸びる力を支援し，障害を取り除いてその力を最大限に引き出すことによって，部下は成長します。部下を育成するには，育成するための環境条件を整え，その環境の下で人を変化成長させることが必要です。

マネジャーが，人材育成に必要な環境条件を整える上で注意すべきことは，以下の点です。

◆業務の習熟度に応じて，仕事の内容をステップアップしていくこと。

マネジャーは，部下一人ひとりをよく観察し，より高度な仕事を与えるタイミングを計り，段階的に成長するよう調整します。

◆状況により，チーム内での担当替えによって，全面的に未経験の仕事を与えて，業務能力の拡大化を図ること。

未経験の仕事に直面させ，それを克服させる過程での変化を期待します。また，その達成によって自信を得させ，新たな能力を獲得させます。

◆部内の仕事に習熟した部下を他部署へ異動させ，さらに未経験の仕事につかせてその成長を図ること。

異動は，部下本人が，現在の仕事に習熟したことが前提となります。習熟度と本人の自信を見極める必要があります。1つの仕事が十分に身につかないうちに別の仕事を与えられ，結局いつまでたっても習熟した仕事がなく自信が持てないという状況にならないようにする必要があり，また，異動が遅すぎて，新しい仕事への意欲が低下するという状況にならないようにする必要があります。

3-2 指導にあたって，最初に注意すべきこと

　マネジャーは，部下の育成にあたって，まず自分自身の部下の育成方法に問題点がないかどうかを点検し，問題点があれば是正をしていく必要があります。

　部下を望ましい方向に成長させるには，まず自分が部下に望む姿を自分で実際にやって見せることが必要です。自分が誤ったことをしていて，部下には要求だけを行っても，育成はできません。

　マネジャー自身が，実際に模範を実践して見せることが必要です。

　マネジャーが部下を育成するにあたっては，次のような問題点がないかを確認します。

◆部下に対する指示内容が細部にわたりすぎて，部下の考える余地を奪っていないか。

◆いつも同じレベルの仕事を与えるだけで，部下の新しい能力の開発を妨げていないか。

◆部下が，問題のある考え方や，間違った作業をしているにもかかわらず，適切なアドバイスや注意をしないで放置していないか。

◆モチベーションを高める動機づけをしないで，部下の意欲を失わせていないか。

マネジャーは，まず自分の姿勢を正し，部下が真似をしたとしても大丈夫なように，日常の行動を律することを心掛けます。

3-3 部下が自主的に考え行動できるように支援する

⑴ 部下の主体性を確保する

マネジャーは，部下が仕事に主体的に取り組めるよう，以下の点に留意して指導育成をするべきです。

①部下が自ら目標を設定するように促す

マネジャーは，部下に対して，業務に取りかかる際には必ず部下自身がその目標を設定するように指導します。部下が主体的に，自主的に業務をこなすことは，仕事の習熟度を高め，習熟の加速が期待できます。部下が，自ら目標を設定することができれば，どのような仕事でも，責任感を持ち，積極的に実行できるようになります。

また，自己管理意識に目覚めた部下は，次第に視野が広がり，チーム全体の業務を見渡せるようになります。そして，他の人の業務についても，期限などの目標を意識するようになります。また，設定した目標が達成できれば，次の，さらに高い目標を設定するように指導することによって，その部下の成長を促すことが可能となります。

②仕事の成果を「見える化」する

部下が主体的に仕事に取り組めるようにするためには，部下が，自分の仕事の成果や状況を判断できる工夫が必要です。そのための方法が，仕事の「見える化」です。

例えば，営業部門の担当者のように，顧客訪問回数，成約件数や売上など，仕事の成果を数値として捉え確認しやすい場合には，見える化も容易です。

そして，前月の成約数がその前の月に比べて落ち込んでいるのであれば，次月は顧客への訪問回数を増やすといったように，成果を確認してから，次の行動を自分で工夫することができます。その結果，自分が求める結果が得

られれば，さらにやる気につながりますし，思わしくない結果であってもさらに工夫をしようという気にもなれます。

これに対し，仕事の成果を確認しにくい仕事もあります。そのような場合には，マネジャーが意識して部下の仕事を「見える化」する必要があります。具体的には，達成項目の優先順位を基準にして，業務内容を図表で表し，進捗状況をビジュアル的にイメージしやすい工夫をすることも有効です。

このような工夫は，部下が主体的に仕事をするように促すことが目的です。そのため，厳密に定義するというよりもむしろ，直感的に達成度がわかるように工夫するとよいでしょう。

このような見える化は，最初はマネジャーが主導して行うこともよいですが，最終的には，部下が自ら成果を「見える化」して仕事を改善することができるように指導すべきです。

(2) 部下の目標達成をともに喜ぶ

部下は，現在の能力や経験ではやり遂げることが困難に思えるような仕事に取り組み，自分なりに工夫し努力して困難を乗り越えることによって，達成感を得ることができます。

部下に達成感を得させることは，主体性を育む上で非常に重要です。

したがって，マネジャーは，部下に達成感を感じられるように仕事を組み立てて部下に分配することが大切です。

そのため，ある仕事について，計画から実行，結果までを1人が行うように指示をするほうが，部下は達成感を得やすく，全体の仕事の流れも理解しやすいといえます。

しかし，業務の内容は，一般には複雑なものが多く，業務をいくつかのプロセスに分けて，プロセスの一部分を部下に分担させることが多くなります。

マネジャーは，このような場合，プロセスの一部分の業務を行う部下に対して仕事の全体像を示しながら，部下の仕事が全体のどこに位置づけられるかを伝える必要があります。

また，すべての部下に，担当した業務に対して，個別に適切な支援を行って，仕事を達成する喜びを感じさせることが望ましいといえます。

マネジャーは，部下の仕事がうまくいけば部下と一緒にそれを喜び，部下の努力をほめる習慣を身につける必要があります。

そのことによって，部下は，仕事の達成感を次の仕事へのモチベーションとして活用することができます。つまり，達成をともに喜ぶ習慣は，仕事の面白さを深く感じさせる作用を持ち，かつ力を合わせて何かを成しとげた過程で仲間意識が生まれ，互いの信頼感が深まります。

さらに，マネジャーは，ほめるだけでなく，業務の折を見て，部下とともに，その都度反省を兼ねた検討を行うことも重要です。

3-4 部下の経験・立場に対応した人材育成

マネジャーによる部下の育成は，部下一人ひとりが別の人格である以上，異なるものとならざるを得ません。また，部下の育成にあたっては，部下の職務経験の多少や成長の段階に応じて異なるアプローチが必要です。

(1) 初任の部下（新入社員等）に対する指導

マネジャーは，配属された新入社員を職場に適応させるとともに，1つずつ仕事を教えていき，仕事に自信をつけさせていくことが重要です。そのため，新入社員あるいはそれに近い部下を育成する場合，マネジャー自身または新入社員の教育担当となった先輩社員が部下の見ているところで実際に「やってみせる」ということが基本的なアプローチ方法となります。

すなわち，仕事を全く知らない新入社員を育成する場合には，次のような手順で業務上必要な知識，技能を習得させます。

---

❶ マネジャーがその仕事をやって見せ，部下の質問に答え
❷ 次に部下にやらせてみて
❸ その結果について誤りや改善点等をコメントし
❹ 遺漏なくできるようになるまで②③を繰り返す

なお，仕事のやり方を教えるだけでは，なかなか仕事への動機づけにつなげることはできませんが，仕事の工夫や改善を経験させることによって仕事の面白さを知り，仕事に対する動機づけにもつながります。

以上の育成手順は，中途入社の人や，異動などにより未経験の業務を担当することになった人にも，基本的に当てはまります。ただ，全くの新入社員とは異なり，何らかのキャリアを有している人に対しては，指導するに際して，本人のプライドなどへの配慮も必要です。

POINT 周囲に悪影響を与える部下に対するマネジメント

　周囲に悪影響を与える部下は，マネジャーのマネジメントの妨げとなります。つまり，このような人がいると，周囲の人も感化され，部署の雰囲気が悪くなる可能性があります。

　周囲に悪影響を与えると言ってもいろいろなパターンが考えられます。その代表的なパターンを検討してみましょう。

・自己中心的な部下

　攻撃的で，相手に対し敵意をむき出しにするタイプです。このようなタイプの部下は，たとえ注意をしようとしても，自分は悪くないとの一点張りで，マネジャーの言葉に耳を貸そうとしない傾向があります。

　このような部下に対しては，その部下が比較的落ち着いて冷静なときに，できるだけ，マネジャーと考えが一致する可能性の高い話題を取り上げながら指導するように心掛けることが大切です。それによって，相手の攻撃性を減退させ，こちらの話に耳を傾けさせることができます。

・何事にも斜に構える部下

　いつも不満に満ちあふれており，何事にも消極的なタイプです。このようなタイプの部下は，たとえ注意をしても，ものごとの原因を他人や会社，あるいは社会のせいにして，何事も自分のことと考えない傾向があります。

　このような部下に対しては，できるだけ相手に話をさせ，じっくりと不平を聞くようにします。それによって，その部下が抱える問題もわかり，また聞くことによって何よりもその部下のストレスの軽減につながります。

⑵　一定の業務経験を有する部下に対する指導

　一定の業務経験を経ている部下を育成する際のポイントは，あらゆることを懇切丁寧に教えるのではなく，重要なポイントを教え，その後は部下を信頼して任せるようにするということです。任せる育成方法のポイントは，次のとおりです。

---

❶　目標を明確にする
❷　目標を達成するための方法は任せる
❸　必要に応じて支援し，成功させる

---

①目標を明確にする

　部下は，仕事を任せることにより自ら学ぶようになり，未経験の仕事に積極的に取り組み，自然に力をつけていきます。部下に仕事を任せるにはまず，部下が到達すべき目標を明確にしておかなければなりません。

②目標を達成するための方法は任せる

　任せるとは，方法を任せるということであり，これが部下の成長を加速します。

　ただし，任せることと時間内に目標を達成することのバランスには注意が必要です。このバランスをとるには，部下の能力をよく見て任せられる範囲を測り，過重とならない程度の仕事量となるように調整します。

③必要に応じて部下を支援し，成功させる

　マネジャーは，部下による業務の遂行状況を判断して，部下とのコミュニケーションの中で，支援の要請が読み取れる場合は，業務遂行の障害となっている内容とその原因を検討しながら，必要な支援を考え，実行することが大切です。

　状況に対応した適切な支援を行うことにより，部下に成功体験を積ませ，自信をつけさせることは，部下を育成していく上で重要なポイントとなります。

⑶　中堅クラスの部下に対する指導

マネジャーは，ある程度仕事の基本動作が身につき，ルーティンワークであればマネジャーがとくに支援しなくてもこなせる段階にある中堅クラスの部下に対しても，その技術力や自信には敬意を払いつつ，育成指導していく必要があります。

ただし，次のような対応をする部下には特別の配慮が必要となります。

①まず「できない」理由を探すタイプの部下

新規事業を企画する場面や従来の業務のやり方を変えて改善しなければならない場面において，「できる」ことよりも「できない」理由をまず探そうとするタイプの部下です。ルーティンワークとは異なる業務を依頼しようとしても，すぐに「できません」というタイプも同様です。

企業は，従来の方法を連綿と続けるのみでは顧客のニーズを満たし続けることはできず，新しい価値の創造というレベルには達しません。また，企業として存続するためには，新規事業を立ち上げることも必要不可欠です。そのため，第1章第3節「マネジャー自身をマネジメントする具体的実践法」で紹介したように，「Can I do it ?」ではなく，「How can I do it ?」と自らに問う積極性が必要であることを，部下とのコミュニケーションを通じて理解させることが大切となります。

②自ら考えることなくすぐに方法を他人に尋ねるタイプの部下

何らかの対応が必要となる場面において，自ら対応策を考えることなく，マネジャーにどうすればよいかを尋ねるタイプの部下です。そのようなタイプの部下から相談がきたときには，まずはその部下自身がどう考えるかを言わせるようにします。そのようなタイプの部下は，失敗することや他人から誤りを指摘されることを極端に嫌う性格であることがあり，なかなか自分の考えを口にしないかもしれません。

そのような部下が自身の考えを述べた場合には，いったんは，その考えを肯定した上で，よりよい対応策などを指導します。

③いつでも自分が正しいと信じて疑わないタイプの部下

自説に固執しすぎて，他人の助言などを素直に受け入れないタイプの部下です。

独善的な姿勢では将来的に成長することは難しくなります。

このタイプの部下には，比較的難易度の高い，他人の助力がなければ進められないような仕事を担当させることも有用です。また，必要に応じて2人だけで話せる場を設け，言うべきことをストレートに伝えることも必要です。

人材を育成するための様々な手法

4-1 教育手法——自己啓発，OFF-JT，OJT

これまで，マネジャーが部下を育成するにあたってのポイントを述べてきました。人材育成は，会社が持続的に新たな価値を創造し顧客のニーズに応え続けるために必要であること，人材育成はマネジャーにとって重要な役割の1つであること，マネジャーが人材育成をする具体的な手順などについて説明してきました。

ここでは，人材育成にはどのような手法があるのかについて紹介します。

具体的な人材育成の手法としては，「自己開発（自己啓発）」，「OFF-JT」，「OJT」の3つがあります。これらの手法には，それぞれに長所と短所があるため，一般的には，それぞれの手法を組み合わせて人材の育成がなされます。

(1) 自己開発（自己啓発）

自己開発（自己啓発）は従業員が自分の能力を高めるために業務外の時間を利用して自発的に行う能力開発のことで，自分への教育投資です。

業務に関連する読書や外部の教育機関のセミナー・通信講座の受講，e－ラーニングなどが典型的な方法です。

自己啓発は，あくまでも従業員自身の自発性に基づいて行われる能力開発ですから，企業は，資金補助等により側面から援助し，促進していくことになります。

⑵　OFF-JT（OFF the Job Training）

OFF-JTは，主に企業の人事部門や教育部門，あるいは部門の教育主管部署が，共通の教育ニーズを持つ従業員に対して行う教育訓練です。

共通して必要となる基本的な知識・技能や，職場では学ぶことが困難な知識・技能について，対象者を集めて行う人材育成手法をいいます。

一般的には階層別，職能別の集合教育によって行われますが，ほかにも国内外への留学，他社見学なども含まれます。

OFF-JTは，企業の内外の専門家から，OJTでは学べない，より広い知識や専門的な知識・技術の習得が可能となります。

また，日常の職務から離れて気持ちをリセットし，自分を振り返りながら，新しい知識の習得ができ，自分の視野を広げることが可能となります。

⑶　OJT（On the Job Training）

OJTとは，職場内での教育訓練です。職場の上司・先輩が部下・後輩に対して，職場での個々の仕事を通して必要な知識・技能・能力などを指導し育成することです。これを部下・後輩の側から見れば仕事の中で学ぶすべてがOJTといえるでしょう。

部下の仕事のうち，ある程度定型的な業務については，あらかじめ作成された業務マニュアルに基づいて仕事を進められれば足ります。したがって，OJTでは，例えば，業務マニュアルによっては解決できない問題が生じた場合にどのように対処すればよいか（例えば，問題の類型に応じた連絡先・相談部署の別や顧客からのクレームであれば他の案件に先立って最優先で対応するといったノウハウなど）を習得させることがねらいです。

また，マネジャーとしては，部下と相対して個別のコミュニケーションをとることができる機会ですので，社内に特有の事情など，部下が知っておくと役に立つ情報を伝達することもできます。

OJTは，職場内において実際に業務を進めながら実施される教育訓練です。そのため，適切な方法で行えば，効果的な部下の育成方法の1つとなります。

4-2 OJTの実施方法

OJTには，「個別指導」，「日常のマネジメントを通じたOJT」，「自ら模範を示す」という3つの実施方法があります。

マネジャーは，部下の性格や担当させる業務の内容に応じて適切な方法を選択する必要があります。

⑴　個別指導（狭義のOJT）

マネジャーが，部下の一人ひとりに指導する形態のOJTです。

マネジャーは，個別指導によるOJTを通じて，一人ひとりの部下に直接業務のコツなどマニュアル化しにくいノウハウを伝授したり，業務の習熟度合いに応じて部下を手助けしたりし，部下が失敗すれば，その場でそれを正すことができます。また，マネジャーから部下に対し，仕事に対する考え方・心構えといった基本的なことや，業務に付随して，気になる部下の行動を改善させるなどきめ細かな指導を実施することができます。

⑵　日常のマネジメントを通じたOJT

マネジャーは，業務での部下との接触は，すべて部下育成の場であると考えるべきです。

マネジャーは，部署の中で業務が適切に遂行され仕事が進むように，部下の目標達成度や業務計画の進捗具合を確認するなどのマネジメントを日常的に行いますが，これらはすべて部下と深く関わることとなります。

マネジャーにとっては，マネジメントを進めることは部下を指導することを内包しています。OJTは，業務を遂行することそのものが部下の成長を促し能力の伸長につながる活動であるということができ，マネジャーにとっては，部下を管理することそれ自体に教育訓練という側面が含まれているのです。

例えば，マネジャーが部下に担当業務を割り振るにあたっては，部下がそ

の担当業務に取り組むことにより，どのような教育効果が生じるかを考慮しなければなりません。

POINT 仕事と育成の同時進行

　マネジャーが，ある部下に，新しい仕事の企画の原案をつくるように指示し，部下が案を作成しました。ところが検討が不十分であり，大幅に修正をしなければなりませんでした。

　このような場合，マネジャーは，この案件がいつまでに完了すればよいかを考え，時間的に余裕があるなら，部下の考え方の問題点だけを指摘し，部下に考えて書き直すように言い，その新しい案に基づきディスカッションするといった方法をとることができます。

　この方法は，仕事も完了しますが，そのプロセスが最大限に部下の能力開発に利用されているといえます。ここでは「仕事」と「育成」が，同時に一体となって進行しているのです。人を育てることが上手な人というのは，あらゆる機会を捉えて無意識のうちにこれをやっている人です。

　これに対し，マネジャーが，ただちに個々に直すべきところ，削除追加すべき詳細を具体的に指示・説明し，すぐ直して持ってくるよう指示したとします。この方法では，とにかく仕事を完了することが最優先であって，部下はこの失敗を教訓として生かすことができません。

　単に仕事が完了すればよいといったことではなく，その都度部下がよく考え，仕事そのものを教材として，部下に上手に勉強させる機会をいつも仕事の中につくり出すことが重要です。

(3)　自ら模範を示す

　部下の指導にあたって，マネジャー自ら模範を示すという方法があります。これは，マネジャーが意識して模範を示すということをしなくても，部下は，日常的にマネジャーの仕事ぶりを見て，具体的な業務の進め方などを学習し

ます。

　また，マネジャーが仕事で失敗することもあるでしょう。そのような場合には，失敗をいかにリカバーするかが重要であることを部下に指導する，よい機会と理解すべきです。

5 人事考課とは

　人事考課は，人事評価，勤務評定，能力考課と呼ばれることもあります。人事考課とは，一般に，1年間や半年・四半期ごとに，従業員の業務遂行能力や仕事に対する取り組み姿勢，勤務態度や成果を日常の職務活動を通じて観察し，分析・判定を行うことをいいます。

　人事考課は，部下にとっては自分が評価の対象とされるものであり心理的には不安があります。しかし同時に，人事考課は，マネジャーにとっても部下を評価しなければならない点で気が重いものです。また，営業部門などのように実績が数値で把握しやすい立場のマネジャーより，一般に数値化できない部門のマネジャーのほうが，部下の評価は難しいものになります。

　人事考課の目的には，昇格・昇給・賞与の「査定」がありますが，部下にとっては，人事考課の不満がモチベーションの低下につながることがあります。しかし，反面，適正な評価による部下の納得感の高い人事考課のフィードバックが行われれば，部下のモチベーションを高めることも可能となります。

　人事考課は，会社によって様々な方法・制度があります。マネジャーは，会社によって決められた人事考課制度に従って部下を評価する必要があります。そこで，どのような人事考課制度を採用しているかにかかわらず，マネジャーが，部下を評価するにあたって注意しなければならないこと，陥りやすいことを中心に解説します。

6 部下を評価する際のポイント

どのような人事考課制度であるかにかかわらず，マネジャーが部下を評価する際に注意すべきポイントは次のとおりです。

6-1 評価基準をあらかじめ明示する

部下が目標達成に向けて邁進するために，何が求められる行動かを示す「評価基準」を明確化することは，部下の納得を得るために必要です。

評価基準を明確化する場合には，すべての部下にその内容を理解させておく必要があります。部下は，自己がどのような基準で評価されるのかを理解することにより，なすべき行動が明確になるとともに，自己の評価についてマネジャーからフィードバックされた際に，評価の根拠に対する納得性が高まります。

第5章 人材の育成と人事考課

COLUMN　コンピテンシー（Competency）

高い業績を上げるための行動を明示し，そのような行動が見られるかどうかを評価する「コンピテンシー（Competency）」という手法が用いられることがあります。コンピテンシーとは，高いレベルの業績を安定的・継続的に上げている人に共通してみられる特徴的な行動特性をいいます。単なる知識や資格，偏差値にとどまらず，成果につながる特徴的な行動です。こうした特徴的な行動を具体的に拾い上げ・分析し，それを集積したものを，その企業あるいは職種の人事考課における行動基準や評価基準とするものです。

コンピテンシーは，企業・職種によっても異なるものであり，各々の目的や戦略との整合性を図りながら設定する必要があります。

コンピテンシーの手法を用いると，部下を評価するための具体的行動が明示されるため，部下としては，仕事をする上で，具体的にどのような行動をとればよいか明確にイメージできます。

6-2 部下の評価に予断は禁物

　マネジャーには，自分のチームに属する部下の能力や技量，性格についての情報や評価が必要となります。新たに自己のチームに部下が配属される場合や，新しいプロジェクト・チームの人選にあたっては，とくに気になるところです。

　その企業・団体によって異なるものの，一般的には人事記録により，ある程度の人物評価は可能でしょう。さらには，部下の同僚や，元上司などからも評価資料が上がってくるかもしれません。

　しかし，それらの評価も1つの資料であって，判断の手掛かりにはなり得ても，確定した評価と考えるべきではありません。やはり，最終的には，自分の目で責任を持って判断するという姿勢が大切です。とくに，前任者の，その部下に対する評価が著しく低い場合や，逆に高い場合は，慎重かつ冷静に部下の評価をしなければなりません。極端な評価の場合は，評価者自身にも問題があることが多いのが実情です。例えば，部下と前任のマネジャーとの性格上の不一致があったり，個人的な癒着を前提に，人物評価が下されたりすることがあります。

　したがって，まずは，マネジャー自身の目で，部下とコミュニケーションを図っていく中で，部下に対する評価を積み上げていくことが大切です。

6-3 部下の評価は，第一印象だけで判断しない

　マネジャーは，部下を評価するについて，既存の資料だけではなく，自分の目で判断することが大切です。ただし，マネジャーが自分自身で判断するといっても，マネジャーも個性を持った1人の人間であることに違いはありません。

　したがって，マネジャー自身の評価の仕方も，はたして客観的に，正確に部下を評価できているのかという疑問が残ります。マネジャーにも，人の好き嫌いといったバイアスがかかることは否めない事実だからです。

　そこで，まず，部下を評価する上で気をつけなければならないのは，自分が部下に対して持った第一印象です。第一印象には，どうしても自分の好み

が反映されざるを得ない部分があります。これは，人である以上，仕方のないことです。

　しかし，マネジャーは，自分の友人を選ぶわけではありません。あくまで，チームメンバーとしてビジネスライクに評価をする使命があります。この判断のバイアスを補正するには，部下の日々の仕事ぶり，同僚とのコミュニケーションの状況や，自分に対する業務報告の上げ方，話しぶり等を総合して判断すべきです。

6-4 リモートワーク時における部下の評価

　テレワーク（第2章第1節1-3参照）をはじめとするリモートワークは，通勤に伴う心身の負担の軽減，時間・コストの削減，育児や介護などによる離職や雇用機会の損失の防止，人材の確保が困難になりつつある現代の少子・高齢社会において，優秀な人材を確保する観点からも有用なスキームと考えられます。その一方で，非対面の働き方であるリモートワークの問題点として，マネジャーが次のような点を把握しにくいといった側面が指摘されることがある中，企業として，人事評価を適切に実施する必要があります。

- ●部下の勤務態度は良好か
- ●チームの他のメンバーとの協調性
- ●業務改善など，指示を受けた仕事以外の事項に主体的に取り組んでいるか　など

　部下の評価をする際の基準として，仕事の量，目標の達成度など数値化できる定量評価と，業務に対する誠実さや熱意といった数値化・定量化が困難な定性評価があります。非対面の働き方であることを前提としたテレワークにおいては，これらのうち，定量評価を重視せざるを得ないことが考えられますが，定性評価を軽視することは回避すべきであり，定量評価に偏重しないことが重要です。定性評価を適切に実施するためには，1on1ミーティング（本章第2節2-4参照，1on1ミーティングはweb上のリモート会議ツールを用いても実施可能です）を活用すること等により，部下とのコミュニケーションを高頻度（毎週あるいは2・3日おきなど）にとることが重要です。当該部下の業務の進捗や役割に応じた能力の発揮状況，相談事項につ

いて，上司としてアドバイスや支援を行うためのミーティングに充てる時間を確保することが大切です。

　また，「目標管理制度」（MBO（management by objectives），Peter Drucker）の活用が考えられます。目標管理制度は，一般に，マネジャーと部下との間のコミュニケーションにおいて，組織の目標と部下自らが目指したい方向性を擦り合わせ，部下一人ひとりの目標を決定し，その目標への到達までを管理するものを指します。マネジャーは，部下と目標を取り決めるにあたり，組織の目標と整合性のとれた目標を部下自身に立てさせます。その際，目標は達成度合いが客観的にわかるように可能な限り数値で設定します。

　こうした手法などを用いることによって，定量評価・定性評価のいずれかに偏重しないような仕組みを整えることが大切です。

7 評価結果のフィードバック

　マネジャーは，必要に応じて，評価結果を部下にフィードバックします。フィードバックの目的は，部下本人に現状のレベルと，部下自身が成長のためにどのような課題を乗り越える必要があるかを認識させることにあります。

　フィードバックにあたっては，なぜそのように評価をしたかについて，以下のように説明を加えると，評価に対する部下の納得性が高まります。

＜評価理由の説明＞

> 今期は，組織の期待を上回る業務成績をあげることができたので高い評価となった。しかし，チームにおける立場を考えれば，後輩の指導にもっと積極的に取り組んでほしかった。そのため，最高評価には至らなかった。

　人事考課の目的は，昇格・昇給・賞与などの査定だけでなく，人事考課により，経営資源である人材の能力等を分析し，それをマネジメントに活用をすることで企業の発展に寄与させることにあります。

マネジャーは，人事考課を日々の機械的なルーティンワークの一部と捉えるのではなく，この目的を明確に理解し，「部下の育成」や「能力開発」の有用なツールとして人事考課という仕組みを活用する意識を持って取り組むことが重要です。

第 6 章

チームのマネジメントと
企業組織論

　マネジャーは，経営方針を部下に浸透させたり，目標の達成に向けて活動させたりします。マネジャーは，企業経営の一翼を担う者として，チームの成果に責任を負わなければなりません。また，新たにプロジェクトを立ち上げるということになれば，自らチームを構築してプロジェクトを進めていかなければなりません。そこで，本章では「組織」についてマネジャーが知っておくべき知識を整理していきます。

1 チームビルディングの基本

1-1 チームビルディングのポイント

　マネジャーは，自分が管理するチームにおいて，メンバーの一人ひとりがそのポテンシャルを最大限に発揮しつつ互いにその能力を補完し合えるようにする必要があります。また，チームの中に，さらに分割された複数のチームを設置する場合は，チーム間の関係を調整し，メンバー一人ひとりが仕事に打ち込める環境をつくり，組織全体を活性化させることが必要です。

　一般に，チームメンバーの個々の能力を最大限に引き出し，チームの持つポテンシャルを高め，強いチームをつくることを「チームビルディング」といいます。

　以下，マネジャーが「チームビルディング」を実施するにあたって留意す

べき点を紹介します。

(1)　チームを機能させるためのポイント

　チームは，人が集まって成立しますが，単に人が集まっただけであれば，それは「集団」にすぎません。マネジャーが，人の集まりである「集団」をマネジメントすべき「チーム」として機能させるためには，いくつか注意しなければならないことがあります。

①チームの目標を明確にする

　マネジャーは，チームの目標を明確にしなければなりません。

　チームのマネジメントにおいては，異なる能力を持つメンバーが目標の達成に向けて協働することによって，それぞれの能力を単純に足し合わせたものよりも大きな成果を得られるようプラスの相乗効果（シナジー効果）をもたらすことが期待されます。そのため，マネジャーは，メンバーが，チームの秩序を乱さずに他のメンバーとコミュニケーションを図りながら業務を進められるように配慮する必要があります。そのためには，メンバーの関心を

COLUMN　成果主義というときの「成果」とは

　「成果主義」という場合における「成果」とは，必ずしも，100％以上の結果をもたらすことを意味するわけではありません。高度かつ複雑に発達した現代社会においては，常に100％の結果をもたらすことは不可能といってよいでしょう。

　成果主義における成果とは，長期的な視野に立つものでなければなりません。「成果とは打率である」と言われるように，成果は，どれだけ新しいことを試みたか，その際のリスクをいかに処理したか，そのようなチャレンジから何を得たかといったように，新しい価値の創造に対していかなる貢献をしたかという基準により判断されるべきものです。

　場合によっては，間違いや失敗をしない者は，仕事に真剣に取り組んでいないか，無難なことにしか手をつけない者と判断すべきときもあります。

チームの目標達成という成果に向かわせます。そして，チームの目標を達成するために必要なメンバーが果たすべき役割を明確化します。マネジャーは，メンバーがマネジャーの個別の指示を受けなくても，何をなすべきかを明確に把握できるようにします。メンバーが，いつでもチーム全体の仕事を理解でき，自分の仕事がチームの目標といかなる関係にあるかを容易に理解できるように設計することが重要です。

②チームの効率性を高める

チームの中で実際に業務を担当するメンバーが，業務を進める上で必要となる手続は，少ないほど効率的です。チームを動かすこと自体に費やされる時間や手間は少ないほどよいといえます。とくに，業務遂行に関して高い能力を持つメンバーが，事務的なことに多くの時間と手間をとられることのないように留意する必要があります。

POINT すべての行動に「5分前」ルール

マネジャーはもちろん，チーム全体の約束事として，5分前には準備を完了し，本題にすぐ入れるような習慣を身につけることが必要です。

チーム単位では，休憩時間を除き，一定のまとまりのある行動が求められます。チームのメンバー共有の時間帯においては，他のメンバーに時間を浪費させることは許されません。

ミーティングにおいても，遅刻は原則として許されないという慣行が必要です。1人の遅刻によって，会議の進行を妨げられることはもちろん，ミーティングの雰囲気も悪くなりがちです。

チームのモチベーションを高め，会議の効率を上げるためにも，正当な理由のない限り遅刻は認めないという約束に加えて，全員が5分前に集合して，定時に会議や作業をスタートさせることが重要です。

マネジャーは，その旗振り役として，自ら，遅くとも5分前には着席し，準備を整えて率先垂範するように心掛けるべきです。

③チームの意思決定プロセスを強化する

チームを運営する上では，チームとしての意思決定が不可欠です。チームとして解決すべき課題に対処するために，最も適切なメンバーが意思決定を行い，意思決定の結果を必要とするメンバーの間で共有しなければなりません。マネジャーは，このような意思決定のプロセスの強化に尽力する必要があります。

また，チームとしての意思決定をする前提として，会議を開催しメンバーで討論をすることがあります。その際，個々のメンバーが討論前に持っていた判断や感情，行動傾向は，チームにおける議論や討論を経ることによって，より危険性の高い方向に傾いていったり，逆に用心深い方向に傾斜していくことがあります。このような現象は，心理学において「集団極性化」と呼ばれています。そして，集団極性化として，より危険性の高い積極的な方向に傾斜することをリスキー・シフト（risky shift）といい，より用心深い消極的な方向に傾斜することをコーシャス・シフト（cautious shift）といいます。マネジャーは，チームにおける意思決定の強化を検討するにあたっては，このような傾向に留意する必要があります。

さらに，マネジャーは，意思決定のプロセスを円滑に運営するためにチームが目的を達成するのに直接必要のない事項，例えば部門間の派閥争いなどといったことがらにメンバーの関心を向けさせないといった点にも注意しなければなりません。

(2) チームビルディングの基本的視点

①グループ・ダイナミクス

チームビルディングには，「グループ・ダイナミクス（Group Dynamics）」の理解が必要です。

「グループ・ダイナミクス」は，「集団力学」と訳されます。とくに社会心理学の分野においては，集団の構成員は，集団から影響を受けつつ集団に対しても影響を与え，単純な複数人の集合ということ以上に集団としての特性的な行動が発生するというメカニズムの研究がなされています。

チームビルディングの観点からは，チームは，様々な思考や興味を持った

多様な人々が必要であり，多様なメンバーが醸成する動的なエネルギーをマネジメントするという観点が重要です。メンバーの持つ個性により，業務の領域を幅広くカバーできると同時に，お互いの個性から受ける刺激により新しいアイデアが生まれやすくなります。そして，メンバーの力が結集すると，思いもよらぬ強大な力となり，その成果も大きなものとなります。この点については，第3章第5節「多様な人材のマネジメント（ダイバーシティへの対応）」も参照してください。

②フォーカス

チームを効率よくマネジメントするためには，「フォーカス（Focus）」の理解も大切です。

「フォーカス」とは，「焦点や関心の中心」などの意味がありますが，チームビルディングの観点からは，「チームとしての業績目標や，行動指針などに向けてメンバーの力を結集する」ことと理解されます。

マネジャーは，フォーカスの観点から，メンバーとのコミュニケーションを通じて，力を結集すべき目標や方針を示していく必要があります。そして，目標や方針をチーム内で共有化し，共通認識とすることが重要です。

これによりチームのまとまりのある取り組みが可能となり，全体の力を結集することができるようになります。

⑶　メンバーの強みを引き出し，弱みを無効にする

メンバーが，それぞれの個性を発揮して生き生きと働くことができれば，仕事を通じて，多様な個性がチームに生かされて，チームに新たな変化を生じさせることができます。

チームとして活動をする意味は，メンバーの強みを引き出すことにあります。また，それと同時に，メンバーの弱みをなくすことにあります。メンバーが，与えられている機会や強みを十分に発揮し，高いモチベーションを維持しつつ，将来を見据えて行動することができるようにする必要があります。チームとしての活動をマネジメントするにあたっては，リンゲルマン効果に留意することが有用です。リンゲルマン効果とは，メンバーが単独で作業を

> **COLUMN** マネジャーが明るく振る舞うことで，チームの連帯感が生まれる
>
> マネジャーの行動や表情というものは，チームの雰囲気に大きな影響を与えます。部下は，絶えずマネジャーの動静を見守って行動しており，マネジャーのちょっとした表情や振る舞いも，想像以上にチームの士気に影響を与えます。基本的には，マネジャーは，感情の起伏や不安を表に出すことなく，努めて明るく振る舞うことで，チームの安定的な運営を行うべきです。
>
> 当然，マネジャーといっても，個々の人格は違っています。しかし，ここで指摘したいのは，マネジャーの役割意識の問題です。「自分の性格は，直しようがないのでニコニコ笑っていられない…」ということではないのです。マネジャーとしての役割を成功させたいのであれば，自分の性格などという前に，感情の起伏をできるだけ抑え，かつ明るく振る舞うことで部下への安心感を持たせることを実行することが大切です。
>
> ユーモアがあり，笑顔のある人には，人が集まります。誰しも，鬱々としたマネジャーの下で仕事はしたくないものです。

するよりも集団で作業をするほうが1人当たりの作業量は低下し，集団における協同作業においては，集団の人数が増えるほどその構成員1人当たりの作業量は低下するという現象をいい，「社会的手抜き」や「社会的怠惰」とも呼ばれています。マネジャーは，このようなチームにおけるメンバーの心理にも留意し，チームとしてのポテンシャルが発揮されるようにすることが求められます。

(4) 変化に適応できるチーム

チームは，めまぐるしく変化するビジネス環境にさらされています。「変化を認識してからそれに対応する」のでは，変化に対応できるチームになることはできません。そもそもビジネス環境は常に変化しており，それを前提に行動する必要があります。

現代社会において，組織は，常にビジネス環境の変化に対応して新しい価値を創造するよう迫られています。それを受けて，チームの中には，自ら変化をつくり出す戦略を実行しているものもあります。変化は，チームにとっ

て優位に働くだけでなく，そこで働くメンバー一人ひとりの成長にも役立ちます。過去の成功体験に安住することなく，挑戦を続けることのできるチームとしてマネジメントすることはチームの活性化につながります。

1-2 全員が発言しやすいチームづくり
──チームにおける心理的安全性の構築

目標達成に向けてチームが協働できる環境を構築するにあたり，参考となる理論にアメリカの組織行動学博士であるエイミー・C.エドモンドソンが提唱した「心理的安全性」があります。心理的安全性は，組織やチームにおいて，対人リスク（チームメンバーから無知と思われたり悪く思われたり拒絶されたりペナルティを受けたりすること）の恐れを抱くことなく，課題やネガティブな事柄を気兼ねなく発言したり話し合うことができる状態や雰囲気を指します。心理的安全性が高い職場では，「離職率が低い」，「収益性が高い」といった影響が指摘されています。

図表6-1　心理的安全性が高い状態・低い状態

心理的安全性	メンバーが職場に対して抱く「感じ」
高	・職場での地位や経験に関わらず，メンバーの誰もが忖度なく発言でき，疑問に思ったことも率直に質問できる ・改善すべき問題点を率直に指摘してもチームでの対人関係が悪化するといった心配をしなくてよい ・困ったときに，リーダーやメンバーに助けを求めることができる
低	・職場の問題点に気づいたが，否定されそうなので言えない ・問題点を指摘したら，「じゃあ，やっておいて」と言われ，評価もされず仕事だけ増える ・上司と異なる意見を述べると上司からの評価が下がる ・上司の意見は絶対だから，疑問に思っても聞けない

例えば，ほぼ決定しかけた事項に問題点があることに気づき意見を述べた際に，「水を差すようなことを言うな」と拒絶されてしまうような場合，「心理的安全性が欠如した状態」といえます。過去に生じた企業の不祥事の中には，従業員の多くが不正や不具合に気づいていながら，それを指摘することは自身の昇進・進退に及ぼすリスクを冒すことになるといった背景から発生したものがあったと考えられます。

チームにおける心理的安全性を高める方法として，例えば，図表6-1の心理的安全性が高い状態の職場に対して「メンバーが抱く『感じ』」に示したような項目をチームの行動指針（ルール）として定めることなどが考えられます。こうした工夫により，「ルールとして『忖度なく発言し，疑問に思ったことは率直に質問しなければならない』，『改善すべき問題点を率直に指摘してもチームでの対人関係を悪化させない』と定められているのだから，それを遵守しなければならない」というように，心理的安全性が高い状態を構築する意識が働きやすくなります。

ただし，心理的安全性が高い状態を築くとは，組織の目標や問題解決に向けた必要な発言や行動を，メンバーが，恐れを抱くことなく率直に行える状態を構築することであると認識することが必要です。単にチームメンバーが仲良く和気あいあいと過ごせる雰囲気の職場にすることが目的ではありません。

2 組織の文化

2-1 組織文化が果たしてきた役割

組織において，共有されている価値観（何に価値を見出すか）のうち，従業員の行動基準として，影響力を有しているものが組織文化です。具体的には，組織文化は，長年にわたりそこで働く従業員が行ってきた価値判断の集積として結実したものであって，いわば暗黙知の結晶であるといえます。

組織文化は，組織から明示的に表されることもありますが，そうでない場合もあります。組織が明示しない文化であっても，組織の構成員として仕事を続けていれば，いずれは組織の持つ文化を体得し，自然に組織文化に従って行動するようになるのが通常です。

どのような組織文化が構築・維持されているかは，その組織の価値創造や持続的成長に大きな影響を与えます。

2-2 組織文化の果たす機能

組織の文化が，組織そのものや組織に所属する者に対して果たす機能には以下のものがあります。

①意思決定や行動についての基準となる

業務を担当する者は，業務上の判断に迷ったときに，組織文化から導かれる基準に従うことによって，解決の糸口をつかめるということがあります。組織文化は，組織における価値選択の蓄積を経て成り立っているため，その組織では納得感のある価値判断の基準を提供してくれるのです。

そのため，組織文化に従って行動することは，独断で行動することに比べて，正しい結果をもたらす可能性が高いといえます。

これに対し，ルールが明確ではなく，組織文化が十分に構築されていない組織においては，判断が必要な場面において，その都度立ち止まって合理的な基準を考えなければなりません。

十分成熟した組織文化が構築・維持されていれば，不測の事態や難しい判断が求められる場面で，組織としての強みを発揮することができます。

このように，組織の大半のメンバーが共通の判断基準や行動様式を共有していることは，社会心理学の分野では「集団規範」（group norm）として知られています。

②組織としての一体感を持たせる

全従業員が共通の組織文化を持つことによって，一体となって業務を進めることができます。

まず，従業員は，組織に所属する者として一体感のある行動をとることを求められます。すなわち，従業員の中に，集団規範に従わない者がいる場合に，他のメンバーから規範に従うよう働きかけられることがありますが，このような集団規範への同調を働きかける際の影響力を「集団圧力」（group pressure）または「斉一性の圧力」（pressure toward uniformity）といいます。集団圧力は，集団の凝集性（集団の一員であり続けるようメンバーを動

機づける力）が高い組織ほど強くなるとされています。組織文化が，組織としての一体感をもたらすことは，このような社会心理学的な背景があるのです。

　また，組織文化の範囲内であれば，ある程度の幅を持って判断・行動をすることが認められることがあります。組織文化が共有されていれば，一挙手一投足に至る詳細なルールを定めて個々の担当者の行動を縛る必要はなくなります。従業員としてみれば，その分だけ裁量の余地が広がり，迅速かつ弾力的な行動をとることができることになります。

　さらに，企業の業績が良好であったり，高度な社会的責任を果たしているという評価を得たりしている企業は，より良い組織文化があると世間から認識されます。その企業の従業員は，評価される組織文化を共有する者としての誇りを感じることができます。従業員の間にこのような雰囲気が醸成されれば，従業員は，仕事に積極的に取り組もうという意欲がかき立てられます。

2-3 組織文化の弊害

　今まで述べてきたこととは反対に，悪しき組織文化が蔓延し根付くと，その組織文化に基づく従業員の行動や判断により，最悪の場合には企業の存続さえ危ぶまれることとなります。

　例えば，消費者の利益や環境への影響を無視して企業利益の追求を最優先に考えるという組織文化が根付いている場合を考えてみましょう。

　消費者よりも自社利益を優先するということが，消費者等により喧伝され世間の知るところとなると，レピュテーションリスク（評判リスク・風評リスク）にさらされて企業の社会的信用は著しく損なわれます。

　組織文化は，社会の利益に資する，社会と共存できるように醸成することが重要です。また，マネジャーは，このように醸成された組織文化を，コミュニケーションを通じて部下に浸透していくことが大切です。

3 企業組織論

　企業がいかなる組織を構成するかは，経営資源の効率的な活用のみならず，人材の育成といった観点からも非常に重要です。ここでは，企業組織に関する様々な考え方を紹介します。

3-1 組織の7S

　組織の7Sとは，企業戦略における7つの経営資源の関係を示したもので，組織のあり方やその運営を検討していく上での1つの指標とされており，戦略コンサルティングファームであるマッキンゼー・アンド・カンパニー（McKinsey & Company）によって提唱されました。

　この7Sは，ハードのSとソフトのSに大別されます（図表6-2）。ハードのSは，Strategy（戦略），Structure（組織構造），System（システム）で構成され，比較的容易に短期間で変更が可能です。これに対し，ソフトのSは，Shared Value（価値観），Skill（技術），Staff（人材），Style（組織文化）がこれに当たり，その組織の構成員により形成・維持されるものであり，容易には変更できないものです。

図表6-2　組織におけるハードのSとソフトのS

ハードのS	Strategy	事業の方向性や戦略上の優先順位などといった組織における戦略を意味する。
	Structure	機能別組織か事業部制組織かといった組織構造や，部門間または上司と部下との関係などがこれに当たる。
	System	組織における意思決定のルールや情報管理，給与制度などの仕組みがこれに当たる。
ソフトのS	Shared Value	組織の構成員が共通して有する価値観をいう。従業員に浸透している経営理念やビジョンもこれに含まれる。
	Skill	従業員や組織が有している技術力や販売力といった技術・スキルをいう。
	Staff	組織に属する従業員などの人材をいい，人材にかかわること（採用基準や人材育成に関する制度等）も含まれる。
	Style	組織文化を指す。

これら7つの経営資源は，それぞれが独立した存在ではなく，相互に影響し補強し合っているとされています。組織のあり方を検討したり組織改革を考えるにあたっては，これら7つの経営資源のバランスなどを考慮することが重要です。

3-2 バーナード組織論

バーナード組織論は，アメリカの経営学者であるチェスター・バーナード（Chester Barnard）によって提唱された組織経営論です。

バーナードは，その著書『The Functions of the Executive（経営者の役割）』の中で，組織が有効に成立するための要素を挙げ，それらを備えた組織を「公式組織」（formal organization）と呼び，公式組織を「2人以上の人々の意識的に調整された活動や諸力の体系」と定義しました。つまり，バーナードは，組織を社会に存在する有機的統一体として理解するのではなく，公式組織の3要素（図表6-3）を備えた2人以上の人々の間の関係，例えば，仕事を分割して割り振ったり，人と仕事との関係を調整統合することを「組織」ととらえています。

図表6-3　公式組織の3要素

①共通目的	組織に参加するすべてのメンバーが目指すべき，共通の目的が明確に定義されていること。
②協働意欲 （貢献意欲）	共通の目的を達成するため，参加した組織に対して貢献する意欲を持っていなければならない。そして，組織はメンバーの高い貢献意欲を引き出すために様々なマネジメントを行うことになる。
③コミュニケーション	メンバーに正確な情報を伝達し，組織とメンバーまたメンバー同士の意思の疎通を図ることが重要とされる。コミュニケーションが成立していれば，それぞれのメンバーの共通の目的の理解が深まるとともに，貢献意欲も高まることになる。

3-3 組織構造の種類と特徴

「組織」には，様々な構造が考えられます。ここでは，(1)機能別組織，(2)プロジェクトチーム型組織および(3)事業部制組織の意味と特徴を整理します。

(1) 機能別組織

　機能別組織とは，仕事の種類ごとに組織を構成して組織全体の構造を決定する組織構造をいいます。職能別組織・技能別組織と呼ばれることもあります。例えば，消費者向け商品のメーカーにおいて，研究開発部門，生産部門，販売・マーケティング部門，人事部門，経理部門，総務部門という組織構造をとることが挙げられます。なお，機能別組織は，通常「ライン」部門という，企業の目的を直接遂行する部門と，「スタッフ」部門という，ライン部門が効率よく業務遂行できるように指導，援助，助言をする部門（前述の人事・経理・総務など）によって構成されます。

　機能別組織は，多くの企業で採用されている組織形態であるといえます。

　機能別組織には，以下に示すメリットがあります。

> ①従業員がどのような業務を行うべきか（役割分担）を容易に理解できます。それにより，部門間での仕事の重複が避けられます。
> ②従業員は，その職能に関する知識や技能を得ることによって，専門性を高めることができます。それによって業務の効率性が上がり，また成果に直結することが多いため，マネジャーが部下のモチベーションを高め，または部下を育成することも比較的容易であるといえます。
> ③マネジャーなどの管理者に意思決定権が集中することより，職能ごとに従来から行われてきた業務方法等を改善する活動も進めやすいといえます。

　以上のようなメリットがある反面，機能別組織には，急激な市場の変化や各部門が連携し企業を挙げて取り組むべき業務には対応しにくいということも指摘されています。

　すなわち，機能別組織は，部門ごとに機能が区分されているため，各部門に配属された従業員が，企業全体の方針や目標に沿って仕事を行いにくいという側面があります。また，部門間の連携が容易ではなく，組織が硬直的で柔軟な対応が困難であるという側面もあります。これらの要因により，全社を挙げて，これまで取り組んだことのない業務方法を試みることなどは実施されにくくなります。

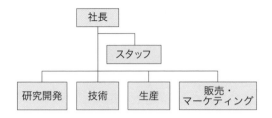

図表6-4　機能別組織

(2)　プロジェクトチーム型組織

　プロジェクトチーム型組織とは，異なる技能，知識，ビジネス上の経験を有し，本来は異なる分野に属する者が，特定の仕事を果たすために構成される組織（プロジェクトチーム）をいいます。

　固定的で安定的な機能別組織と異なり，プロジェクトチーム型組織は，特定の目的を達成するために，機能別組織に所属する従業員からメンバーを選出して，一時的に組織される（「タスク・フォース」と呼ぶことがあります）ことがあります。プロジェクトチーム型組織は，通常，少人数で，プロジェクトまたは顧客単位で編成され，あらかじめ定められた目的を達成すると解散することとなるのが一般的です。

　プロジェクトチーム型組織では，チーム・リーダーが選任されます。チーム・リーダーは，仕事の進捗度合いに応じて，必要な人的・物的リソースを調達します。

　プロジェクトチーム型組織には，次のようなメリットがあります。

①機能別の組織体制では対応できない市場動向の劇的な変化に対応することができます。
②チーム・メンバーは，チーム全体の仕事と自分の責任を把握しやすいため，個々のチーム・メンバーがそれぞれ責任感を持って仕事を進めることが期待できます。
③自社製品やサービスにイノベーションを起こすことができます。新しい方法やアイデアを受け入れ，事態の変化にも柔軟に適応することができます。

プロジェクトチーム型組織には，いくつかのデメリットもあります。

例えば，一時的に組織されたものなので，安定性に欠け，経理や人事の業務が重複するため経済的ではありません。

また，プロジェクトチーム型組織では，チーム・メンバー単位で専門分野が異なるため，仕事の割り振りや人間関係を調整するために絶え間ないコミュニケーションと，必要に応じ随時打合せの場を設けるなど，チームの内部管理を継続的に行うことが不可欠です。

プロジェクトチーム型組織の構築・運営には，チーム・リーダーの選定，チーム・メンバーの構成はもちろん，他の部門のマネジャーからの支援や経営層からの権限委譲が重要となります。チーム・メンバーの専門知識や能力は，相互に補完する関係にあることが望まれます。そして，チーム・リーダーは多様な能力を1つにまとめる力が求められます。そして，マネジャーは，チーム・リーダーを選定して，プロジェクトチームの目的を伝え，その目的を達成するために必要な様々な支援を実施することが必要となります。

(3) 事業部制組織

事業部制組織では，組織はいくつかの独立した事業部に分割されます。

事業部は，自立した組織としてビジネスを実践し，1つの事業部が業務プロセスの最初から最後までを担当します。そのため，事業部単位で意思決定の権限や事業の執行権限を持つことが容易になります。また，各事業部は，将来を見据えた計画を立案することが可能となります。このように，各事業部は，それぞれ売上や利益といった業績に責任を持って取り組むこととなり

ます。

　事業部制組織には，以下のようなメリットがあります。

①成果に対する責任が明確であるという特徴があります。事業部制組織にあっては，事業部内で仕事をする人々は，その事業部が直面する課題を理解することが容易であるといえます。
②事業単位における意思決定を容易に行うことができます。事業部のマネジャーは，その事業によって得られる成果を最大化するために最適な事業部を構築することが可能です。
③各事業部の成果に着目することから，事業部の間で成果についての競争が始まり，企業全体として成長することが期待されます。
④マネジャーは，事業の業績と成果に責任を負うこととなり，将来その企業の経営を担うマネジャーが育ちやすいというメリットがあります。

図表6-5　事業部制組織

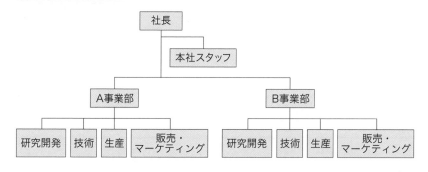

　ただし，事業部制組織においては，研究開発や設備等に関する投資が複数の事業部で重複してなされたり，経営資源の各事業部への配分の調整等が難航したりするほか，事業部門ごとにいわゆる「縦割り」の組織となり事業部間の協働が行われにくいというデメリットがあります。

第 3 部

業務のマネジメント

経営計画・事業計画の策定

① 経営計画・事業計画の意味と位置づけ

1-1 経営計画・事業計画の意味

(1) 組織に求められる経営計画の策定

　組織を取り巻く環境は，イノベーション，グローバル化の進展による加速的な競争激化や国際情勢の不安定化，気候変動などによって不確実性が高まっています。このようなビジネス環境において組織が持続的に成長を遂げていくためには，経営層が外部環境の変化を踏まえつつ，中長期的に組織として目指すべき方向性を決定した上で，目標を定め，計画を策定し，全社的に取り組むことが重要となってきます。

　この組織として中長期的に目指すべき方向性については，2030年までに目指すべき世界の姿を示すSDGsおよびESGを参考にすることができます。このことは，組織の規模の大小を問わず，あらゆる組織に当てはまる基本的な考え方ですが，上場企業については特に，「コーポレートガバナンス・コード」に基づき，持続的成長と中長期的な企業価値の向上を目指した経営戦略や経営計画の策定と，収益力・資本効率等に関する数値目標を株主に対して開示することが求められています。

コーポレートガバナンス・コード

コーポレートガバナンス・コード（CGC）は，株主の権利や取締役会の役割，役員報酬のあり方など，上場企業が順守するべき行動規範を示した企業統治の指針です。CGCは，コーポレートガバナンスを「会社が，株主をはじめ顧客・従業員・地域社会等の立場を踏まえた上で，透明・公正かつ迅速・果断な意思決定を行うための仕組み」と定義づけ，株主の権利が実質的に確保される環境の整備を行うことなどを求めています。上場企業に対してCGCの実施が求められる背景として，取締役（会）だけがその活動を一手に掌握し，利潤が株主への配当や設備投資，賃金等に十分に反映されず，内部留保を増やすことに注力するという企業風土への批判があったことが挙げられます。CGCでは，こうした企業風土を改善し，国際競争力を高めるための成長戦略が示されています。

上場企業は，CGCの実施を法的に義務づけられているわけではありませんが，「Comply or Explain」という原則の下，コードを実施（Comply）しないのであれば，その理由を投資家に説明（Explain）することが求められます。

2015年に策定されたCGCは，2018年と2021年に改訂され，2021年改訂では，初めて人的資本や知的財産への投資等（本章4-4参照）について，自社の経営戦略・経営課題との整合性を意識しつつ，わかりやすく具体的に情報を開示・提供すべきであることが盛り込まれました。

ここで定めた数値目標は，組織が一定期間において必ず達成すべきものであり，いわばKGI（Key Goal Indicator：重要目標達成指標）と呼ぶことができます。そして，経営計画がKGIの達成に向けて必要な過程をクリアできているかを計測する指標としてのKPI（Key Performance Indicator：重要業績評価指標）を定め，経営情報を可視化し業績管理をすることが必要です（KGIとKPIについては第9章4-2（3）コラム参照）。

⑵ マネジャーに求められる事業計画の策定

　組織は，将来にわたって存続し成長し続けることを前提としています。マネジャーは経営の一端を担う者として，経営層が決定した経営戦略・経営計画を実現するために，チームとしていかにその事業を進めていくべきかを考え，予算や売上などを考慮して行動計画に落とし込まなければなりません。マネジャーが策定すべき行動計画は，一般に事業計画やビジネスプランなど様々な名称で呼ばれますが，ここでは「事業計画」と呼ぶこととします。

　また，マネジャーは，市場や製品・サービスの変化が激しい環境下において，いわば事業推進のエンジンとして，自らのミッションを踏まえ，常に次の市場，新しい顧客に，新しい価値を提供するという役割を担うことが求められます。すなわち，マネジャーが行うべき業務のマネジメントは，チームとして組織の経営計画の実現に貢献することといえるのです。

1-2 経営計画・事業計画の位置づけ

　企業経営の原点となるのが「経営理念」であり，その理念に基づいた自社の将来あるべき姿が「経営ビジョン」です。そして，どのように「経営ビジョン」を実現していくのか，その方向性を示したものが「経営戦略」です。「経営計画」は，経営戦略を実現するために必要な具体的な施策の行動計画とその結果自社がどのような状態になっているのかを表した数値目標で構成されます。

　同様に，「事業計画」は経営計画を実現するための行動計画と数値目標で構成されています。マネジャーは，経営層によって決定された経営計画と整合性を保つように事業計画を考え，両計画の実現のために個別にKGI・KPIを設定し，進捗管理を行う必要があります。

なお，経営計画・事業計画について，一義的に明確な定義はありません。ここでは，「経営計画」と「事業計画」を意図的に，次のように区分して考えることとします。

図表7-1

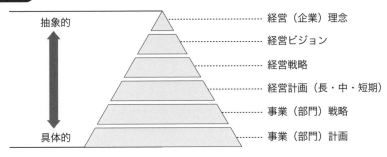

(1)　経営計画

　経営計画は，組織の現状を把握した上で組織のあるべき状態を定め，あるべき状態に到達するための道筋を示すものです。経営計画の内容としては，例えば，組織経営という視点から，事業の多角化，増資等の資本政策，業務提携，企業の合併や買収（M＆A），生産拠点の再編成などが考えられます。

　経営計画が対象とする期間は，組織の規模やその事業の性質，経営者の考え方などによって様々ですが，3年〜5年程度であることが一般的です。1年といった短い期間では組織として実現できることが限定されますし，逆に10年以上となると外部環境の変化を正確に予測することは困難です。

(2)　事業計画

　事業計画は，経営計画において定めた目標を達成するために各部門において実行すべき事業に関する計画をいい，一般に，経営計画より短期的で戦術的な内容となります。例えば，メーカーにおいては，既存製品のコスト削減や性能強化，新規製品の開発などであり，小売店においては，既存店における販売強化や新規店舗の展開などです。

DX（Digital Transformation）とは，企業がビジネス環境の激しい変化に対応し，データとデジタル技術を活用して，顧客や社会のニーズを基に，製品やサービス，ビジネスモデルを変革するとともに，業務そのものや組織，プロセス，企業文化・風土を変革し，競争上の優位性を確立することをいいます（「DX推進ガイドライン」2018年経済産業省）。

DXは，本来，企業に蓄積された様々なデータやデジタル技術を活用し，顧客の視点に立って新たな価値を創出していくことを意味しています。つまり，単に従来から行っている業務をデジタル技術を利用して効率化するということではなく，顧客への新たな価値提供の観点から従来のビジネスモデルを脱却して斬新なビジネスモデルを創出したり，組織文化自体を新しい価値に見合うように変革したりすることに取り組むのがDXです。

組織は，DXの取り組みを進めるに際し，組織の企業理念や社会の中で組織が存在している意義（これを「パーパス」と呼ぶことがあります）を明確にし，将来的な組織のあるべき姿（経営ビジョン）を見据えて，経営ビジョンの実現のために関係するステークホルダーと連携しつつ，将来のあるべき組織の姿と現状とのギャップを埋めるための課題を整理し，デジタル技術によってその課題を解決します。このような活動を継続していく中で，従来のビジネスモデルや組織文化の変革を進めていくこととなります。したがって，組織がDXを推進するためには，単に情報システム部門やその担当者だけが取り組むだけでは足りず，経営層が経営戦略にDXを取り込んで組織全体として推進していくことが重要です。その上で，マネジャーは，経営層が示す方向性を正確に理解した上で自らが管理するチームでそれを事業や業務に具体化していくことが求められています。

1-3 経営計画・事業計画の策定に役立つ様々な戦略論・フレームワーク

経営計画の策定においても事業計画の策定においても，組織の直面する外部環境や，組織の財務状況等が分析・検討の対象となります。

外部環境を分析するフレームワークとしてPEST分析（p.171）を用いることがあります。PEST分析は，組織の外部環境を，政治状況・法制度（Politics），経済情勢（Economics），社会環境や一般消費者の動向（Society）および技術状況（Technology）に分けてそれぞれについて分析するフレームワークです。また，事業を取り巻く業界を分析するフレームワークにはファイブフォース分析（p.168）があります。これは，業界における競争要因を5つに整理して分析するものです。

外部環境の分析に加え，事業運営の状況を正確に把握します。組織の財務状況は，貸借対照表，損益計算書およびキャッシュフロー計算書という財務諸表によって示されます。マネジャーには，これら財務諸表の内容を理解することが求められます。また，自己の組織における経営資源（リソース）が競争戦略上どのような意義があるのかなどを分析するフレームワークとして，ジェイ・バーニーのVRIO分析（pp.174〜175）があります。

これらのフレームワークについては，本章第3節の中で説明します。

さらに，経営計画・事業計画においては，一般に，自己の組織またはチームが採用している経営戦略・事業戦略が示されます。マイケル・ポーターの競争戦略（pp.169〜170）やフィリップ・コトラーの競争地位戦略（p.178）により，マーケットにおける自己の組織の位置づけに応じてとるべき戦略を理解するとともに，アンゾフの成長マトリクスを基礎とする成長戦略を理解します。これらについては，本章第3節および第4節において説明します。

上記の様々な分析方法・フレームワーク・戦略論について，本書では，事業計画の策定のためのツールとして紹介していますが，これらのツールは，マネジャーが自ら担当する事業計画の策定にあたって有用なだけでなく，経営層が組織全体の経営計画を立案するためのツールとしても用いられることがあります。

2 事業計画の作成

2-1 事業の目的・業績目標を明確にする

(1) 事業の目的を明確にする

　マネジャーは，重要課題（マテリアリティ）をしっかりと認識して事業計画を作成し，自己のチームに伝え浸透させるという重要な役割を担っています。ここでいう重要課題（マテリアリティ）とは，自社の事業をどのように創出し，それに伴うリスクをいかに把握し解決していくかという事業の優先順位を意味します。

　そして，事業計画の作成にあたっては，必ず事業の目的を明確に示す必要があります。この事業の目的は，自社の経営理念や価値観に沿ったものでなければなりません。事業の目的は，企業の重要課題（マテリアリティ）の解決の羅針盤となるものだからです。

　具体的には，マネジャーは事業計画の立案・遂行に際して，この経営理念等の現場への浸透を十分に考慮し，自己のチームとして取り組むべき事業の目的を明確に取り決めることが求められます。

　さらに，マネジャーは，事業の目的をチームとして実現するにあたって，自社のステークホルダー（株主，従業員，機関投資家，取引先，顧客，地域社会など）が高い関心を持って注視していることを常に意識する必要があります。

　以上のように，チームとして目指すべき姿が明確であれば，チームメンバーは，それを判断の拠り所として業務を遂行できるため，事業を効率的に進めることが可能となります。例えば，「○○事業においては，お客様の生活に最も役立つ価値を常に創出し続けることを目指す」として，事業を通じてチームが目指すべき姿を明確に表現します。事業の目的として，チームの目指すべき姿が明確になれば，顧客や協力者のより強い支援を受けることが可

能となります。

社会的な価値と経済的価値の両立～共通価値の創造（CSV）

　企業は，その活動によって生じてしまう負の影響が社会にもたらすコストを，CSR（Corporate Social Responsibility，企業の社会的責任（第4部第11章第4節4-3参照））として，事業活動により得た利益を環境・社会活動等を通じて社会に還元すること等により，社会への負の影響を軽減しようと試みています。しかし，これは事業活動と社会への還元とがいわばトレードオフの関係となり，企業の業績が悪化するとCSR活動が停止してしまうこともありました。

　こうしたCSRの考えに対して，「経済的価値を創造しつつ同時に社会的な課題を解決することで社会的価値を創造する」というCSV（Creating Shared Value，共通価値の創造）（Michael Porter）の考え方が重要であると認識されてきています。CSVは，企業が得た利益の社会への還元という「社会貢献」としての側面が強かったCSRへの取り組みを，収益を上げる仕組みの中に組み込んでいる点に特徴があります。例えば，環境への負荷を削減すると同時にコストの削減を実現する，原材料の調達先の労働環境を改善すると同時に高品質な原材料の安定的な調達を図るなどです。

POINT **地域社会への貢献と企業価値の向上**

　企業と地域社会との関係は密接不可分です。企業の活動基盤である地域社会がより良くなるに伴い，企業経営を取り巻く環境にも好影響を及ぼします。このことから，企業が地域社会への貢献に取り組むことが重要です。

　こうした取り組みにあたっては，取引先や顧客，地域の自治体等を通じて，自社が活動基盤を置く地域社会の課題を把握する一方，地域社会が有する資源（例えば，地域の特産物やその生産にかかる技術，文化財，観光資源など）も一緒に把握することが重要です。地域社会が抱える課

題の解決は事業機会と捉えることができます。そうした課題に応えることは，社会から必要とされる製品やサービスにつながるからです。自社の本業・特色とともに地域社会が有する資源を活用した貢献活動にビジネスとして取り組むことが重要です。地域企業への積極的な発注，地域人材の積極的な採用，教育現場での自社の環境経営の講演，自社敷地の緑化，地域の行事・活動等に積極的に参加することで，地域住民との信頼を醸成し地域社会からその地域にとって必要な企業だと認識され，かつ応援されることは，企業の価値の向上につながります。

(2) 業績目標を明確にする

事業計画においては，事業が収益事業として魅力的であることを検証し，その事業計画の実施により，充分な売上や利益を得られることが確認できなければなりません。いかに高邁な理念を掲げても，収益の観点から魅力的でない事業計画には，十分な価値は認められません。すなわち，マネジャーが，自己のチームにおいて，その担当する事業によって一定期間に達成すべき売上高や営業利益等の業績目標を明確にします。このような業績目標として示される金額は，一般に予算と呼ばれることがあります。

ここで定める業績目標としての予算は，経営計画と整合性のとれた数値である必要があります。実際には，予算は，チームごとにそのチームのマネジャーによって作成されて，上司を通じて経営層に提出され，そのチームごとの予算を集計してチーム間のバランスや経営戦略との調整を経て組織全体の予算が決定されます。

このように決定された予算は，チームとして達成すべき業績目標であり，マネジャーは，この業績目標をどのような方法によって達成するかを考えることとなります。

素晴らしい事業のアイデアを持っていても，それを1人で実行することは困難です。事業計画を策定する目的の1つは，自らのアイデアを，経営層，上司，チームメンバー，取引先などに明確かつ論理的に伝え，周囲からの共感を得，その実行に協力してもらうことにあります（事業計画を論理的に伝えるために不可欠な論理的思考法については第8章第2節を参照）。

事業計画は，綿密な検討を経て策定されたものであっても，実際に運営を開始した後に，策定時には予想もしなかった問題が浮上したり，組織の外的要因が変化するなど，計画通りに進行しないことが通常です。したがって，事業計画を実施した後には，実績と計画との差異を把握（第9章「成果の検証と問題発見およびその解決」参照）し，事業計画を修正するプロセスが必要となります（第8章第1節1-2「PDCAサイクルを活用した業務のマネジメント」参照）。

このように，事業・業務をマネジメントするにあたっては，事業計画を策定しなければ，事業・業務のどこに問題があるのか等を把握することができません。事業を効率的に進行させる観点からも，事業計画を明確に策定しておくことは，マネジャーにとって重要な事項です。

2-2 事業を取り巻く現状を把握する

マネジャーが，事業計画を作成するにあたっては，必要に応じて，自社を取り巻く現状を分析することが必要となります。現状を分析することは，事業を推進するにあたって解決しなければならない課題や収益の最大化を図るために採るべき戦略などを考えるための不可欠の前提です。

現状を分析する方法には様々な方法が考えられますが，フレームワークの活用により，効率的な分析が可能です（現状分析に資する様々なフレームワークについては，本章第3節「現状の分析」参照）。

2-3 事業の目的・業績目標を実現するための戦略を策定する

最初のステップで，事業の目的および業績目標を明確化し，自己の組織・チームを取り巻く内部および外部環境を確認した後は，かかる事業の目的および業績目標を達成するために，どのような道筋を通りどのように事業を展開することが有用なのか，その戦略を立案します。ここでは主に，①競合との競争で優位に立つため，どのようなポジション（価格競争，差別化，独自性，多角化など）を選択するか，②どのようなマーケティングを展開して，商品・サービスを顧客に提供するか，③どのような事業モデル（ビジネスモデル）を採用するか，などを検討します（戦略の策定については，本章第4節「戦略の策定」参照）。

2-4 事業の損益を確認する

⑴ 損益計画とは

損益計画では，事業に必要な費用と得られる売上から，どれだけの収益が見込めるか，事業が採算に合うかどうかを検証します。

損益計画は，事業計画を構成する一要素ですが，一般的には，前述した全社の経営計画における売上や利益に基づいて各チームへの期待値として導き出されます。したがって，マネジャーは，損益計画の内容を経営計画と整合させるとともに，損益計画で定める収益目標の達成のために必要な戦略の策定と一体的に検討することが重要となります。

損益計画において検討すべき基本的な項目としては，損益計算書（第9章第2節参照）で示される「売上高」，「売上原価」，「売上総利益（粗利）」，「販売費及び一般管理費」，「営業利益」が挙げられます。損益計算書は，一定期間における組織全体の経営成績を表す財務諸表の一種であるのに対し，損益計画は，マネジャーが，業務のマネジメントを目的として，担当している事業の損益の状況を把握し将来を予測するために策定するものです。

損益計画で示される基本的な項目のうち売上高については，事業計画の対象である製品・サービスの価格（単価）×売上数量を見積もって，次期にお

ける製品・サービスそれぞれの売上高を予想します。

　損益計画における売上高を予想するにあたっては，次のような方法を参考にすることができます。なお，これらの考え方は，後述のバックキャスティングの考え方（本節2-5参照）に対し，フォアキャスティングと呼ばれます。

- 過去の実績に基づいて予想する方法
  前期に同様の商品やサービスを提供していれば，前期の実績に基づいて次期の売上高を予想することができます。前期の実績に，目指すべき売上高の成長率を乗じて次期の売上高を予想します。
- 顧客等ごとに予想される売上高を積み上げる方法
  顧客や営業拠点・営業担当者ごとに見込まれる売上高を積算していく方法です。例えば，営業拠点における月の平均的な売上として2億円を見込める場合，営業拠点が3箇所であれば，年間72億円の売上高を予想することができます。
- 市場規模と市場シェアから売上高を計算する方法
  対象とする商品・サービスの市場規模を統計資料等によって把握し，その市場の成長性と自社の商品・サービスの市場シェアから売上高を計算する方法です。

　実際には，これらの方法を適宜組み合わせることにより，精度の高い説得力のある売上高を予想することが可能となります。

　売上原価，販売費及び一般管理費といった経費は，売上高を予想する際に用いたのと同一の期間において，どれだけ必要かを詳細に見積もる必要があります。これにより，一定期間単位の売上高と経費が明らかになり，売上高から経費を差し引けば，当該事業の利益予測ができます。

　ある程度損益計画の概要が決まってきたら，経費を差し引いて利益の出る売上高の水準となっているか，仮に利益が得られない売上高が予想された場合，売上高を増加させる方法はないか，また経費を減少できないかなどを再度検討します。

　このようなプロセスを繰り返して，損益計画を実現可能で説得力あるものとし，また事業計画を収益性のある魅力的なものに仕上げていく必要があります。

(2) 損益分岐点

①損益分岐点とは

　事業の損益を確認するに際し，事業によって収益を得るために最低限必要となる売上高（必要売上高）がいくらなのかを算出するために，損益分岐点を把握する必要があります。

　損益分岐点とは，売上高から経費（固定費と変動費）を差し引いた利益の額がプラスでもマイナスでもなくゼロになるときの売上高（損益分岐点売上高）または販売数量（損益分岐点販売数量）です。売上高が損益分岐点売上高よりも多ければ黒字になり，これよりも少なければ赤字となります。

　損益計画において，損益分岐点売上高を達成できなければ，計画を見直す必要があります。

②固定費，変動費および総費用

　利益の額は，売上高から経費を差し引いて算出します。損益分岐点の算出には，経費を変動費と固定費に分けて考える必要があります。

　固定費は，売上高の増減にかかわらず発生する費用です。例えば，事務所・店舗の賃料，固定資産減価償却費，従業員給与，役員報酬等が固定費に該当します。

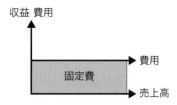

　これに対し，変動費は，売上高の増減に伴って増減する費用です。具体的には，原材料費，仕入原価，外注費，包装費，繁忙期等に雇用するアルバイト賃金，販売手数料等が変動費に当たります。

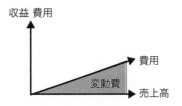

そして，固定費に変動費を上乗せし総費用を算出します。

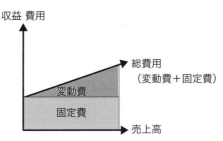

③損益分岐点の算出

そのうえで，総費用を上回る売上高はいくらになるかを算出します。

例えば，1個販売するために必要な変動費が350円のA製品を450円で販売するとします。1か月の固定費が100万円とした場合に，A製品の販売により利益を生み出すために必要な販売数量を考えます。

損益分岐点売上高を算出するにあたっては，「限界利益」の概念を知っておく必要があります。限界利益は，製品を1個販売したときに，どれだけ固定費を回収できるかを表すものであり，売上高から変動費を差し引いて求めます（限界利益＝売上高－変動費）。

A製品の販売価格は450円であり変動費は350円であるため，限界利益は450円－350円＝100円となります。

この場合，固定費100万円を回収するために必要な損益分岐点販売数量は，100万円÷100円＝10,000個であり，損益分岐点売上高は，販売単価である450円に10,000個を乗じ（450円×10,000個），450万円と算出することができます。

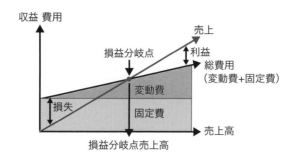

したがって，損益分岐点販売数量および損益分岐点売上高は，次の計算式で算出できます。

> • 損益分岐点販売数量＝固定費÷限界利益
> • 損益分岐点売上高＝販売単価×損益分岐点販売数量

　このように，損益分岐点を明確にすることにより，目標とする利益をあげるためには，どのくらいの売上高を目標値として設定しなければならないかを明確にすることができます。

2-5 バックキャスティング思考による事業計画の策定

　事業計画を策定するにあたっては，本節2-4で述べたように，従来，過去の実績等をベースに，現状から予測し得る数値等を積み上げる，いわゆるフォアキャスティングによることが多くみられます。

　他方，第1部で述べたように，変化の激しい現代のビジネス環境においては，現在の延長線上の10年後，20年後には，かつてのカメラフィルムのように，ビジネス自体が大幅に縮小してしまう可能性は十分にあります。社会経済情勢や自然環境の変化を見通し，これまでの延長線上にないビジネスの選択肢を模索することが，企業の持続的な成長に不可欠と考えられます。一方で，不透明で不確実な将来に対し，「従来の延長」とは異なる「未来」の視点に立った目標をどうやって設定すればよいのかといった問題にぶつかり得ます。こうした状況下で足がかりとなるのがSDGsです。SDGsを実現するための努力は，企業が将来においても存続し，あるいは大きく成長するための重要な要素となります（第1部第1節1-3参照）。

SDGsは，気候変動・エネルギー等の環境問題，貧困対策・ジェンダー平等などの社会問題等，非常に幅広い分野にわたる目標を掲げています。これらの目標間には，例えば地球環境保護と経済発展との間に想定されるようなトレードオフ（両立が困難で，いわゆる「こちらを立てればあちらが立たない」といった矛盾などをいいます）が生じ得る問題があり，従来の考え方や態度を変えなければ解決できない課題が多く存在します。

　SDGsは，「2030年には，世界はこうなっている必要がある」というゴールを定めているものの，これを実現するための具体的な方法は示していません。このような目標を達成する上で，バックキャスティングの考え方が重要になります。バックキャスティングは，現在から未来を考えるのではなく，目標とする「未来のありたい姿」を定め「未来を起点」に，そこに辿り着くために今後必要となるモノや行動を考え実施する手法です。

図表7-2　バックキャスティングの考え方

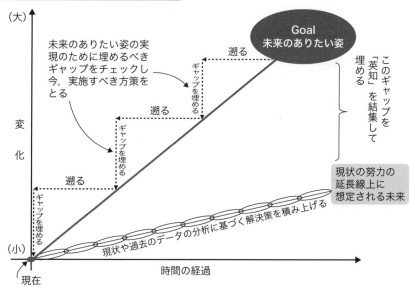

図表7-3　フォアキャスティングとバックキャスティングの相違点

	フォアキャスティング	バックキャスティング
視点	過去のデータ・実績・経験	目指す未来の姿
	↓	↓
観点	問題点・反省点の洗い出し 改善策のレビューなど	目指す未来の姿と 現在の状況とのギャップ
	↓	↓
検討事項	問題解決のための 論理的思考など	ギャップを埋めるための 自由な発想（突飛なアイデアも含む） 視座の転換，抽象化など
	↓
具 体 的 な 事 業 活 動		

　フォアキャスティングとバックキャスティングの2つの手法は，相互補完的なものであり，いずれが優れているという性質のものではありません。ケースによって使い分けることが重要です。ただし，SDGsのように，単に従来の事業等の延長線上で考えるのでは到達が困難なゴールを目指すには，現状や過去のデータの分析に基づき方策を考えるのではなく，未来の「あるべき姿，ありたい姿」を起点として，その実現のために埋めるべきギャップや今実施すべき方策を考えるバックキャスティングのアプローチが有効です。

　フォアキャスティングに基づいて策定した事業計画とバックキャスティングに基づく事業計画を比較した場合，両者の間には，当然のこととして，相当なギャップがあるものと思われます。このギャップを埋めるために社内外の英知を集めて創意工夫をすることで，イノベーションが促進されることにつながると考えられます。英知を結集して得たイノベーションは，これを特許権などの知的財産として，自社の製品開発に活かしたり他社にライセンスするなど，経営資源の増加・強化につなげることが可能です。

2-6 サプライチェーンの管理

　一般に，商品や製品は，消費者の手元に届くまでに多くの過程を経ます。例えば，製造業であれば，原材料・部品の「調達」→製品の「製造・加工」→「保管・在庫管理」→「配送・物流」→「販売」→「消費」といった一連の過程です。「サプライチェーン」は，このような，商品や製品が消費者の手元に届くまでの一連のプロセスを指します。

図表7-4　サプライチェーンの例

| 調達 | 製造・加工 | 保管・在庫管理 | 配送・物流 | 販売 | 消費 |

| サプライヤー | メーカー | 物流事業者 | 卸売事業者 小売事業者 | エンドユーザー |

　サプライチェーンにおいては，個々のプロセスは各々個別に切り離されているのものではなく，ネットワークとして構成された異種事業の集合体です。そして，このネットワークの価値は，必要な時に，必要なものを入手することを期待する消費者のニーズに的確に応えられる機能を有するかにより決まります。こうした機能を高めるためには，消費者ニーズの視点からサプライチェーンを俯瞰することが重要です。原材料の調達，製品の製造・加工，在庫管理，受注・販売，配送といった各事業の個々の最適化（部分最適）ではなく，全体最適化を図ることが重要です。その時々の社会の需要やトレンドに適合する製品を，必要な量を製造して適正在庫を維持し，ニーズに応じて的確に配送することを実現するために，全体で情報を共有し，連携することが重要になります。

　また，企業には，SDGsの達成に貢献する活動を事業として推進すること

が求められています。こうした状況下において，サプライチェーンを可視化することで，各プロセスにおける活動が，SDGsの達成に資する（正の影響を及ぼす）のか，逆にSDGsの達成の妨げになる（負の影響を及ぼす）のかを検証する手掛かりになります。こうした検証から，SDGs と自社事業の関連が明確になります。また，SDGsの達成に好影響を及ぼす事業活動を推進し，SDGsの達成に悪影響を及ぼす事業活動をなくす，あるいは最小限に留めるなど，SDGsに貢献するために実施すべき自社の課題が明確になります。

なお，サプライチェーンの管理においては，サプライチェーンにかかわる様々なリスクに留意し，適切に対応することが必要です（サプライチェーンにかかわるリスクについては，第4部第13章第7節参照）。

（サプライチェーンにかかわるリスクについては，第4部第13章第7節参照）

COLUMN 「バリューチェーン」とは

　本文で述べたように，サプライチェーンは商品や製品が消費者の手元に届くまでの一連のプロセスであるのに対し，「バリューチェーン」は，サプライチェーンにおけるプロセスのどの段階でどれだけの価値が生み出されているかという視点から分析する考え方です。

　例えば，製品の製造業では，原材料を加工し製品を製造して販売するにあたっては，各段階で何らかの価値が生み出されます。バリューチェーンは，このような各段階での価値を最大限にするための考え方です。サプライチェーンをマネジメントするにあたっては，単に各事業のプロセスを見るのみではなく，その過程で，バリューチェーンとしての「価値が上がっているか」という視点で見直すことが重要です。

　サプライチェーンは，バリューチェーンの分析・検討の前提として不可欠ですが，場合によってはサプライチェーンにおけるプロセスの一部をカットするなどといった大胆な見直しが必要なこともあり得ます。

2-7 事業計画を実施するための体制と人員配置

　事業が円滑に推進されるか否かは，その事業を管理運営するための体制の善し悪しにより大きく影響を受けます。そこで，事業計画において，事業を

実施する体制を明確にします。具体的には，事業を実施するに当たって必要となる業務を洗い出し，それぞれの業務に必要となる人員を見積もります。事業の規模によっては，業務ごとに課または係を設置したり，単に担当者を配置したりします。

(1) 事業計画実施のための体制構築

　実施体制の策定にあたり，事業を構成する業務ごとの担当設置およびその担当業務の明確化が重要になります。例えば，自社製品を販売する事業を想定した場合，販売するチャネル等に応じて，顧客への製品の直接販売，小売店への卸売，インターネットを通じた通信販売という業務に区分したときは，それぞれの業務ごとに課，係または担当を設置します。さらに，それぞれの業務において，例えば顧客や小売店への営業活動や通信販売に必要なシステ

COLUMN　営業店や小売店等における従業員のシフト管理

　人員配置を適正に行い，人件費をコントロールする手法の1つとして，曜日別・時間帯別の客数や売上高を予測し，その予測から割り出される業務量に応じた人員配置を行うことが挙げられます。そのために必要なステップとして，次のようなものを挙げることができます。

① 曜日別・時間帯別に，行うべき業務を洗い出すこと
② ①で洗い出した業務を遂行するための推定所要時間を明確にすること
③ ①で洗い出した業務を遂行するために必要な技能や知識を明確にすること
④ ①・②で洗い出した作業および推定所要時間を，曜日・時間が一覧できるスケジュール表に記載し，そこに③で明確にしたスキルを持った人員を配置する

　このように，想定される業務量に基づきシフトを決定しますが，実際は計画通りに進行しないことがあります。マネジャーは，必要に応じてシフトの再調整を実施して業務の滞留を防ぐこととなります。こうした人員管理を継続的に実施し，その実績を蓄積することにより，人員配置計画の精度を高めていくことが求められます。

ム管理等のように，各業務を遂行する上で必要な要素を割り出し，それらの要素に必要な人数や技能・スキルを確認します。

(2) 人員配置計画

業務のマネジメントにおいては，業務量に相応する部下の適切な配置が必要です。部下の適正な配置により人員効率を高めることは，業務の品質や就業環境の維持・向上の観点からも重要です。

また，マネジャーは，チームの力を最大限発揮させるために，個々の部下の力量を把握し，最適な業務割当てを行うとともに，部下の成長につながるような目標を与え，部下のモチベーションを高めることも重要です。

(3) 人件費の管理

人件費を効果的にコントロールするための手法として，人時売上高・人時生産性という指標の活用が考えられます。人時売上高は，売上÷総労働時間で求められ，従業員1時間当たりの売上高を表します。人時生産性は，売上総利益（粗利益）÷総労働時間で求められ，従業員が1時間当たりに稼ぐ粗利益を表します。

例えば，次のような状況のX店舗を例に考えてみましょう。

【1日の平均売上高】：40万円
【1日の平均総労働時間(従業員数×労働時間)】：80時間
【売上高総利益率】：50%
【平均時給】：1,500円

人時売上高は，40万（円）÷80（時間）＝5,000円／時間であり，人時生産性は，（40万（円）×50%）÷80（時間）＝2,500円／時間となります。

この状況で，X店舗において人件費の削減を図るため，人件費率（売上高に占める人件費の割合をいい，人件費÷売上高×100で計算されます）の目標を25％と設定した場合に，どのくらいの人時売上高が必要かを考えてみます。この場合に必要となる人時売上高は，X店舗の平均時給1,500円÷25％＝6,000円／時間となり，1時間に6,000円以上の売上高を確保すれば，人

件費率を25％以下に抑えることができます。この6,000円が目標人時売上高になり，この場合の人時生産性は，X店舗の売上高総利益率が50％であるので，6,000×50％＝3,000円／時間と算出されます。

ただし，人件費の削減は重要ですが，顧客満足の観点をおろそかにすれば，かえって売上の低下を招くおそれもあることを，マネジャーとして忘れてはなりません。

3 現状の分析

事業を取り巻く現状を分析することは，事業計画の策定にあたり不可欠ですが，現状分析の重要性はこれにとどまるものではありません。マネジャーが常に自らの遂行する業務の現状を分析することは，次の観点から非常に重要な事項です。

---

❶ 事業を取り巻く現状を分析することにより，事業を推進するにあたり，どのような課題を解決しなければならないか，どのような戦略を採用すれば，収益の最大化を図れるのか，を明確にすることができる
❷ 自チームで遂行する事業の評価すべき点，改善すべき点を明らかにし，
　ア）現在の事業がより効率的に運営されるよう事業計画を見直す
　イ）次の事業計画の策定に活かす　　　　　　　　　　　　　　　　　など

また，マネジャーにとって，自チームで遂行する事業が効率的に収益をあげているかを常に確認・意識することが不可欠であり，その意味においても，現状の分析は重要です（財務状況の分析については，第9章第1節「成果の検証」参照）。

現状を分析する方法には様々な方法が考えられますが，効率的な分析をするうえで既存のフレームワークを活用することも有益です。そこで，ここでは現状分析に役立ついくつかのフレームワークを紹介します。

3-1 顧客, 競合, 自社の３つの視点からビジネス環境を分析するフレームワーク──３Ｃ分析

　３Ｃ分析は, 自社を取り巻く外部環境（市場・顧客と競合他社）と自社自身を分析することによって, 競合他社との過剰な競争を避けながら自社の製品・サービスを適切に顧客に提供する方策などを分析するフレームワークです。

　３Ｃとは, 市場・顧客（Customer）, 競合他社（Competitor）, 自社（Company）のそれぞれの頭文字をとったもので, 市場・顧客, 競合他社, 自社のそれぞれについて分析をします。

図表7-5　3C分析における3つのC

外的要因	市場・顧客 (Customer)	自社が供給する製品やサービスに対する顧客のニーズとその変化を分析します。その際, 潜在顧客についても考慮します。 あわせて市場規模, 市場の成長可能性なども分析します。
	競合 (Competitor)	競合他社を分析します。 競合他社の数, 競合他社が提供する製品・サービスの特徴, 競合他社の市場シェアや売上高, 顧客数など, 競合他社が市場・顧客にどのように対応しているかを把握し, 自社のビジネスにとっての脅威度などを分析します。
内的要因	自社 (Company)	自社製品・サービスの売上高, 利益率, 顧客数, 原価率などの経営指標のほか, 自社の経営資源, ブランドイメージ, 技術力などを分析し, 競合との関係における自社の強みと弱みを分析します。

　３Ｃ分析は, 新規事業を立ち上げたり, 新商品や新サービスを開発して市場に投入しようとする場合などに用いることができます。例えば, 新商品の開発にあたって, その商品は顧客ニーズに合致しているか（市場・顧客）, 競合他社が供給している商品に比べて新規性や高い品質を備えているか（競合）, 自社の強みを生かせるか（自社）といったポイントを検討します。また, 他の市場に参入しようとする場合や, 逆に従来行ってきた事業や提供している商品・サービスを廃止・撤廃するか否かを検討する際にも用いることができます。

3-2 事業を機会，脅威，強み，弱みから分析する
——SWOT分析

　マネジャーは，組織の外部環境を分析して自社にとってチャンスのある分野で最大限の効果を発揮できる戦略を考えなければなりません。組織を取り巻く外部環境と組織内部との関係を分析してビジネスチャンスを見出すフレームワークがSWOT分析です。

　SWOT分析は，自己の組織の強みや弱みを把握するとともにビジネスの機会と競合他社の脅威などを分析して，どのような事業に進出すべきかなどを決定するのに役立ちます。マネジャーは，目標達成の具体的な方向性やビジネスの成功要因を考える際に，SWOT分析を利用することができます。

①SWOT分析の意味

　SWOT分析では，組織の事業運営に関する要素を，強み（Strengths），弱み（Weaknesses），機会（Opportunities）および脅威（Threats）に分類してそれぞれの要素を洗い出し，組織の方向性や経営資源を投入すべき事業などの決定に役立てます。

図表7-6　SWOT分析

内的要因	強み：Strengths	弱み：Weaknesses
外的要因	機会：Opportunities	脅威：Threats

◆強みと弱み

　強みと弱みは，組織の内部環境に関すること（内的要因）であり，その組織の競合他社との関係で自社の経営資源（ヒト・モノ・カネ・情報）の優劣を評価するものです。強みとは，（他の組織との関係で）その組織の有利な特質をいい，弱みはその反対の特質をいいます。

◆機会と脅威

　機会と脅威は組織の外部環境に関すること（外的要因）です。組織の外部環境である政治状況や法制度・経済情勢・社会環境や一般消費者の動向・技

術に関する状況に加え，競合他社や市場の動向などについて，自社に有利か不利かを評価するものです。機会とは，組織の目標に対する外部的に有利な状況をいい，脅威とは，その逆で，外部的に不利な状況をいいます。

外部環境は，非常に広範囲の状況を分析することもできる反面，ある限定された範囲に偏ってしまうと漏れが生じます。そこで，分析は第8章第2節2-2で後述するMECEのフレームワークに従って行います。

②SWOT分析を利用した新たな方策の策定

SWOT分析は，目標を達成するために，いかなる経営資源をどのように投入していくべきかを考える際に有効なツールです。

ある目標の達成にとっては強みである項目も，目標が異なれば弱みともなり得ることに注意が必要です。

3-3 5つの競争要因を分析し収益性向上を図る
——ファイブフォース分析

①ファイブフォース分析の意味

マネジャーは，競合他社を抑えて高い収益を得られる事業を実施すること，または製品を市場に供給することができれば，自己のチームの業績目標を達成する可能性が高くなります。いかなる製品をどの市場に供給すればよいかは，企業がどの業界に属しているかによって，ある程度決まってくるため，マネジャーは，自社の属する業界の収益性と収益構造を知り，その分析結果に基づいて，チームとしていかに目標を達成するかという戦略を練る必要があります。このように業界の収益性と収益構造から自社の競争戦略を分析するためのフレームワークにファイブフォース分析があります。

ファイブフォース分析は，アメリカの経営学者であるマイケル・ポーター（Michael Porter）によって提唱されたフレームワークです。

ファイブフォース分析では，業界の収益性を決定する「新規参入の脅威」，「代替製品・代替サービスの脅威」，「売り手の交渉力」，「買い手の交渉力」および「競合企業との敵対関係」という5つの競争要因（図表7-7）を整

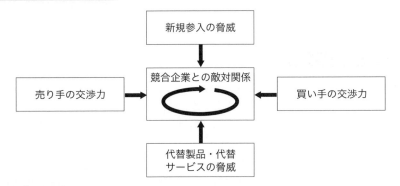

新規参入の脅威	業界に新規に企業が参入する脅威です。新規参入の脅威が強いと，市場シェアが奪われて収益性を悪化させる要因となります。 新規参入の脅威は，参入障壁の高さが影響します。参入障壁としては，例えばその事業を開始するのに必要な初期投資の多寡や新商品を投入する期間の長短などがあり，これらによって，参入障壁の高さが決まります。 新規参入が起きやすい業界では，熾烈な市場シェア争いが行われて高い収益性を維持することが困難となります。
代替製品・代替サービスの脅威	既存製品にとってかわる代替製品によって，既存製品を扱う企業の収益性が悪化します。したがって，代替製品・代替サービスが出現する脅威を考慮する必要があります。
売り手の交渉力	売り手とは，自社に原材料や製品を供給する者です。その業界が売り手が少数である供給者不足の状況では，売り手の交渉力は強くなり値付けなどにおいて売り手の条件に従うことが多くなるでしょう。
買い手の交渉力	買い手とは，自社の製品やサービスの購入者です。買い手の交渉力が強い業界においては，供給者間の競争は激しくなり収益に影響します。
競合企業との敵対関係	競合企業との敵対関係は，その業界の競争関係そのものです。競合企業の数や多様性からどの程度の脅威があるかを検討します。

出典：ポーター（1995）p.18をもとに作成。

理・分析し，その業界における収益性を把握します。その結果，自社にとって最も有利に参入できる業界はどこか（市場全体におけるポジショニング），また当該業界の中でいかなる競争上の立場をとるか（業界におけるポジショニング）を明確にすることができます。

②3つの基本的な競争戦略

ポーターは，企業が5つの競争要因に対処し，競合他社に打ち勝つための

基本戦略として「コストリーダーシップ戦略」,「差別化戦略」,「集中戦略」
の3つを挙げています。

図表7-8　3つの競争戦略

コストリーダーシップ戦略	業界内においてどの競合企業よりも低コストを実現することにより競争優位性を確立・維持する戦略です。コスト面での最優位を実現するために，大規模な設備投資等による規模の経済（事業規模の拡大に伴う単位当たりの固定費による収益性の向上），経験曲線効果（経験値の蓄積による生産性の向上）の追求，原材料の調達や製品・サービス等あらゆる場面でコストを切り下げる取り組みを行います。
差別化戦略	業界内において競合企業にはない特異性を創出することで高マージン等を実現する戦略です。差別化は，製品の特徴や顧客サービスの差別化だけでなく，製品設計やブランドイメージ，テクノロジー，ネットワークの差別化も含まれます。
集中戦略	コストリーダーシップ戦略と差別化戦略が業界全体を対象としているのに対し，集中戦略は，特定の買い手グループや製品の種類，特定の地域市場等に絞り込み，企業の経営資源を集中する戦略です。特定のターゲットだけを丁寧に扱い，そのニーズを十分に満たすことで差別化または低コストが実現できたり，差別化および低コストの両方を実現できる場合もあります。

　ポーターは，これらの競争戦略から自社の価値を最大にする戦略を選択し，
その戦略に集中し，その戦略が目指すものを実現した企業は，5つの競争要
因に対する防衛力ができるとしています。

COLUMN　ミンツバーグの「創発戦略」

　カナダの経営学者であるヘンリー・ミンツバーグ（Henry Mintzberg）は，
マイケル・ポーターなどの理論的な経営戦略論を批判し，「不確実性の高い現
代において，企業経営は，データや理論に基づいて計算の上で行われるもので
はなく，基本的な方針を決定したあとは適宜修正を加えながら実行していくも
のである」という考え方を主張しています。ミンツバーグのこのような考え方
は，「創発戦略」と呼ばれます。

3-4 外部環境の分析に役立つフレームワーク
——PEST分析

ビジネスを取り巻く外部のマクロ要因を分析するためのフレームワークが，PEST分析です。3C分析における「市場・顧客」，SWOT分析における外的要因（機会と脅威）およびファイブフォース分析における「新規参入の脅威」および「代替製品・代替サービスの脅威」など，外的要因を分析する際に，PEST分析のフレームワークを利用することができます。

PESTとは，政治状況・法制度（Politics），経済情勢（Economics），社会環境や一般消費者の動向（Society）および技術に関する状況（Technology）のそれぞれの単語の頭文字から成る言葉です。

①政治状況・法制度（Politics）

Politicsは，自社のビジネスに関連する政治や法規制の状況です。具体的には，政府の政策転換，ビジネスに関連する法律の改正状況，国際政治の状況・貿易の動向などです。

例えば，企業活動に対する規制法である独占禁止法や下請法などについて改正があれば，従来は適法に行うことができたビジネス手法を利用することができなくなることがあります。

また，海外との取引を行っている企業にとっては，取引先が属する国家で紛争が生じたり政治情勢が不安定な状況になったりすることは，重大な外的環境の変化といえます。

②経済情勢（Economics）

Economicsは，ビジネスに影響を及ぼし得る経済の状況です。具体的には，景気動向（景気が上向きか下向きか），物価変動（インフレかデフレか），失業率，株価や金利の変動，為替相場の推移といった種々の経済指標などを分析します。

例えば，わが国においては，原材料のほとんどを海外からの輸入に頼って製品を製造しているメーカーにとっては，急激な円安はコスト上昇につながります。逆に，海外へ製品を輸出しているメーカーにとっては，円高は利益

を圧迫する要因となります。このように，為替相場の推移がビジネスに直接影響する企業は，その動向に注意を払う必要があります。

③社会環境や一般消費者の動向（Society）

Societyは，社会環境の変化や消費者のトレンドなどです。具体的には，人口構成の変化，一般消費者のものの考え方・ライフスタイルなどのことです。

例えば，少子高齢化の問題は，社会環境の大きなトレンドとして重要です。これまでは提供されて来なかった高齢者向けの商品やサービスを開発することは，少子高齢化のトレンドに合致した戦略といえます。

また，大規模災害の経験や環境への配慮から，一般消費者の間で「節電」を重視する傾向が見られます。消費者の中には，いままで使用していた家電製品などを消費電力がより低い製品に買い換えるなどの動きが生じました。このような状況の変化は，ビジネスに与える影響が非常に大きいものといえます。

④技術に関する状況（Technology）

Technologyは，技術に関する状況です。具体的には，技術革新による新技術の普及，代替技術の開発による市場の変化がこれに当たります。

例えば，インターネットは，今やなくてはならない重要なインフラとなっていますが，インターネットの普及は，新たなビジネスを創出する一方で従来からあるビジネスの市場を減少させています。

技術に関する状況の分析においては，自社のビジネスに直接関連する技術の動向をチェックすることはもちろんですが，直接関係しない技術革新が自社製品の代替製品の普及に寄与し，思わぬ収益減を招くこともあります。マネジャーは，広く技術に関する状況に目を配っておく必要があります。

3-5 高い収益の見込める業務・事業に経営資源を投下する方策──PPM

マネジャーが取り組む業務の中には，将来的には組織を支える大きな事業

に成長する可能性があるが，今は大した収益を上げられていないものや，現在すでに大きな収益を上げているものなど，様々なものがあります。業務のマネジメントを通じて目指すべき方向性は，チーム（または組織）の収益を最大化することにあるのは間違いありません。そのためには，マネジャーが管理することができるリソースの効率的な活用が不可欠です。複数の業務・事業間でリソースを効率的に活用して持続的に収益を上げていくための基本的な考え方が，プロダクト・ポートフォリオ・マネジメント（Product Portfolio Management：PPM）です。PPMは，経営資源を効率的に配分して，事業の「選択と集中」を検討するにあたって役立つ手法であり，ボストン・コンサルティング・グループ（BCG）により1970年代に公表されました。

縦軸に市場成長率，横軸に市場シェアをとってマトリクスを作ります。

マトリクスの4つの象限は，図表7-9のように分類されます。自社の製品が属する市場の成長率と市場占有率（市場シェア）から，その時点における製品・事業の位置づけを確認し，その製品または事業についてとるべき戦

図表7-9　PPMにおける4象限の位置づけ

花形 (Star)	市場シェアが優位にある製品・事業であって市場の成長も見込まれていますので，積極的に投資していくという戦略をとることとなります。
金のなる木 (Cash Cow)	優位な市場シェアを獲得していますが，市場の成長が見込まれないため，積極的に投資をするというよりも追加投資を控えてコストを削減して収益の最大化を目指します。ここで得た資金は「花形」や「問題児」に投資するための資金源とします。
問題児 (Question Mark)	市場の成長は見込まれるためチャンスはありますが，自社製品・事業の市場シェアが相対的に低くとどまっています。成長市場にあることから，将来の「花形」を目指して積極的に投資するか，市場の成長が鈍化して「負け犬」となる前に市場から撤退するかを検討します。
負け犬 (Dog)	市場成長率も市場シェアもともに低い事業・製品分野であり，撤退を検討することとなります。

略を明らかにします。

　PPM分析を通じて，高い市場シェアを持ち，これからも市場が成長する見込みのある「花形」製品については，経営資源を継続的に投下して販売の拡大を目指し，市場の成長が鈍化して「金のなる木」となった後は，そこで得た収益を，例えば次の世代の花形となり得る「問題児」製品の市場シェア拡大に向けた投資に充てることによって，持続的に組織を成長させようという基本戦略を立てることができます。マネジャーは，新しい製品やサービスを開発して組織の成長に貢献する責務を負いますが，そのための資金等のリソースをどこから調達するかには，常に留意する必要があります。PPMの考え方を参考に，組織のリソースを効率的に活用できるような方策を提言できるようにならなければなりません。

3-6 経営資源の有効活用によって競合他社に打ち勝つ
——バーニーの「リソース・ベースト・ビュー」

　企業は，業界内における優位な地位を確保するために，その強みとして持っているリソース，例えば優れた技術力，潤沢な資金力，集客力を持つブランド，優秀な人材とチームワークなどを有効に活用する戦略をとることが考えられます。マネジャーは，組織がいかなるリソースを強みとして業界内における優位な地位を確保しているのかを知り，強みとして持つリソースを強化するように業務をマネジメントする必要があります。そこで，アメリカの経営学者であるジェイ・バーニー（Jay Barney）が提唱した，「リソース・ベースト・ビュー」（Resource-Based Viewの頭文字をとって「RBV」と略されることもあります）という考え方を確認しておきましょう。

　リソース・ベースト・ビューにおける「リソース」は，単に資金や施設・技術を意味するだけでなく，顧客やサプライヤーとの強固で親密な関係や人材，組織文化まで含む広い意味で捉えられます。そして，企業のリソースが競争力の源泉となるための要件は，経済的価値（value），希少性（rarity），模倣困難性（imitability），組織（organization）の4つに整理されます。これら4つの要件の頭文字をとって「VRIO」と呼ばれます。

経済的価値 (value)	リソースが，経済的価値（バリュー）を持つことをいいます。経済的な価値を有するリソースは，競争力の源泉として不可欠です。
希少性 (rarity)	競争力の源泉となり得るリソースは，ありふれたものではなく，希少なものである必要があります。入手の困難性と言い換えることもできます。
模倣困難性 (imitability)	競合他社にとって模倣することが困難なリソースであることをいいます。模倣することが困難である結果，競合他社はその資源を獲得するためにより多くのコストを支払わなければなりません。
組織 (organization)	競争力の源泉となり得るリソースは，有機的に組織化されていなければなりません。組織的にリソースを生かせるような体制や手続が整備されていなければなりません。

　マネジャーは，これらのリソースの分析（VRIO分析）により自己の組織の優位性を基礎づける経営資源（リソース）は何かを明確にしながら，チームに課された目標達成の戦略や計画を策定することが求められます。例えば，従来のやり方を踏襲しつつも新しいやり方を常に模索し取り入れていく組織文化が組織の優位性を基礎づける経営資源であるならば，マネジャーは，その組織文化を部下に継承しつつ業務のマネジメントを行う必要があります。

4 戦略の策定

　事業計画の策定にあたり，前述の現状分析に基づき，事業計画をどのように実施していくか，その戦略を策定する必要があります。戦略の策定において検討すべき事項として，次のようなものを挙げることができます。

❶ 競合との競争で優位に立つため，どのようなポジション(価格競争，差別化，独自性，多角化など)を選択するか
❷ どのようなマーケティングを展開するか
❸ どのような事業モデル(ビジネスモデル)を採用するか

経営戦略とは何を意味するのでしょうか。「経営」と「戦略」に分けて考えてみましょう。まず，経営とは，一般に，企業がその目的を達成するために経営資源を組織し，目的の達成に向けて組織をマネジメントし続けていくことをいいます。次に，戦略とは，もともとは「戦争を遂行するための長期的な準備・計画・運用の方法」を意味します。ですから，経営戦略は，企業が持続的に存続できるように適切な目標を設定し，それを達成するための長期的な準備・計画・運用の方法であるといえます。そして，企業は，通常は自ら管理することができない外部環境を前提として，自ら有する経営資源（ヒト・モノ・カネ・情報）を活用して目標を達成します。

以上のことから，「経営戦略とは，企業が定めた目標を達成するために，企業を取り巻く外部環境との関係を考慮しながら，企業がその有する経営資源（ヒト・モノ・カネ・情報）を活用する方法である」ということができます。

4-1 競争優位に立つためのポジションの決定

ここでは，アンゾフの「成長マトリクス」，コトラーの競争地位戦略について解説します。

(1) 収益性を高め組織の成長に貢献する戦略を決定する——アンゾフの「成長マトリクス」

環境変化が激しい現代社会においては，従前の活動を漫然と続けていくだけでは企業が存続することは難しい状況にあります。企業は，変化と成長を運命づけられているといえます。そのような中で，マネジャーは，より高い業績目標を達成するために，既存の製品・サービスの普及拡大を行うか，さらに進んで新たな製品・サービスの開発に着手するかの検討，判断を迫られることがあります。マネジャーが，企業の成長に貢献するべくチームとして業務の収益性を高める戦略を検討する際に参考になるフレームワークが「成長マトリクス」です。

製品の軸

	既存製品	新規製品
既存市場	市場浸透	製品開発
新規市場	市場開拓	多角化

市場の軸

市場開拓	既存の製品をもって新規市場に打って出る成長戦略です。既存製品が想定していた顧客とは異なる顧客に展開する戦略を採用します。
市場浸透	既存製品をもって既存市場で成長するための戦略で，既存製品をより広く市場に浸透させて売上向上を図ります。既存市場における競合他社との競争に打ち勝つための戦略を採用することになります。
多角化	新たな製品を開発して新規市場に参入する成長戦略です。多角化のタイプとして，既存の製品と同じ分野で事業を広げる「水平型多角化」，例えばメーカーが流通・販売の事業を始めるように製造の上流または下流に展開する「垂直型多角化」，既存製品に近い製品を新たに開発し新規市場に打って出る「集中型多角化」，既存製品と全く異なる新たな製品を開発し新規市場に進出する「集成型多角化」があります。 製品開発と新規市場への参入の両方を行うこととなり，失敗のリスクが最も高い方法といえます。
製品開発	既存の市場に新たな製品を投入する成長戦略です。従来の顧客に対して新たに開発する製品を売り込む戦略です。

出典：アンゾフ（2007）を参考に作成。

第7章　経営計画・事業計画の策定

　成長マトリクスは，アメリカの経営学者であるイゴール・アンゾフ（Igor Ansoff）によって提唱されました。「成長マトリクス」は図表7-11のように図示されます。

　アンゾフの「成長マトリクス」では，「市場」と「製品」という2軸を設定し，それぞれの軸について新規と既存に切り分けた場合に，企業が向かうべき方向性として，「市場開拓」，「市場浸透」，「多角化」および「製品開発」の4つが示されます。

　この成長マトリクスによれば，収益性を向上させて組織を成長させるためには，上記の4つの方向性があります。これらのうちいずれの方向性を選択するかを検討する際には，自社の強みや弱み，市場や競合他社の状況等を考

慮に入れる必要があり，その意味では，アンゾフの成長マトリクスは，企業が成長する上でとるべき戦略を整理したものであるといえます。

マネジャーは，この成長マトリクスによって大まかな戦略の方向性を設定した上で，他のフレームワークやマーケティングに関する考え方に従って具体的な業務計画を策定することが必要です。

(2) 市場におけるポジションから最適な戦略を導く ──コトラーの競争地位戦略

マネジャーは，その所属する組織の市場におけるポジションに応じて，選択し得る戦略が異なります。市場シェアがトップの組織に属するマネジャーと2番手の組織のマネジャーでは，とるべき戦略が異なるのは当然でしょう。

図表7-12　コトラーの競争地位戦略

リーダー **(Leader)**	市場シェアがトップである事業についての戦略が「リーダー」戦略です。 市場シェアトップの企業は，その資金力・卓越した製品開発力などを活用してシェアトップの製品を中心とする周辺需要すべてについて製品を投入する「全方位化」または「フルライン戦略」を採用して市場自体の拡大を目指します。市場シェアが最大の企業にとって，市場自体が成長・拡大することは収益拡大につながるからです。
チャレンジャー **(Challenger)**	市場シェアトップを狙う位置にある事業についての戦略が「チャレンジャー」戦略です。比較的大きな市場シェアを有する事業について，市場シェアを拡大してリーダーを目指します。 チャレンジャーは，リーダーと差別化された製品・サービスを開発して市場に投入します。その製品・サービスの市場が拡大していき主流になればその市場のトップとして「リーダー」の戦略を採用することができます。
フォロワー **(Follower)**	リーダーやチャレンジャーのような市場シェアを持つわけではなく，またとくに際立った独自性も強みもない事業についての戦略が「フォロワー」戦略です。 フォロワー戦略は，多大な投資を要する独自製品の開発をすることなく，リーダーやチャレンジャーが供給する製品・サービスと同様の製品・サービスを効率的に生産して市場に投入することで利益を確保する戦略です。
ニッチャー **(Nicher)**	限定的な市場を対象として，独自の技術やブランドという強みを最大限生かしながら特化した市場において確固たるシェアを獲得する戦略が「ニッチャー」戦略です。 リーダーやチャレンジャーが参入しない隙間 (ニッチ) な市場に経営資源を集中して，その市場における確固たる地位を確立するようにします。

マネジャーは，市場における自社のポジションから導かれる基本戦略を押さえた上で，業績目標達成に向けた方針や計画を検討する必要があります。アメリカの経営学者であるフィリップ・コトラー（Philip Kotler）は，1980年に，市場における自社のポジションに応じて採用すべき戦略を4つに分類する考え方を提唱しました（コトラーの競争地位戦略（図表7-12））。

4-2 マーケティング戦略の策定

事業計画においては，マネジャーは，その事業計画の主題となる製品・サービスを顧客に提供することにより，最大の収益を得ることが求められます。どのようなセグメントの顧客に製品・サービスを提供するのか（セグメンテーション・ターゲティング），顧客にとってどのような特性を有するものとして製品を提供するのか（ポジショニング），（マーケティングのＳＴＰ：第10章第1節1-3「マーケティング・プロセス（Marketing Process）」参照），どのような価格で，どのような販売促進をし，どのような流通経路で顧客に届けるのか（第10章第1節1-4「マーケティング・ミックス（マーケティングの4Ｐ）」参照）を決定するのは，事業計画の重要な事項です。

4-3 事業モデル（ビジネスモデル）の決定

事業計画においては，事業の実施にあたり採るべき事業モデル（ビジネスモデル）を決定する必要があります。ビジネスモデルは，どういった顧客に，どのようなプロセスで，いかなる価値を提供し，収益を生み出すのかという具体的な仕組みを指します。

ビジネスモデルとしての収益構造の例としては，次のようなものを挙げることができます。

(1)	物販	(5)	消耗品モデル
(2)	小売	(6)	マッチングモデル
(3)	広告モデル	(7)	フリーミアムモデル
(4)	継続課金モデル		

マネジャーは，ビジネスモデルを決定する上では，製品・サービスの特徴や，顧客のニーズに適合しているか否か，品質や価格などに競争力があるか，

といった事項について，十分に検討することが必要です。

(1) 物販

物販は，事業の主体が企画・開発・製造等をした製品・サービスを顧客に提供して対価を受け取るビジネスモデルです。物販の例として，飲食店を挙げることができます。そのほか，直販の農家などもこのモデルに該当します。

物販では，提供する商品やサービスに優位性があることが最も重要な条件とされています。

(2) 小売

小売は，商品を作らず，メーカーや卸売業者から商品を仕入れて顧客に販売するビジネスモデルです。小売の例として，百貨店，コンビニエンスストアやスーパーマーケットなどを挙げることができます。

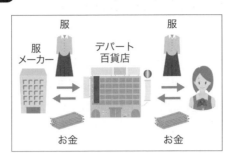

　製品を製造・開発している企業から仕入れて売るビジネスである小売においては，競合他社と同じ商品を販売することになります。したがって，商品以外のサービス等において競合他社との差別化を図り新規顧客を獲得したり，商品の購入者に次回購入時に値引きサービスを受けられるポイントカードを導入するなどの方法により顧客に継続的な来店を促す仕組みを工夫することが必要となります。

(3)　広告収入モデル

　広告収入モデルは，新聞や雑誌などの媒体に，企業等の広告を掲載させることで当該企業等から広告料金を得るビジネスモデルです。具体的なイメージとして，定期刊行の雑誌に設定した広告枠に企業の広告を表示させて，その企業（広告主）から広告料を得るといったものです。

図表7-15　広告モデルの例

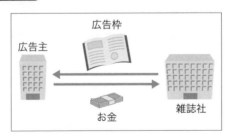

　広告収入モデルでは，通常，その媒体がどれだけ多くの人に閲覧されているかといったこと等がポイントとなります。

⑷ 継続課金モデル（サブスクリプション）

継続課金モデルは，携帯電話や会員制のスポーツジムなど，契約を締結した顧客から，当該契約が解除されるまで，製品・サービスを，顧客に長期間にわたり継続して使用してもらうことによってその利用料や会費などを払ってもらい，定期的に一定の収益を確実にあげていくビジネスモデルです。継続課金モデルの例として，前述の携帯電話や会員制のスポーツジムのほか食材の定期宅配サービスなどが挙げられます。

図表7-16　継続課金モデルの例

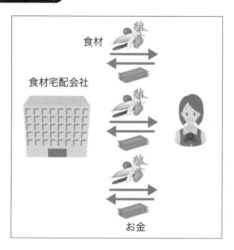

継続課金モデルでは，顧客が長期間にわたって継続的に利用を希望し続けようと思えるようにサービスやコンテンツを充実するとともに，料金を顧客が支払いやすい額に設定するなどの仕組みを構築することが重要と考えられます。

継続課金モデルでは，電気・ガス・水道や携帯電話料金のように使用量等に応じて課金される従量課金制，新聞の定期購読のような定額制があります。そして，定額料金で一定期間，サービスや音楽や動画などのデジタルコンテンツなどを利用できる仕組みを「サブスクリプション（subscription）」ということがあります。新聞の定期購読等では，購入後は定期的に固定の商品や

サービスが提供されることが目的となるのが一般的であるのに対し，サブスクリプションの特徴として，利用者のデータを取得してニーズを把握し満足度の改善を図る等，継続的に顧客価値の向上を目指すといった点が挙げられます。

(5) 消耗品モデル

消耗品モデルは，例えば，髭剃りの本体は高価であるが，これを無料で配布し，消耗品である替え刃は自社のものしか適合しないようにして，一定の価格で販売するなど，本体の価格は抑え，消耗品やメンテナンスで収益を得るビジネスモデルです。消耗品モデルの例としては，髭剃りと替え刃のほか，プリンターに対する替えインクを挙げることができます。

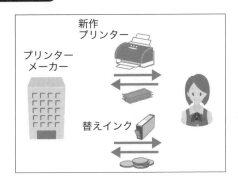

図表7-17　消耗品モデルの例

消耗品モデルでは，顧客が消耗品を手軽に購入できるための販路の確立が重要なポイントの1つとなります。

(6) マッチングモデル

マッチングモデルは「プラットフォーム」とも呼ばれるモデルで，商品やサービスを提供する供給者と消費者に取引の機会を提供し，買い手と売り手，借り手と貸し手を紹介するなど，需要側と供給側を仲介することで収益をあげるビジネスモデルです。「マッチングモデル」の例として，不動産仲介業や人材紹介業，インターネット上のオークションサイトなどを挙げることが

できます。集まる供給者や消費者が増えれば増えるほど価値が高まり，さらに新しい供給者や消費者が集まること（これは「ネットワーク効果（またはネットワーク外部性）」といわれます）が特徴とされています。

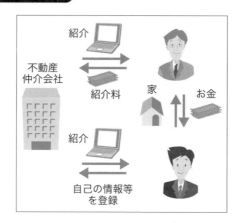

マッチングモデルでは，マッチングさせるための情報をどれだけ豊富に保有することができるかが重要なポイントとなると考えられます。

⑺　フリーミアム

　フリーミアムは，基本的な機能に限定されたベーシックな製品・サービスを多くの人に無料で使用させ，利用者の中から，より高度な機能・サービスを求める顧客に対して，有料で，より便利な機能が付加された製品を提供するビジネスモデルです。例えば，インターネット上のニュースサイトや情報サイトで，記事の一定部分までは無料で閲覧できるが，その先を閲覧するには，料金を支払うか会員登録が必要なものなどです。このほかフリーミアムの例としては，スマートフォン向けのアプリケーションソフト（アプリ）などを挙げることができます。

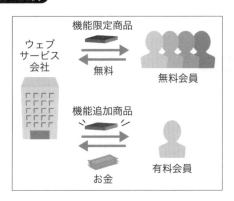

フリーミアムは，無料サービスにより囲い込んだユーザーを，いかに有料サービスへと移行させることができるかが重要です。ユーザーから支持を得て囲い込みができなければ，有料サービスへと移行することは困難です。そのため，たとえ無料のサービスであっても，ユーザーにとって利便性の高いサービスである必要があります。さらに，ユーザーを無料のサービスから有料のサービスへと誘導するためには，有料に見合うサービスをユーザーに対し提供する必要があります。このように，フリーミアムにおいては，どのレベルまで無料で提供するかのバランスを検討することが重要となります。

ビジネスモデルは，必ずしも各モデルが単独で展開されるものではありません。事業計画に適合するよう組み合わせて活用されることもあります。また，経営計画などにおいて示される自社の経営方針や企業理念，企業文化との整合性や親和性の確保も必要となります。マネジャーは，事業計画の主題となる製品・サービスの展開にあたり，どのようなビジネスモデルを展開するのが最適なのかを十分に検討することが重要です。

4-4 戦略としての「事業への『非財務資本』の適切な配分」

企業が有する経営資本は，「財務資本」，「人的資本」，「知的資本」，「社会・関係資本」，「製造資本」，「自然資本」の6つに分類することができます（国際統合報告評議会（IIRC：International Integrated Reporting Council）「国

際統合報告フレームワーク」）。これらのうち，財務資本すなわち財務諸表に定量的に示される資本以外の5つの資本を非財務資本といいます。

図表7-20 「非財務資本」

非財務資本	具体例（非財務情報）
人的資本	組織を構成するメンバーによる，組織の戦略の適切な理解と実践能力，経験，イノベーションへの意欲，ロイヤリティ，マネジメント能力など
知的資本	特許権や著作権およびそのライセンス等の知的財産権，ノウハウや業務手順，暗黙知など，組織の知識に基づく無形資産
社会・関係資本	個々の組織内，あるいはステークホルダー等との間での協調行動など，社会の効率性を高めることのできる「共通の価値・行動」，「信頼」，「ネットワーク」，「社会からの評価」など
製造資本	製品の生産やサービスの提供に際し，企業が利用可能な建物や設備，インフラなど
自然資本	水，空気，森林や生態系の健全性など自然からもたらされる人類の利益

　なお，知的資本，製造資本，社会・関係資本といった「モノ」（自然資本については，自然からもたらされる利益の発見等）は，人的資本（「ヒト」）により創出され，市場取引を通じて財務資本（「カネ＝利益」）を生み出すことになります。

　図表7－21のように自社の経営資本（財務資本および5つの非財務資本）を事業に投入（インプット）し，事業活動を経て獲得した売上・利益（アウトプット）と，資本の増強としての現れ（アウトカム）を新たな経営資本として次期の事業への投下資源とするサイクルが企業の持続的な成長・発展を支えると考えられます。サプライチェーン全体を含む人材育成，働きやすさ，研究開発，環境保護等といった活動を非財務資本として事業に投下していくことが，国際社会や資本市場からの要請の観点（第9章第3節参照）からも企業の持続的な存続のための重要な戦略になります。

図表7-21 「価値創造のプロセス」

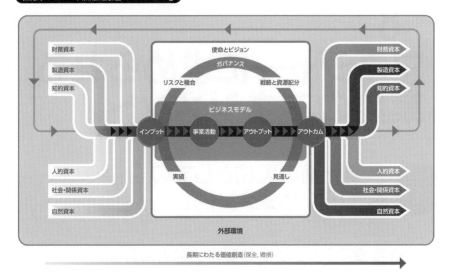

出典：IIRC「国際統合報告フレームワーク日本語訳」。

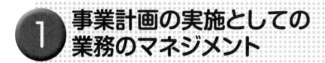

第8章 マネジャーに求められる業務のマネジメント

1 事業計画の実施としての業務のマネジメント

1-1 業務のマネジメントの基本的な考え方

マネジャーが行うべき業務のマネジメントは，チームとして組織の経営計画の実現に貢献すること，すなわち，事業計画を実施することです。マネジャーは，この役割を果たすために，経営計画を事業計画へ，事業計画をチームメンバー各個人の目標へとブレークダウンさせることが重要です。マネジャーが事業計画を策定するためには，①経営計画の内容，②その実現のために自己のチームに求められている目標，および③その目標を達成するためにいかなる活動が必要となるかをよく理解しなければなりません。

(1) 経営計画の内容を理解する

マネジャーは，組織として決定された経営計画の内容（第7章第1節参照）を正確に理解しなければなりません。

事業計画の策定においては，第7章で紹介した様々な分析方法やフレームワークを活用して自己の組織が直面する外部環境と組織自体の財務状況等を分析・検討します。

(2) チームとして実現すべき目標を掲げる

経営計画を理解した後には，マネジャーは，経営計画の実現に貢献するた

めに，自己のチームとして実現すべき目標を設定することとなります。具体的には，来期に実現すべき売上高や利益額を検討し，これらを実現するために必要となる費用を計算します。

また，業績目標は，将来を予測したものであることから必ずしも予測したとおりの結果とならないこともあり得ます。予測に反する事態が発生した場合などにはその変化に迅速に対応したり，目標と現実との間にギャップがあればその原因を追究して対応するなど，目標達成に向けて真摯に取り組むことが求められます（マネジャーが担当する個別業務に対する目標設定については，本章第3節「業務目標の設定」参照）。

(3) 目標達成に必要な活動を決定し実行する

チームとしての業績目標を設定した後は，その目標を達成するために必要な実施事項とその担当者を決め，スケジュールを決定するなどの業務計画を策定して実施していきます（業務計画の策定およびその進捗管理については，本章第4節「進捗管理」参照）。

マネジャーは，チームの目標達成に向けた業務計画の策定と実施にあたって，チームメンバーである部下との間で，計画の背景や目的等を共有するため，適切なコミュニケーションを図り，部下のモチベーションを高めることが求められます。また，個々の部下の能力を踏まえ，その向上に資する業務目標を各人に割り当て，業績目標の達成とともに，部下の能力開発という点についても責任があります（部下とのコミュニケーションやそのモチベーション管理，部下の育成については，第2部「人と組織のマネジメント」参照）。

さらに，部下の人員配置や業務の進捗管理等においては，労働関係法令に違反しないように十分な注意を払うことに加え，部下が業務を実施する際にはヒューマンエラーの防止に努めるとともにその安全衛生等にも留意する必要があります（第4部第12章「職場におけるリスクマネジメント」，第13章「業務にかかわるリスクマネジメント」参照）。

1-2 PDCAサイクルを活用した業務のマネジメント

　PDCAサイクルは，マネジメントサイクルの1つであり，図表8-1に示すように，計画（Plan），実施（Do），確認・評価（Check），処置・改善（Act）に従った管理プロセスです。

　PDCAは次の①～④のように説明することができます。

---

❶計画(Plan)：目標を設定してその達成に必要な計画を立てる
❷実施(Do)：計画を実施する
❸確認・評価(Check)：実施した結果と目標・計画とを比較して分析する
❹処置・改善(Act)：目標・計画の達成を妨げる原因に対処するための修正や，
　　　　　　　　　　さらなる改善に向けて必要な処置を行う

　図表8-1　PDCAサイクル

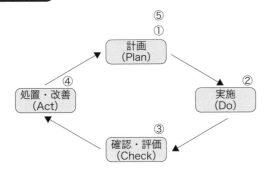

　業務のマネジメントの基本は，この4つからなるループを繰り返しますが，④処置・改善（Act）が次のループで⑤計画（Plan）へと反映されるフィードバックループとなります。このようにして段階的に高いレベルで業務を行えるようにしていくことを目指します。

　つまり，PDCAサイクルによる業務のマネジメントの重要な点は，一度だけ計画を立て，実行・評価すればよいというわけではなく，これまでの結果を踏まえて再び計画を改善していくサイクルを継続して繰り返すという点にあります。

　マネジャーは，PDCAサイクルに従って，業績目標の達成に向けて，①業務計画を立案し，②部下とともに計画を実施し，③その実施結果を評価して

業務計画の進捗度合いを分析して必要な処置をし，最後に④改善項目を洗い出して次年度の業務計画にフィードバックします。

年度ごとの業績目標達成に向けた業務計画を立案することは，マネジャーの基本的な業務となります。業務計画を立案する際には，前年度の業務計画とその実績値を手元に用意します。また，前年度にPDCAサイクルに基づいて業務計画を実施していれば，改善項目も挙がっているはずです。マネジャーは，これらの前年度からの引継ぎ資料に加え，その年度においてマネジャーが経営層から伝えられている経営の方向性や，自己のチームを取り巻く環境や経済動向などを考慮して業務計画を立案することとなります（マネジャーが，PDCAサイクルのそれぞれのプロセスで具体的に行うべき事項については，本章第4節「進捗管理」参照）。

COLUMN　完全無欠な計画はあり得ない

業務計画はどれほど緻密に作成しても，完全無欠なものはありません。

予想不可能なアクシデントや，状況変化により，計画が現実に合わないことになる可能性は，常にあります。

そのようなときのために，状況に応じて，代替案を用意しておくことが必要な場合もあります。

② マネジャーが身につけるべき論理的思考

ここでは，マネジャーが，PDCAサイクルのPlanに当たる「業務計画」を考える際の基本となる論理的な思考方法と思考のためのツールを紹介します。

2-1 業務をマネジメントする際に不可欠な
「論理的思考法」

　マネジャーが，業務のマネジメントとして行うべき重要な仕事の1つに，事業計画の策定があります。事業計画は，企業が将来にわたり発展し続けるための指針です。したがって，マネジャーの勘のみに基づくのではなく，明確な根拠に裏づけされた計画である必要があります。また，策定した事業計画は，マネジャー1人で実行できるものではなく，部下や上司など周囲の協力を得なければ実行できません。周囲の人の共感を得て，協力してもらえる事業計画とするためには，論理的かつ整合性をもって説得力のある説明をし，納得してもらうことが必要です。論理的思考法を身につけることは，こうした観点からも，マネジャーにとって重要な事項です。

　論理的思考法とは，複雑で不明確な現状を単純化し，構造化し，または相互の因果関係を明確にして誰にでもわかりやすくするための考え方をいいます。

　この論理的思考法の原理・原則ともいえるのが，帰納法と演繹法です。

図表8-2　帰納法と演繹法

帰納法	個別的・具体的な事象から普遍的・抽象的なルールを見出す推論方法です。ビジネスの現場における問題を発見する上では基本的で重要な考え方です。実際に起きている様々な事象をデータとして収集し，集計されたデータからそのエッセンスともいうべき本質を発見することにより，「問題は○○にあるのではないか」という視点で検討をすることができます。
演繹法	普遍的・抽象的なルールから個別的・具体的な事象を導き出す推論方法です。ルールが正しければ，演繹法によって導き出された事象も正しいこととなります。

　演繹法の一種として三段論法があります。これは「大前提」と「小前提」から「結論」を導き出す方法で，「AはBである」という一般的・普遍的なルールである大前提に「CはAである」という具体的な事実である小前提を当てはめて，「CはBである」という結論を導き出します。

　演繹法や三段論法は，前提が正しいことを前提としており，前提が間違っ

ている場合には正しい結論が導かれないことに注意が必要です。

　マネジャーは，チームをマネジメントし業務をマネジメントするに際しては，常に物事を抽象化したり具体化したりできるように，日頃から訓練をするよう心掛ける必要があります。

2-2 論理的な分析にあたっての基本的な考え方
——MECE

　マネジャーは，マーケットの動きや自社製品の顧客の消費動向，業務プロセスなどを分析しなければならない場面に直面することがあります。その際，どんなに深く詳細に分析したとしても，全体としてみたときに必要な事項が抜け落ちているのでは正確な分析結果を得ることはできません。分析結果が誤っていれば，よい成果を得ることは難しいといわざるを得ません。また，マネジャーは，部下に調査や分析を指示した場合，その結果に漏れや重複がないかを確認し，それらがあれば指摘して修正を指示する必要があります。

　このように，漏れや重複がないことをMECEといいます。MECEは，Mutually Exclusive and Collectively Exhaustiveの頭文字からなる言葉で，「重複がなく，かつ漏れがないこと」をいいます。MECEは，「ミーシー」または「ミッシー」などと読みます。

　MECEは，その意味からもわかるように，複数の要素を網羅的に整理・分析する場合に必要となる考え方です。マネジャーは，自ら目標達成のための戦略を考える際には，必ず，自身の考えがMECEとなっているかを自問しなければなりません。

　ただし，MECEを網羅的かつ厳密に行おうとすると，膨大な時間や手間がかかってしまいますし，ビジネス上の判断に必ずしも直接は必要がない細かすぎる情報が混在することにもなります。したがって，とくに漏れがないかを検討する際には，あらかじめ決めた時間で考え得る漏れを出せるだけ出したら，いったんそこで重複のチェックをするなどの工夫が必要です。

　また，第7章第3節で説明している戦略策定のための様々なフレームワークは，切り口がMECEになっていますので，これらを上手に活用することも効率的です。

MECEは，論理的思考の基本です。これから紹介する様々なツールやフレームワークを用いて戦略を分析する際の考え方の基本です。

2-3 抽象から具体へと論理展開して 個々の業務に落とし込む——ロジックツリー

マネジャーが上司から課せられる業績目標は，その内容が抽象的であったり，または具体的な数値目標が示されていたりしても，どのようにそれを実現するかをマネジャーに任されていることが一般的です。マネジャーは，抽象的な事象を論理展開して具体的な事項に落とし込むことが求められるのです。マネジャーが，抽象から具体へと論理展開する際に利用できるツールがロジックツリーです。

ロジックツリー（Logic tree）は，「ツリー」とあることからもわかるように，論理を樹形図で示します（図表 8-3）。

左に上位概念（これを「イシュー（Issue）」と呼びます）を置き，右に行くに従って個別・具体的に展開していきます。イシューから展開された項目は「ボックス」と呼びます。ツリーの同じレベルに位置するボックスは，相互にMECEとなるようにします。

ロジックツリーは，展開の仕方によって，以下のように分類することができます。

①原因の探求（WHYツリー）
②方法の探求（HOWツリー）
③要素の探求（WHATツリー）

(1) 原因の探求（WHYツリー）

WHYツリーは，問題の原因を検討する場合に用いることができます。すでに判明している問題をイシューとし，「なぜ？」と自問しながらその原因に当たるものをボックス内に記述し，右側に展開していきます。この「なぜ？」を3〜5回繰り返し，ロジックツリーのレベルが3〜5階層程度まで展開できれば，ボックス内の記述はかなり具体的になります。ここで具体化された問題の原因について解決策を考えます。

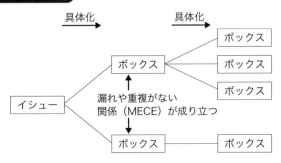

図表8-3　ロジックツリーの例

(2)　方法の探求（HOWツリー）

　HOWツリーは，目標をイシューとして，その手段・方法を探求するロジックツリーです。達成すべき目標を「○○を〜する」という表現で記述し，その目標を達成するために「どうやって？」と自問しながらその手段・方法を展開します。イシューの次のボックスは，経営資源ごとに4つのボックス（ヒト，モノ，カネ，情報）などの切り口を利用して考えるとよいでしょう。

(3)　要素の探求（WHATツリー）

　WHATツリーは，イシューを構成する要素ごとにボックスに展開するロジックツリーです。会社の組織図などは，このWHATツリーの例といえます。WHATツリーは，物事の全体像を把握する際に利用することができます。

2-4 手持ちの情報が乏しくても行動に移す──仮説思考

　現在のビジネス環境は，常に変化しつつその不確実性を増大させており，マネジャーには，その変化に対してスピーディに対応することが求められます。

　このような状況においては，関連する情報・データを網羅的に収集して精緻に分析し，その結果を待って方針を決定し行動を起こすというのでは，変化の激しい現在のビジネス環境で持続的成長を遂げることはできません。た

とえ必要十分な判断材料が揃っていない状態においても，現在有している判断材料のみでおよその見込みをもって行動することが必要な場合があります。

「仮説思考」は，目標達成や問題解決のための判断材料が乏しくても，現在有している限られた情報や知識をもとに一定の仮説（仮定や仮の結論）を立て，その仮説をもとに行動する，という考え方です。

仮説を立てる際のポイントは，その時点における情報に基づく状況の中で，何を最優先にして判断するかを明確にすることです。例えば，自社で扱っているある消費者向け商品群の中に，これまでほとんど売れていなかった商品が急激に売上を伸ばしているもののその理由が明確でない場合に，さらにその商品の売上を伸ばすために何に積極投資すべきかを決めなければならないとします。その商品の販売チャネルごとの売上構成比の情報と販売地域ごとの売上高の情報がある場合に，いずれの情報を優先するかによって仮定の内容が違ってきます。例えば，前者の情報に基づいて，最近の主な購買層を仮に「30代～40代の既婚女性である」との仮説を立てれば，その購買層によく読まれている雑誌への広告を増やすことなどが考えられます。

仮説思考では，仮説を実施して検証し，検証結果に基づいて仮説を修正するといったサイクルを繰り返すことにより，仮説の精度を高めていき，効率的に最適解を導き出すことが可能となります。

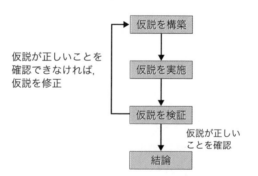

マネジャーは，業務の改善や新規事業等について，一定の意思決定をしなければならない場合には，その意思決定に必要な情報を収集・検証する十分な時間が確保できないときであっても，その時点で保有している判断材料に基づいて仮説を立て，仮説に基づいて実行してみることが重要です。実行し

た結果については必ず検証して，必要に応じて仮説を修正しさらに試行する
というプロセスを経て，そのアイデアを進化させていきます。

③ 業績目標の設定

　マネジャーは，業績目標を設定する際には，次に示すように，「目標項目」
と，達成すべき具体的な「目標値」を必ずセットで設定します。

> 目標項目＋目標値

　「目標項目」は，達成状況を数値で表すことができる項目を設定します。
例えば，売上高，利益率，生産性，不良率などです。

　これに対し，「目標値」は，目標項目について年度内で達成すべきレベル
を数値で表したものです。例えば，「売上高20％アップ」，「不良率10％ダウ
ン」などです。

　マネジャーは，これらの目標項目とその目標値を設定するにあたって，前
年度実績を参考にすることがあります。前年度実績は，現実的な目標値を設
定する上である程度参考にできるデータではありますが，可能であれば，従
来そのチームで進めてきた方法を改善してはじめて達成できる水準を目標値
として設定するよう努めるべきです。それによって，その企業全体の成長に
貢献できるだけでなく，部下の成長を促すことができるからです。

　また，従来の事業等の延長線上で考えるのでは到達が困難なゴールを目指
す場合には，現状や過去のデータの分析に基づき方策を考えるのではなく，
未来の「あるべき姿，ありたい姿」を起点として，その実現のために埋める
べきギャップや今実施すべき方策を考えるバックキャスティングのアプロー
チが有効です。

3-1 目標設定の重要性

　仕事の成果は，マネジャーが，どのような目標を設定するかによって決まるといっても過言ではありません。そして，目標を実現するための手段には様々なものがあり得ます。そのため，業務に関する計画は，基本的に，手段から考えるのではなく，目指すべき目標から考えます。

3-2 マネジャーが設定すべき目標の種類

　業務に関する目標は，様々に分類することができますが，ここでは，①有形の目標と無形の目標，および②短期的目標と長期的目標という2種類の分類について取りあげます。

(1)有形の目標と無形の目標

　有形の目標は，計測や定量化が可能なもので，例えば，「何を・どれだけ・いつまでに」というように，具体的・定量的に表現できる目標をいいます。これに対して無形の目標は，達成すべき数値として表すことは困難な目標であって，企業の持続的な成長に向けて，その組織力を強化し，部下の成長を促し，あるいは，社会に対する責任を果たすといった企業活動の質向上にかかわるものをいいます。

　有形の目標には，売上高や利益，新製品開発のQCD（Quality，Cost，Deliveryの略）などがあります。これに対し，無形の目標は，関係メンバーが共有できる言葉で目標を設定します。

　マネジャーは，具体的な数値として把握することができる有形の目標に目を奪われがちですが，無形の目標も，必ず掲げるよう意識する必要があります。

(2)　短期的目標と長期的目標

　短期的目標と長期的目標は，目標達成（成果）までに費やすことができる期間に着目した分類です。すなわち，直ちに結果を求められる目標（短期的目標）と，直ちに結果を出すことは困難であるが将来的には成果を挙げなけ

ればならない目標（長期的目標）です。

　短期と長期をどのように区別するかについては，様々な考え方があり得ますが，年度内で結果を求められる目標は短期的目標であり，複数年度にわたって取り組むべき目標は長期的目標とする考え方が一般です。

　短期的目標としては，一般に，年度ごとの業績目標が挙げられます。企業では，通常，経営層が年度ごとに組織全体としての業績目標を決め，それに基づいて部署ごとに業績目標が課されます。マネジャーは，年度ごとに課されるこの業績目標を達成するために，一定の期限ごとに目標を定めてチームメンバーである部下に業務を割り振り，スケジュールを管理します。マネジャーとしては，四半期，半期または年度などの比較的短期に目標を達成しなければならないため，短期的目標のマネジメントをおろそかにするわけにはいきません。

　次に，長期的目標としては，まず，将来の組織を支え，組織が発展するために，将来に備えた新しいビジネスの探求や，既存のビジネスモデルの構造変革などが挙げられます。また，将来の組織を担う原動力ともいうべき部下の「人材の育成」が挙げられます。さらに，複数年度にわたって取り組むべき課題も挙げられます。このような課題への取り組みは，将来の組織像を実現するために，チームで取り組まなければならない活動内容を目標として設定するものです。

　長期的に取り組む課題は，組織の経営方針や業界・景気の動向なども広く捉えた上で設定すべきものです。マネジャーは，長期的な課題に取り組むことにより，変化に対応できるチームをつくることができます。

　マネジャーとしては，より近い将来に結果が求められる短期的視点にのみ注目しがちですが，長期的視点も取り込んだ目標設定が重要です。

3-3 目標の「見える化」

　目標設定の全体像を見るには，図表8-4のようなフォーマットをあらかじめ用意し，具体的に目標を記入してみるとよいでしょう。

	短期的	中長期的
有形の目標		
無形の目標		

POINT　どの程度の数の目標を設定すればよいか

　マネジャーは，実際に取り組むべき目標項目をどの程度設定するのが適切でしょうか。

　この点については様々な考え方があり得ますが，重点指向で，目標の数は3～4項目に絞り込むのが望ましいでしょう。

　なぜなら，目標項目の数が多くなりすぎると，それぞれの目標項目達成に向けた実施事項の数もそれに応じて多くなるため，限られた人員や時間の中で1つひとつの目標項目について適切かつ十分なマネジメントを行うことが難しくなります。

　上司からチームの目標が課されたのであれば，絶対にそれを達成する必要があります。上司から課された目標だけで3～4項目となる場合には，マネジャー自身が自発的にそれ以外の目標を設定することは難しいかもしれません。

　しかし，その部門・チームのマネジャーである間には，何か1つでも自ら目標を設定し達成に取り組むことが重要です。

④ 進捗管理

4-1 実施事項の洗い出し

　マネジャーは，業務計画を作成するにあたっては，まず目標達成に向けて取り組むべき実施事項を洗い出します。

　実施事項を洗い出す際には，目標項目と関連する業務について具体的な実施事項をなるべく多く挙げます。このような洗い出しを行う際には，実施事項1つにつき1枚のカードに書き出して整理するなど，見える化の工夫をするとよいでしょう。何かを考える際には，頭の中だけですべてを完結させるのではなく，なるべく手を動かす作業をしながらのほうが，よいアイデアが浮かびます。

　目標項目・目標値と実施事項との関連は，図表8-5のようなマトリクス図にまとめます。

　目標項目・目標値と実施事項のマトリクス図を作成しながら実施事項の洗い出しと整理を繰り返すことによって，実施すべき事項の重複や漏れに気づくことがあります。業務計画に盛り込むべき実施事項がMECEになっている必要があることはいうまでもありません。漏れや重複があれば，必要な修正を加えます。

　実施事項は，目標達成のために実際に取り組まなければならない事項です。

図表8-5　目標項目・目標値と実施事項のマトリクス

		A	B	C		
	イ	◎				
	ロ	○	△			
	ハ	△	◎			
	ニ		△	◎		
	ホ			○		
		a	b	c		

【凡例】
◎　関連が極めて大きい
○　関連が大きい
△　関連がある

したがって，むやみに増やすのではなく，目標達成のために有効な事項に集中するようにします。

　実際に実施事項を進めていくのは，部下などのチームのメンバーです。そこで，マネジャーが実施事項のすべてを考えて決定するのではなく，ある程度の方向性が決まったら，関係するメンバーを交えて実施事項の検討をすることが大切です。

　ここまでの流れを次の事例で確認してみましょう。

　あなたは，上司から，自社が顧客に提供している『Ａサービス』の知名度を上げるため，イベントを開催するよう指示を受けました。
　イベント開催後の『Ａサービス』の知名度は，マーケット部門がのちに市場調査を行って測るものとされ，あなたのチームとしては，「イベントの成功」がこのイベントを開催する目的であるとされています。

　この「イベントの成功」という目的は，より具体的な，「目標項目」と「目標値」というレベルに展開します。ここでは，次に示すような目標項目と目標値が設定されたとしましょう。

---

　①イベントへの参加者は1,000人以上であること（目標項目＝参加者数，目標値＝1,000人）
　②内容が充実していること（目標項目＝内容充実度，目標値＝アンケート満足度4.0ポイント以上）
　③将来的に同様のイベントが開催された場合に参加を希望する参加者の率（目標項目＝次回参加希望率，目標値＝アンケート4.0ポイント以上）
　④イベントの準備からイベント終了までに要した工数（目標項目＝総工数，目標値＝50人日）

　イベントが終了した後に，これら①〜④の各目標項目について，それぞれに対応する目標値を達成できたかどうかを評価することになります。

　次に，目標値を達成するための実施事項を設定します。

　実施事項は，この場合のイベントを開催するという業務や目標項目と関連しそうな事項をできるだけ多く挙げるようにします。

　例えば，イベントの内容は，著名人を招いてパネルディスカッションを行ったり，個別のブースごとに著名人を招いて講演を行ったりします。この場合，実施事項としては，「会場を選定する」や「ブースの数を決める」，「講

師を選定する」といったものが挙げられます。

実施事項を検討する際には，ロジックツリー（HOWツリー）を用いて，抽象的な事項から具体的な事項へと展開させていきます。例えば，先ほどの「会場を選定する」という実施事項は，「会場候補をリスト化する」，「利用料金を調査する」，「キャパシティを確認する」などの，より具体的な実施事項へと展開することができます。

このようにして，「イベントを成功させる」という目的を達成するための目標項目と目標値，および実施事項を洗い出すことができます。

最後に，実施事項と目標項目を関連付けます。関連付けに際しては，前述したマトリクス図を用いて，関連の強さの度合いに応じて，例えば，「関連が極めて大きい」場合には◎を，「関連が大きい」場合には○を，「関連がある」場合には△を付すなど，関連の強さを一覧できるようにして，実施事項の漏れや重複がないことを確認します。

4-2 実施事項を「誰が」・「いつまでに」行うかを決定する

マネジャーは，チームとして目標を達成するために実施すべきすべての実施事項を確定したら，実施事項の1つひとつについて，「誰が」・「いつまでに」行うか，実施事項の活動方法を決めます。

いわば，仕事の割り振りですが，マネジャーは，ある程度の腹案を持った上でミーティングの場を設け，部下の業務の繁忙度などをヒアリングしながら，部下が納得できる合理的な決定をするように心掛けます。

また，ここでは，実施事項を「いつまでに」行うかを決めることも忘れてはなりません。マネジャーは，「いますぐ」とか「なるべく急ぎで」などというあいまいな表現でスケジュールを指示することは避け，「○月○日」や「月曜日中」というように，具体的にスケジュールを指示することが望ましいといえます。

決まった担当者とスケジュールは，チームのメンバー全員が見えるようにして共有します。

業務計画のスケジュールは，例えば図表8-6のように表すことができます。図表8-6は前述したイベントを開催する業務に関する実施事項の一部

実施事項	担当者	期限・実績	スケジュール ○月					×月				
会場候補をリスト化する	メンバーA	○月×日		●								
会場の利用料を調査する	メンバーA	○月△日				●						
会場のキャパシティを確認する	メンバーA	○月△日				●						
講師候補をリスト化する	メンバーB	×月□日									●	
講演テーマを選定する	メンバーB	×月□日									●	

を示したものです。実施事項ごとに項目を挙げ，担当者および期限を明記します。期限の右側にスケジュールを一覧できるようにカレンダーを表示すると，期限までにどの程度期間の猶予があるのかが把握しやすくなります。また，期限およびスケジュールの項目は2段とし，上段に期限を，下段に実際に実施した日を実績として記入するようにすると，進捗状況の把握が容易です。

以上により，PDCAサイクルにおけるPlanすなわち業務計画が立案できます。

次に，PDCAのうちのDo（実施）とCheck（検証）について説明します。

4-3 進捗の「見える化」と確認

マネジャーは，業務計画を作成した後は，その業務計画を実施します。

先ほどのイベント開催のように1回限りの業務を実施する場合には，実施事項を行った結果は1回限り表れるだけですので，進捗管理は，主に実施事項がスケジュールどおりに実施されているかを確認する作業となります。

これに対し，チームにおいて，通年で継続して行っている業務については，目標値の推移を確認できるようにするための工夫として，図表8-7のような目標管理グラフを作成して進捗を管理するとよいでしょう。

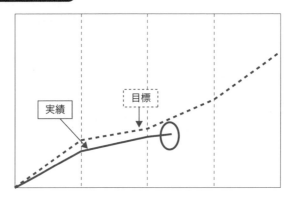

図表8-7　目標の管理グラフ

　実施事項を継続的に実行した結果と目標値の推移を測定・把握できる場合には，その目標値をグラフに記入します。このグラフには，まず進捗を管理する期間における目標値の推定値を「目標」としてグラフに記入します。

　マネジャーは，このようなグラフに基づいて実施事項の進捗を管理します。そして，一定の期間ごとに実施事項の実施状況と目標値の到達状況を確認します。確認する期間は，その業務の性質によって様々ですが，例えば１週間としたり，あるいは期間で区切るのではなく，業務の区切りの良い日をあらかじめ設定したりして進捗を確認するようにします。

4-4 進捗に問題がある場合の対応

　業務計画の進捗を管理する過程で，マネジャーは，実績が目標値に達しない場面に遭遇することがあります。このような状況は，第９章第４節4-1(1)「マネジャーが認識すべき『問題』」で述べる「本来あるべき姿・目標」と「現在の状況」との間にギャップがあり「問題」が生じている状態といえます。マネジャーは，業務計画を達成できないかもしれないという「問題」を解決する必要があります。問題解決は７つのステップを踏んで行います（問題解決の７ステップについては，第９章第４節4-2「問題解決の基本的な考え方——問題解決の７ステップ」を参照）。

　業務計画の進捗を管理する過程で，目標値の未達成または進捗の遅れが明確になっている場合，真の原因の探究を行います。

　真の原因となり得るものは様々に考えられますが，例えば，目標値を高く設定しすぎている，実施事項が目標値を達成する手段として適切ではないなどといった業務計画自体に何らかの問題があるか，または部下のモチベーションが下がっている，コミュニケーションを阻害する要因があるなど，業務計画の進め方に問題があることなどが考えられます。真の原因となり得る要因を見つけ出す際には，徹底して「現地・現物・現実」を実際に確認する「三現主義」に基づいて実施していきます。

　三現主義に基づく調査の結果，真の原因となり得る要因が挙げられたら，ロジックツリーのうち原因の探究に用いる WHY ツリーなどを用いながら，WHY（なぜ）を繰り返していき，真の原因を掘り下げていきます。

　問題の真の原因を探究することができた後は，問題を改善してどのような状態を目指すべきかを設定し（改善目標の設定），それをどのように達成するかを計画します（改善計画の立案）。この改善計画は，すでに実施している業務計画とは別に実施する必要があります。なぜなら，ここでの問題は，業務計画の目標と現状とのギャップであって，この問題を解決しないことには目標達成が困難だからです。目標達成を困難にしている問題とは切り離して実施できる実施事項であれば実施することはできます。また，問題の真の原因が，業務計画自体にあった場合には，業務計画を修正することで問題を解決することができます。

　改善計画実施の効果は，改善目標が達成できたか否かで評価します。改善目標が達成できていれば，業務計画を実施することで業務目標を達成できる状況になっているはずです。もし，改善計画を実施したにもかかわらず業務目標の達成が難しい状況が続いているのであれば，現状把握や真の原因探究などに誤りがあるものと考えられます。この場合，問題解決のステップ1（第9章第4節4-2参照）からやり直す必要があります。

5 目標値と実施事項の因果関係を把握し対応する

マネジャーは，これまでのマネジメントの最後に，PDCAサイクルにおけるAct（処置と改善）をし，次年度の業務計画を作成するための資料とします。

マネジャーは，実施事項が目標値を達成するために有効かどうか（因果関係）を点検・把握して，必要に応じて目標項目・目標値，もしくは実施事項を見直す必要があります。

図表8-8　業務計画における処置と改善（Act）

因果関係の検証，確認後の対応方法

		実施事項	
		達成	未達成
目標値	達成	**A**	**C**
	未達成	**B**	**D**

A：現状維持
B：実施事項の修正（追加，水準UP）
C：実施事項の見直し，現状維持
D：実施事項の見直し（追加，修正等）

目標値達成，実施事項達成の場合（A）	順調に業務が進行しているため，引き続き従前の計画を進める（現状維持）
目標値未達成，実施事項達成の場合（B）	目標値を達成するための実施事項が不足しているため，目標達成に必要な実施事項を追加するかその水準を上げる
目標値達成，実施事項未達成の場合（C）	引き続き従前の計画を進めても良い（現状維持）が，実施事項と目標達成の関連性が薄い可能性があるため，これらの因果関係を再点検し，実施事項を見直す
目標値未達成，実施事項未達成の場合（D）	業務自体が失敗に終わる可能性があるため，早急に実施事項を見直す（実施可能かつ目標達成につながる実施項目を追加）

第9章 成果の検証と問題発見およびその解決

1 成果の検証

1-1 成果の検証に不可欠な視点（損益計算書に関する基本的な知識）

マネジャーは，来期の業績目標を設定したり解決すべき問題を発見したりするために，担当する事業の現在の成果を検証して事業の現状を把握する必要があります。事業の成果の検証にあたって重要な視点の1つは，事業の損益に注目することです。

マネジャーとして，事業の損益，すなわち事業にまつわる財務数字を把握するためには，財務諸表（損益計算書・貸借対照表・キャッシュフロー計算書）に関する基本的な知識を習得する必要があります。

財務諸表は，一定期間における企業の経営成績や財政状態等を表す書類で，マネジャーが担当する事業そのものの状況を表すものではありません。しかし，財務諸表（特に損益計算書）に関する基本的な知識は，マネジャーが自らの担当する事業の成果を具体的な数値により把握し，来期の業績目標を設定したり解決すべき問題を発見したりするために不可欠です。

また，マネジャーは，経営に関与する立場にあり，自社の経営状態を把握しておく必要があります。さらに，マネジャーは，取引先等に対する与信管理も重要な任務として負っており，取引先等の公表された財務諸表を参考に様々な判断・対応を求められます（第4部第13章第5節「取引先の信用不

安に関するリスク」参照）。

　こうした観点から，財務諸表に関する基本的な知識の習得は，マネジャーの必須事項といえます（本章第2節「財務諸表の基本とその見方」参照）。

(1)　事業の損益を把握する

　前述のとおり，マネジャーが担当する事業そのものについては財務諸表が作成されるわけではありませんが，マネジャーは，自らの担当する事業について，財務諸表（特に損益計算書）に関する知識をもって，当該事業における売上，費用，営業利益を注視することが重要です。

　事業の損益（営業利益）は，事業年度ごとの売上と費用との差額により把握します。

①売上

　売上は，商品を販売したりサービスを提供したりした際に代金や報酬として発生した収入の合計です。つまり，売上は，商品・サービスの単価にその販売数量を乗じて把握します。売上は，損益計算書上の「売上高」で表されます（本章第2節2-2「損益計算書」参照）。

②費用：原価と販売管理費

　事業にかかる費用は，原価と販売管理費に分けて把握します。

　原価は，販売する商品の仕入れや製品の製造に必要な費用です。特に製品の製造に必要な費用は製造原価と呼ばれます。

　製造原価には，ⅰ）原材料費（製造に必要な原材料の仕入額等），ⅱ）労務費（製造にかかわる者の人件費），ⅲ）経費（製造施設・製造設備の使用にかかわる経費や水道光熱費等）という3種類があります。ただし，製品の製造を他の会社に委託する場合には，委託先が製造した製品を購入することは製品の仕入れに当たりますので，製造原価（原材料費・労務費・経費）はかかりません。

　売上から原価を差し引くといわゆる粗利（荒利）が求められます。この粗利は，損益計算書上では「売上総利益」として計上されます（本章第2節

2-2「損益計算書」参照)。

　費用のうち，原価に含まれないものに販売費及び一般管理費があります。販売費及び一般管理費は，販売管理費あるいは販管費とも呼ばれ，販売に要する費用（販売促進にかかる費用など）のほか，水道光熱費，通信費等の一般的な管理費から成ります。そして，粗利から販売費及び一般管理費を差し引いて求められる利益が，損益計算書上の「営業利益」です（本章第2節 2-2「損益計算書」参照）。

(2)　事業のキャッシュフローを把握する

　マネジャーが事業の現状を把握するにあたっては，前述の損益のほかにキャッシュフロー（現金の流れ）を確認する必要があります。なぜなら，損益計算書上に表される損益と実際の現金の有り高には，「ずれ」が生じることがあるからです。例えば，製品を販売したりサービスを提供することで売上が計上されていても，売掛金の入金まで1か月から長ければ半年先といったこともあります。このような場合，損益計算書上では粗利や営業利益として収益が確認できていても，現金が入金されるタイミングが遅く，実際の現金残高が不足することも生じ得ます。現金が不足すると，企業は黒字であっても商品の仕入代金等を支払うことができず，倒産してしまいます。

　したがって，マネジャーは，自ら担当する事業を実施するにあたり，現金の流れ，すなわちキャッシュインを早く，キャッシュアウトを遅くするといった工夫についても，十分に注意を払うことが重要です（キャッシュフロー計算書の基本的知識については，本章第2節 2-3「キャッシュフロー計算書」参照）。

(3)　時系列での推移を比較する

　事業の現状分析に有用な視点として，時系列でデータの推移を確認することが挙げられます。(1)と(2)で説明した損益やキャッシュフローについて，これまでのデータと比較分析をすることにより，時系列の傾向を把握することができます。過去3期〜5期分程度を比較することによって，より正確な現状把握が可能となります。

過去のデータを比較するには，値の増減比を使用するとよいでしょう。増減比は，比較したい項目の当期のデータを前期のデータで除して100を乗じて求められます。

マネジャーが把握しておくべき増減比として，売上高増加率（売上高の増減比），付加価値増加率（生産・販売効率の増減比），営業利益増加率（本業の営業活動から生ずる利益の増減比），経常利益増加率（営業利益に本業以外の財務活動などによる利益を加えた利益の増減比）などがあります。

(4) 構成比を分析する

ABC分析は，効率的に在庫を管理するために，在庫管理の対象をランク付けて区分し，それぞれの重要度や特性に応じた管理方式を分析する手法として知られています。ただ実際には在庫管理に限らず，顧客や機械設備など様々な複数の現象や事項などを効率的に管理するのにも活用できる考え方です。ABC分析はパレート分析とも呼ばれます。ここでは，在庫管理の手法としてのABC分析の例を説明します。

ABCの評価判定の基準は様々です。ここでは，例えば，構成比の大きい製品から順に並べた場合に，累積／合計（％）の70％以下の製品群をA，70～90％水準の製品群をB，90％以上の製品群をCとします。

販売順位	品名	販売数量（個）	構成比（%）	累積／合計（%）	
1	製品「ア」	1,560	27.3%	27.3%	A
2	製品「イ」	1,350	23.6%	50.9%	
3	製品「ウ」	1,280	22.4%	73.3%	B
4	製品「エ」	530	9.3%	82.5%	
5	製品「オ」	350	6.1%	88.6%	
6	製品「カ」	280	4.9%	93.5%	C
7	製品「キ」	220	3.8%	97.4%	
8	製品「ク」	150	2.6%	100.0%	
	合計販売数量	5,720			

上表の製品「ア」および製品「イ」は，各々製品全体のうちの25％前後を構成していますが，両製品で販売数量全体のうちの50％以上を占めます。このように，いわゆる主力製品群であるAについては，重点管理ができる

「定期発注法」で管理します。また，販売数量全体のうちの30％〜40％を占める製品群であるBは，Aに比較して手間が少なく調達期間を極力短縮できる「定量発注法」で管理します。Cは管理費の節約ができる「2ビン法」などで管理します。

1-2 成果の検証に役立つ様々な指標（経営指標）

　マネジャーが担当する事業の現在の成果を検証するにあたり，事業の収益性，効率性，安全性などの状況を判断する指標である経営指標を活用することができます。

　経営指標は，財務諸表（損益計算書および貸借対照表）で表される項目を用いて算出（本章第2節「財務諸表の基本とその見方」を参照）される，企業経営の状況を判断するための指標です。経営指標は，前述の財務諸表と同様，一般的には個々のマネジャーが担当する事業の成果検証のために算出されるものではなく，企業の財務状況を分析して，その企業の収益性，効率性，安全性などの状況を判断するための指標です。しかし，マネジャーは，様々な経営指標（特に売上高総利益率，売上高営業利益率，売上原価率，損益分岐点比率，安全余裕率など）を分析して自ら担当する事業の現状を把握し，成果の検証および今後の改善点の抽出に役立てることができます。

　また，マネジャーにとって，取引先の信用状況を把握して，その信用不安に対応することも重要な任務であり，公表された取引先の財務諸表から得られる経営指標を，取引先の財務状況の安全性等の確認に役立てることができます（第4部第13章第5節「取引先の信用不安に関するリスク」参照）。こうした観点からも，マネジャーは，様々な経営指標が持つ意味とその算出のための基本知識を習得しておくことが重要です。

(1) 付加価値分析

　製品やサービスの価値のうち，自らの事業活動によって創造された価値を付加価値といいます。

　付加価値の具体的な算出方法には，様々なものがあります。例えば，中小企業庁により採用されている控除法や，日本銀行により採用されている集計

法などがあります。

控除法＝売上高－外部購入価値
集計法＝経常利益＋人件費＋賃借料＋減価償却費＋金融費用＋租税公課

　付加価値について分析し経営の効率性や付加価値の創造性を検討します。付加価値分析は，付加価値増加率（前期から当期にかけての付加価値の増加率），労働生産性（従業員１人当たりの付加価値額），従業員１人当たり人件費，付加価値貢献度，労働分配率（付加価値のうち人件費の占める割合）として分析します。

COLUMN　労働分配率の活用

　労働分配率を利用することで，新たに従業員１人をチームに追加する場合に，売上をいくら増加させる必要があるかを計算することができます。例えば，新人の人件費を500万円（年収）とし，チームの付加価値率（※）を50％，労働分配率を40％とした場合，500万円÷50％÷40％＝2,500万円と計算することができ，新たに2,500万円の売上増加が必要であるとわかります。

（※）付加価値は，売上高から商品の仕入原価や原材料費などの外部調達費を差し引いたもの，つまり企業がその経営資源を使って新たに生み出した価値のことです。そして，売上高に占める付加価値の割合を付加価値率といいます。付加価値率は，次の計算式で算出できます。

付加価値率＝付加価値÷売上高×100

(2)　収益性の分析指標

　収益性の分析では，組織がどれだけの利益を得ているかを分析します。
　収益性の分析で用いられる分析指標には，総資産利益率，売上高総利益率および売上原価率などがあります。

①総資産利益率（Return on Assets：ROA）

総資産は組織の経営資源を指し，総資産利益率は，経営資源を活用していかに効率的に利益を得ているかを分析する指標です。ここでの利益は，営業利益，経常利益または当期純利益のいずれで計算するかによって，総資産営業利益率，総資産経常利益率または総資産当期純利益率のいずれかとなります。例えば総資産当期純利益率は，当期純利益÷総資産×100で計算されます。総資本利益率は値が高いほど良好と評価されます。マネジャーが自ら担当する事業の成果を検証するにあたりこの経営指標を用いる場合には，マネジャーが管理する部署の資産（在庫や営業車両など）に対してどのくらいの営業利益が得られているかを検証します。

②自己資本利益率（Return on Equity：ROE）

自己資本利益率は，自己資本すなわち株主による資金を用いてどれだけ効率的に利益を得ているかを分析する指標です。自己資本が株主に帰属するものであることから，株主資本利益率と呼ばれることもあります。自己資本利益率は，当期純利益÷自己資本×100で計算され，値が高いほど自己資本から効率的に利益を得ているものと評価されます。

③投下資本利益率（Return on Invested Capital：ROIC）

投下資本利益率は，投資利益率とも呼ばれ，投資に対してどれだけの利益が得られたかという投下資本の効率を分析する指標です。投下資本利益率は，税引後営業利益÷投下資本×100で計算されます。投下資本には株主資本に有利子負債を加えたものが用いられます。

④売上高総利益率（粗利益率）

売上高総利益率は，粗利益率とも呼ばれ，売上高に占める売上総利益の割合を示します。売上総利益÷売上高×100で計算され，値が高いほど良好であるとされます。

売上総利益を営業利益として計算した場合には売上高営業利益率となり，経常利益であれば売上高経常利益率となります。

⑤売上原価率

売上原価率は，売上高に占める売上原価の割合であり，売上原価率が高いほど利益が圧迫されていることを示します。つまり，売上原価率は，売上原価÷売上高×100として計算され，この値が低いほど良好であると評価されます。

(3) 効率性の分析指標

効率性の分析では，組織がその資本や資産をいかに効率的に活用して売上高や利益を得ているかを分析します。

効率性の分析で用いられる分析指標には，総資本回転率，固定資産回転率および流動資産回転率などがあります。マネジャーが自ら担当する事業の成果を検証するにあたりこれらの経営指標を用いる場合には，マネジャーが管理する部署の資産（在庫や営業車両など）に対してどのくらいの回転率があるかを検証します。

①総資本回転率

総資本回転率は，総資本に占める売上高の割合をいい，回数で表されます。売上高÷総資本で計算され，総資本回転率は大きければ大きいほど効率が良いといえます。

②固定資産回転率

固定資産回転率は，固定資産が売上高として年に何回転するかという回数で表され，固定資産が有効に活用されて売上につながっているかを表します。計算式は，売上高÷固定資産であり，値が高いほど良好であると評価されます。

③流動資産回転率

流動資産回転率は，流動資産が売上高として年に何回転するかという回数で表され，流動資産が効率的に売上に結びついているかを表します。売上高÷流動資産として計算され，値が高いほど良好であると評価されます。

⑷　安全性の分析指標

　安全性の分析では，財務上の支払能力を分析します。

　安全性の分析で用いられる分析指標には，自己資本比率，負債比率，固定比率，流動比率，固定長期適合率などがあります。

①自己資本比率

　自己資本比率は，総資本に対する自己資本（純資産）の割合であり，経営の安定度合いを表します。これは，純資産÷総資本×100として計算され，値が高いほど良好であると評価できます。

②負債比率

　負債比率は，自己資本（純資産）に対する負債の割合であり，負債合計÷純資産×100で計算されます。負債比率は，低いほど良好であると評価されます。

③固定比率

　固定比率は，自己資本（純資産）に対する固定資産の割合であり，固定資産が返済を要しない純資産によってどれだけまかなえているか，つまり過剰投資がなされていないかを見ることができます。固定比率は，固定資産÷純資産×100で計算され，値が低いほど良好です。

　固定比率と似た指標として固定長期適合率があります。固定長期適合率は，長期資金（自己資本と固定負債の合計）によって固定資産がどれだけまかなえているかを表します。すなわち，固定資産÷（自己資本＋固定負債）×100で計算され，固定比率と同様に値が低いほど良好です。

④流動比率

　流動比率は，企業のキャッシュフローを表し，流動資産÷流動負債×100として計算されます。つまり，1年以内に返済すべき負債である流動負債が1年以内に現金化することができる流動資産によってどれだけまかなえてい

第
3
部

業務のマネジメント

るかを表しています。一般に，流動比率は，値が高いほど良好であり，100
％を超えていれば１年以内に信用不安を生じさせるリスクが低いといえます。

1-3 損益分岐点分析

(1) 損益分岐点の分析

損益分岐点は，売上高と総費用の額が等しく，利益も損失も発生しない水
準であり，売上高がこの水準を超えれば利益が発生し，下回れば損失が発生
します（第７章第２節２-４(2)「損益分岐点」参照）。損益分岐点の分析によ
り，事業やチームの損益状況を把握でき，また，目標とする収益を得るため
に必要な売上高の算定や，今後の利益計画の策定に有用です。

①損益分岐点比率
損益分岐点比率とは，実際の売上高に占める損益分岐点売上高の割合を見
る指標であり，次の計算式で表されます。

損益分岐点比率＝損益分岐点売上高÷実際の売上高×100

損益分岐点比率は，低いほど，実際の売上高の減少による赤字への影響が
小さいといえます。
例えば，損益分岐点売上高が450万円であり，実際の売上高が500万円で
ある場合，損益分岐点比率は，450万円÷500万円×100＝90％となります。
この場合，仮に売上高が10％減少したとしても収支はゼロであり赤字とは
なりません。損益分岐点比率が100％を超える場合，その事業は赤字である
ことを表します。

②安全余裕率
実際の売上高に占める「実際の売上高と損益分岐点売上高の差」の割合を
表すもので，次の計算式で表されます。

安全余裕率＝（実際の売上高－損益分岐点売上高）÷実際の売上高 × 100

第9章 成果の検証と問題発見およびその解決

①損益分岐点比率で示した例では，仮に売上高が10％減少したとしても収支はゼロであり赤字とはなりませんが，この10％が安全余裕率です。したがって，安全余裕率は，高ければ高いほど良い指標といえます。

損益分岐点に関する指標である「損益分岐点比率」および「安全余裕率」を確認することにより，損益計画において，売上がどの程度減少しても，利益の確保が可能かという，不況に対する抵抗力を知ることができます。

(2) 損益分岐点分析に基づく損益構造の改善

損益分岐点の分析を通じて損益構造を改善するには，①売上高を増加させる（販売数量を増やす，単価を上げる），②変動費を減少する，③固定費を減少するという3つの方法があります。

①売上高を増加させる

売上を増加させるには，販売数量を増やすか単価を上げる必要があります。

販売数量を増加させるには，営業の人員を増加したり複数の製品をセットで販売するなどの方法があります。

また，単価を上げることも，売上高を増加させるには有用です。しかし，安易に単価を上げると，競合企業との間の価格競争力が低下するおそれがある点に注意が必要です。

②変動費を減少させる

変動費は，原材料費等のように，売上に応じて増減する費用です。変動費

図表9-1 損益構造の改善

売上高の増加	販売数量の増加	・販売促進活動の強化 ・営業人員の増加 ・複数製品のセット販売等
	単価の引上げ	・販売価格の見直し ・新機能追加等
費用の削減	変動費の削減	・原材料費の削減 ・仕入価格の見直し等
	固定費の削減	・遊休設備の売却 ・ファイナンス・リースの活用等

を削減する方法として，製品の製造に必要な原材料にかかる費用を削減したり，製品等を外部から仕入れる場合に，取引先と交渉をしてその単価を引き下げたりすることが挙げられます。

しかし，変動費を削減した結果，製品の品質等が低下したために顧客の信用を損なっては本末転倒であり，この点に注意が必要です。

③固定費を減少させる

固定費は，売上に連動せずに必ず発生する費用です。前期の固定費と比較して極端に増加しているような場合には，その原因をしっかりと確認する必要があります。

固定費を削減する場合には，まずそもそもその固定費は本当に必要な費用か，固定費を変動費に移行できないかという視点で考えていきます。

まず，固定費の要否を確認するに際しては，例えば，減価償却費として計上されている固定資産のうち，売上に貢献していない機械を売却して固定費を削減することができます。

また，売上にかかわらず発生する固定費から売上に連動する変動費に切り替えることができれば，固定費の削減になります。

1-4 意思決定会計（費用構造（固定費・変動費）の分析と意思決定）

第7章2-4(2)②および本章1-3(2)②③で，固定費（売上高の増減にかかわらず発生する費用）と変動費（売上高の増減に伴って増減する費用）について解説しました。固定費・変動費の分析は，「取引先からの値引き要請に応じるか否か」や「製品の製造を外注（アウトソーシング）するか自社製造とするか」，「不採算事業からの撤退か存続か」といった意思決定にあたり不可欠です。

次の事例を基に，固定費・変動費の分析と意思決定について考えてみましょう。

- X社は，製品αの製造・販売業を営む会社である。
- 製品α1個当たりの販売価格は1,500円で，製品αの製造にかかる変動費は1個当たり800円である。
- X社は，年間20,000個の製品αを製造する生産能力を有しており，この生産能力を維持するために，年間8,000,000円の固定費が発生する。
- X社では，年間20,000個まで製品αを製造する生産能力を有しているが，前年度の需給実績等を勘案し，今年度は年間18,000個を製造することとした。

このような状況下，X社に，これまで取引のないY社から次のような打診を受けた。

今年度内に，製品αを，1,800個，1個当たり1,100円で納入して欲しい。

X社における製品αの生産能力は年間20,000個であるため，Y社の要望する1,800個の製品αを製造することは可能であることを前提に，この打診を受けるべき否かについては，次のA・Bの見解が考えられる。

A：製品αを1個生産する場合の変動費は，製品α1個当たり800円である。また，固定費は，年間8,000,000円だから，生産能力の上限である20,000個の製品αを製造したと仮定して計算すると，1個当たり400円となる。これを合計すると，製品αの1個当たりの原価は1,200円である。したがって，Y社に対し，製品αを1個当たり1,100円で販売すると，製品α1個当たり100円の損失が生じ，これを1,800個販売すれば，180,000円の損失を被るため，本件打診は，拒絶するべきである。

B：Y社に対して，製品αを1個当たり1,100円で販売すると，製品α1個当たり300円の利益が生じ，これを1,800個販売すれば，540,000円の利益が見込まれるので，本件打診は，引き受けるべきである。

では，X社における今年度の営業利益を増加させるという観点からは，AおよびBのいずれの見解が適切でしょうか。

固定費8,000,000円は，製品αを製造するための生産能力を維持するために常に発生する費用であり，製品αの製造量にかかわらず，また，Y社からの打診を受けるか否かにかかわらず発生する費用です。このような費用は，当該打診を受けるべきか否かの意思決定にあたっては考慮する必要はなく，

当該打診を受けた場合に増加する収益と費用を考慮することとなります。本事例の場合，打診を受けた場合に増加する収益（1,100円）から費用（800円）の差額の300円が増収となるため，Ｙ社からの打診を受ければ，現状よりも300円×1,800個＝540,000円利益が増加します。したがって，Ｘ社における今年度の営業利益を増加させるという観点から，Ｙ社からの打診を受けるべきであるとする見解Ｂが適切であると考えられます。

なお，意思決定に際しては，例えば，本事例におけるＹ社に対する値引きが他の取引先へ及ぼす影響など，様々な要素も含めて総合的に判断をする必要があります。

② 財務諸表の基本とその見方

財務諸表は，企業活動における企業の財産の状態やその変化を示したものです。財務諸表には，損益計算書，貸借対照表およびキャッシュフロー計算書があります。

マネジャーは，経営に関与する立場にある者として，自社の財務状況をみて，その経営状態を把握しておく必要があります。また，マネジャーは，取引先等の企業の財務状況を判断することが求められます（第4部第13章第5節「取引先の信用不安に関するリスク」参照）。そのためには，財務諸表の見方や経営指標の内容を理解しておくことが必要なのです。

また，マネジャーは，これらの財務諸表から導き出せる経営指標とその指標が表す内容を自ら担当する事業を検証し改善に役立てることができる（本章第1節「成果の検証」参照）など，多くの場面で活用することができます。

こうした観点から，財務諸表の見方や経営指標の内容を理解しておくことは，マネジャーによって大変重要な事項なのです。

2-1 貸借対照表(Balance Sheet, B/S)

貸借対照表は，ある一定の時点での企業の財政状況を明らかにしたもので

す。貸借対照表は，「B／S」と呼ばれることがありますが，これは貸借対照表の英語表記であるBalance Sheetからきています。

　貸借対照表により，企業の資金繰りや財務の安全性などを調べることができます。

　貸借対照表は，一般に，貸借対照表の左側に表示され資金の運用状態を示す「資産（総資産）」と，右側に表示され資金の調達源泉を示す「負債」および株主の出資金などを示す「純資産（資本）」から構成されます。また，負債と純資産（資本）をあわせて総資本といいます。

　資産の部は，流動資産，固定資産と繰延資産から構成されています。このうち，流動資産とは，現預金や売掛金，受取手形，棚卸資産など1年以内に現金化することができる資産をいい，固定資産とは，不動産や機械・設備など長期にわたり保有する資産をいいます。

　負債の部は，流動負債と固定負債から構成されています。流動負債とは，買掛金や短期の借入金など1年以内に支払わなければならない負債をいい，固定負債とは，社債や長期の借入金など1年を超えて支払わなければならない負債をいいます。

　純資産（資本）の部は，資本金，資本剰余金および利益剰余金から構成されています。

図表9-2　貸借対照表（B/S）の例（要約）

貸借対照表（B/S）

○○株式会社　　　　　　　　　　　20X2年3月31日　　　　　　　　（単位：百万円）

（資産の部）		（負債の部）	
Ⅰ　流動資産①		Ⅰ　流動負債④	
現金及び預金	100	仕入債務(g)	50
売上債権(a)	70	短期借入金(h)	20
棚卸資産(b)	30	その他(i)	40
その他(c)	10	流動負債合計	110
流動資産合計	210	Ⅱ　固定負債⑤	
Ⅱ　固定資産②		長期借入金(j)	40
有形固定資産(d)	100	退職給付引当金	20
無形固定資産(e)	10	固定負債合計	60
投資その他の資産(f)	20	負債合計	170
固定資産合計	130	（純資産の部）⑥	
Ⅲ　繰延資産③	0	Ⅰ　資本金(k)	20
		Ⅱ　資本剰余金(l)	0
		Ⅲ　利益剰余金(m)	150
		純資産合計	170
資産合計	340	負債・純資産合計	340

(注)①短期間で現金となる営業財産。具体的には，現金や預金，売上債権，有価証券，棚卸資産などをいう。
　　a　受取手形と売掛金を合わせたもの
　　b　商品・製品・半製品・原材料・仕掛品・貯蔵品
　　c　前渡金，前払費用など
　②長期にわたって営業に利用される営業財産
　　d　建物，機械・装置，土地など
　　e　営業権，特許権，借地権など
　　f　投資有価証券，関係会社株式，長期貸付金など
　③絶対に現金化できず，流動資産にも固定資産にも分類されない，会計上の資産。具体的には新株発行費，開業費など
　④短期間に現金で返済しなければならない債務
　　g　支払手形と買掛金を合わせたもの
　　h　1年以内に返済する借入金
　　i　未払金，未払法人税，賞与引当金など
　⑤長期間にわたって現金で返済される債務
　　j　1年以上にわたって返済する借入金
　⑥返済の必要がない資金のこと
　　k　株主が払い込んだ資金
　　l　資本準備金（＝会社法上積立てが必要な剰余金など）
　　m　利益準備金（＝会社法上積立てが必要な剰余金）や任意積立金（会社が利益を留保するときに任意で積み立てる金銭），繰越利益剰余金（＝前期の繰越利益＋当期純利益で配当原資となる）など

2-2 損益計算書(Profit and Loss Statement, P/L)

損益計算書は，ある一定の期間における企業の経営実績を表したものです。損益計算書は，英語でProfit and Loss Statementと表記され，「P／L」と呼ばれることがあります。

会計期間における企業活動の成果は，損益計算書では，内容別に分けて費用と収益を対応させています。具体的には，企業の売上（収益）と費用から，次の5つの利益の計算を行います。

①売上総利益

売上高から売上原価を差し引いた利益を売上総利益といいます。これは，「粗利」とも呼ばれます。売上原価とは，製造業の場合，販売した製品に対応した製造原価をいいます。期末に存在する製品在庫は，棚卸資産として扱われ，翌期以降に販売が行われた際に売上原価として費用化します。

②営業利益

売上総利益から，販売費及び一般管理費を差し引いた利益を営業利益といいます。営業利益は，企業における本業での儲けを表します。販売費及び一般管理費は，営業活動に伴う費用や，本社部門の給与，諸経費など，製品を販売するために支出したすべての費用がこれに含まれます。

③経常利益

営業利益から，本業以外で得た営業外利益（利息の受取りなど）や営業外費用（利息の支払いなど）を加減したものを経常利益といい，日常的な経営活動による儲けを示します。

④税引前当期純利益

税引前当期純利益とは，経常利益から本業とは直接関係しない臨時的に発生した利益（固定資産の売却益など）や損失（固定資産の売却損や災害による損失など）を加減したものを表します。

⑤当期純利益

税引前当期純利益から法人税等の納税を行った後の利益を当期純利益といいます。純利益もしくは当期利益とも呼ばれます。

損益計算書により，例えば，営業利益からは，その年度の本業による利益がわかります。また，経常利益からは，会社全体でどれだけの利益を得たかをみることができます。

図表9-3 損益計算書(P/L)の例(要約)

損益計算書(P/L)

○○株式会社
　　　自20X1年4月1日　至20X2年3月31日
　　　　　　　　　　　　　　　（単位：百万円）

Ⅰ	売上高		400	**販売費及び一般管理費の内訳**
Ⅱ	売上原価		250	人件費　　60
	売上総利益①		150	減価償却費　10
				その他　　30
Ⅲ	販売費及び一般管理費②		100	
	営業利益		50	**営業外利益の内訳**
Ⅳ	営業外収益	③	10	受取利息配当金　10
Ⅴ	営業外費用		5	
	経常利益		55	**営業外費用の内訳**
Ⅵ	特別利益	④	0	支払利息　　5
Ⅶ	特別損失		0	
	税引前当期純利益		55	
	法人税，住民税及び事業税		22	
	当期純利益⑤		33	

(注)①売上高から売上原価という費用を引いたもの
②商品の販売や管理業務で発生した費用。具体的には，給与などの人件費，減価償却費，家賃，交際費，通信費など
③主として財務活動により発生した収益・費用のこと。具体的には，収益として受取利息，配当金などが，費用としては支払利息や手形の割引料などがある
④本業やそれに関連する財務活動のように，毎期経常的に発生するものではない，臨時に発生する収益や費用のこと。具体的には，投資有価証券売却益・同売却損，土地などの固定資産売却益・同売却損などがある
⑤税引前当期純利益から法人税，住民税及び事業税を差し引いたもの。会社の最終利益

2-3 キャッシュフロー計算書（Cash Flow Statement, C/F）

　キャッシュフロー計算書は，ある一定の期間における資金の流れ（収入と支出）を明らかにするものです。キャッシュフロー計算書は，英語のCash Flowを略して「C/F」と表記されることがあります。

　企業は，たとえ損益計算書上，営業利益や経常利益が上がっているように見えても，手元に現金がなく，取引先への支払いが現実に滞れば倒産してしまいます。このように帳簿上は利益が上がっているのに現金がないために倒産に追い込まれることは，一般に「黒字倒産」などと呼ばれます。キャッシュフロー計算書を確認することにより，企業における収入と支出の流れを把握することができ，企業の支払い能力などを調べることができます。

　キャッシュフロー計算書は，主に，①営業活動によるキャッシュフロー，②投資活動によるキャッシュフロー，③財務活動によるキャッシュフローという3つの項目で構成されています。

図表9-4　キャッシュフロー計算書（C/F）の例（要約）

キャッシュフロー計算書（C/F）

○○株式会社

自20X1年4月1日　　至20X2年3月31日

（単位：百万円）

Ⅰ　営業活動によるキャッシュフロー	
営業収入	1,500
商品の仕入その他の営業支出	△500
小計	1,000
Ⅱ　投資活動によるキャッシュフロー	
有価証券の取得による支出	△20,000
小計	△20,000
Ⅲ　財務活動によるキャッシュフロー	
短期借入れによる収入	10,000
長期借入れによる収入	10,000
小計	20,000

①営業活動によるキャッシュフロー

企業の本業にあたる活動による資金の流れを記します。例えば、メーカーが製品を卸売会社に卸した場合に回収した製品の代金や減価償却費などは、営業活動によるキャッシュフローが増加する要因となります。これに対して、製品を製造するために部材を仕入れた場合における支払った部材の代金や、事業所の家賃・光熱費などは、キャッシュフローが減少する要因です。

また、営業活動によるキャッシュフローの項目には、②投資活動によるキャッシュフローと③財務活動によるキャッシュフローには該当しないようなキャッシュフロー、例えば、災害等により什器備品が破損したことにより受けた保険金や、訴訟等の結果賠償することとなった損害賠償金の支払いなども記載されます。

②投資活動によるキャッシュフロー

企業の将来収益の獲得や資金運用に関する資金の流れを記します。新製品の開発のための設備投資への支出や保有する有価証券を売却して得た資金などが投資活動によるキャッシュフローに該当します。

③財務活動によるキャッシュフロー

企業の資金調達等による資金の流れを記します。例えば、新株を発行したり自己株式を売却して営業資金を調達した場合の資金の増加や、株主への剰余金（配当金）の支払いによる資金の減少などです。

　安定性の高い企業の場合、営業キャッシュフローで増加したキャッシュを、債務の返済などに充てるため、①営業活動によるキャッシュフローはプラス、②投資活動によるキャッシュフローと③財務活動によるキャッシュフローはマイナスになる傾向があります。

③ 非財務情報とその開示の重要性

前節で解説した財務諸表は，企業経営において，例えば次のように活用されます。

- 経営状況の把握とその改善

  自社の財政状態や経営成績を定量的に把握できる。これを分析することで，自社の経営上の問題点や課題を洗い出し，解決策を講ずるなど経営改善に役立てることができる。
- 事業（出資や融資，取引）の拡大

  例えば，投資家は投資の対象とするか否かの判断，金融機関は融資の可否の判断に際し，財務諸表の内容を重視する。

ただし，財務諸表に示される情報は，企業が過去に実施した事業活動の結果を示すものであるため，財務諸表に示される情報だけでは，「当該企業は，今後持続的に成長・発展できるのか，今後新規の価値を創造することができるのか」など，将来にわたって存続し成長できる力を有しているか否かを判断するために必要な情報が必ずしも十分に示されていないとも考えられます。このように，財務情報（財務諸表に示される情報）のみでは企業の成長性や，経営の安定性と密接に関連する潜在的リスク等の把握が困難であることから，潜在的な価値を含めた本来の企業価値を適正に評価するために，財務情報に加えて非財務情報を把握しこれらを総合的に開示することが，国際社会や資本市場から要請される例が増加しています。

国際社会・資本市場等からの非財務情報の開示要請等の例
- 金融安定理事会（FSB）「気候関連財務情報開示タスクフォース（Task Force on Climate-related Financial Disclosures）」によるTCFD 提言に基づく気候関連の情報開示
- 国際サステナビリティ基準審議会（ISSB）による「サステナビリティ関連財務情報開示における全般的要求事項」・「気候関連開示」

- 日本政府による「人的資本可視化指針」
- 「コーポレートガバナンス・コード」（2021年改訂版）：「人的資本」と「知的財産への投資等」の開示の要請
- 金融庁「投資家と企業の対話ガイドライン（改訂版）」　　　　など

　こうした観点から，企業として，自社の有する非財務情報を把握することが重要となります。非財務情報は，第7章4-4で掲げた「人的資本」，「知的資本」，「社会・関係資本」，「製造資本」，「自然資本」という，「非財務資本」のいずれかに分類される経営・事業に関する情報と考えることができます。

　自社の経営資本として，財務資本だけでなく自社の独自の強みである非財務資本の両方の統合的な観点を備えた情報を社内外に開示することは，自社の価値創造について，従業員や取引先，消費者，投資家や金融機関からの理解を得るための有効なコミュニケーションの機会となります。

4 問題発見・問題解決のための考え方

4-1 マネジャーに求められる問題発見とその解決

　業務の問題解決のためには，当然のことですが，問題を発見できなければなりません。「asking the right questions（マネジャーは真に解決すべき問題が何かを常に問い続けなければならない）」という言葉を第1部「マネジャーの役割と心構え」で紹介しましたが，ビジネスにおいては，「the right questions」を発見することができれば何らかの解決方法が見つかるものです。マネジャーは，日常業務を行うに際して常に「the right questions」を探し求めることが必要です。

第9章
成果の検証と問題発見
およびその解決

(1)　マネジャーが認識すべき「問題」

　マネジャーが認識すべき「問題」とは，チームやその業務の「現在の状況」と「本来あるべき姿・目標」との間のギャップやズレをいいます。

　顧客からのクレームや職場での労働災害など，現に対処を迫られている問題については，緊急時におけるリスクマネジメントの対象として，マネジャーによる迅速な対応が求められます。マネジャーは，現に生じた問題に対処するだけでなく，これらの緊急事態を発生させる根本原因を突き止めて改善していかなければなりません。緊急事態を発生させてしまうチームの「現在の状況」と「本来あるべき姿・目標」とのギャップを，解決していくべき「問題」と捉えることがマネジャーに求められる「問題発見」なのです。問題発見の対象となる「問題」には，例えば次に示すように，様々なものが考えられます。

- チームで製造している製品の不良品発生率が7％であるが，上司から指示されている不良品発生の許容率は3％である。この場合における不良品発生率7％と許容率3％とのギャップ
- 経費の精算に必要な書類の締め切りを守らない従業員がいる。この場合における締め切りが守られない状況と守られる状況とのギャップ
- 毎月の売上目標の達成率が90％程度にとどまる状況が続いている。この場合における売上実績と売上目標とのギャップ
- 月間残業時間数が60時間を超える従業員がおり，法定上限である45時間が守られていない。この場合における超過残業時間と法定上限とのギャップ

　問題解決は，問題を発見することから始まります。

　顧客（ユーザー）などから発生したクレームは問題を発見する手がかりとなりますが，自ら問題を発見するためには，まず，顧客（ユーザー）など相手の立場に立って検討してみることが肝要です。

　自分の感覚に素直になると，例えば自分が購入した商品について，なぜこんなに高価なのか，もっと使いやすくできないのかといった問題点が自然と浮かんでくるはずです。自分で不満に感じたことは，他の人が不満に感じてもおかしくありません。

　顧客（ユーザー）の立場に立ち，想像力をもって，事実を客観的に観察することにより，問題点を発見することが可能となります。

　クレームに対しても，その場限りの対応に終始するのではなく，原因を徹底的に究明することにより，根底にあるより大きな問題点を発見できる可能性が高まります。

(2) 問題発見の具体的方法

①異なる視点による問題発見

　マネジャーは，同じチームで同様の業務を繰り返し行っていると，本来は問題として認識すべきであるにもかかわらず，それに気づかないことがあります。いわば「慣れ」が生じている状態ですが，このような現象は心理学で「馴化」として知られています。馴化とは，くり返し受ける刺激に対して反応が鈍化していく現象を指します。馴化に対して，刺激に変化を与えることによって敏感な反応を取り戻すことを「脱馴化」といいます。

　マネジャーは，時に普段とは違う見方でチームや業務を見たり，新たにチームに配属になった部下などから率直にチームの印象や業務の進め方への感想を聞いたりすることなどによって，業務に習熟した部下では気づかない問題を発見することができる可能性があります。そのような機会を持てない場合には，チームの普段の仕事ぶりをビデオなどに撮影してチームとして見直すといった方法も有用です。普段仕事をしている職場であっても，動画とし

て観ると，自ずから異なる視点で捉えることが可能となります。

したがって，マネジャーは，常に「何か解決すべき問題はないか」という視点でチームや業務を見る必要があります。

②比較による問題発見

チームとして目指すべき成果（例えば，売上ノルマや有給休暇取得率）の達成状況などを数値として把握している場合には，その数値を様々な角度から比較することによって問題を発見することができます。

最もわかりやすいのは，前年度実績との比較です。前年同時期の実績と現在の実績とを比較することによって問題を発見することができます。売上実績が前年同時期と比較して10％減少している場合には対処すべき問題が発生していると見るべきです。

また，他のチームと共通の事項については，他のチームの状況と比較する

ことによっても問題を発見することができます。チームとしての残業時間や有給休暇取得率などを他のチームと比較することによって，自分のチームとして取り組むべき問題が見えてくることがあります。

COLUMN　**生産現場における問題発見・分析に用いられる「4M」**

　生産現場における製品の品質を決定する要素として，人（Man），機械（Machine），材料（Material）および方法（Method）が挙げられ，製品の品質に何らかの不具合が生じた場合などに，問題の所在を発見するためにこれら4つの要素について検証されることがあります。この4要素を検証することで漏れと重複のない検証が可能となります。それぞれの頭文字をとって「問題発見の4M」と呼ばれることがあります。

- 人（Man）では，担当者や作業者に何らかの問題がないかを検討します。
- 機械（Machine）では，業務に使用する機械や設備の問題を検討します。
- 材料（Material）は，原材料の問題ですが，判断材料となった情報や資料もこれに当たります。
- 方法（Method）は，業務の方法や段取りを指します。

　製造業で使われることがある4Mですが，製造業以外であっても同様に問題発見に役立てることができます。どのようなチームであっても，組織に貢献するために何らかのアウトプットが求められている点は同じだからです。

---

(3)　業務効率化と生産性の向上

　問題発見とその解決は，現在行っている業務を見直して「あるべき姿」とのギャップを見いだすこと，そのようにして発見した問題の解決を通じて業務の進め方やチームをあるべき姿に近づけることです。これは，言葉を換えれば「業務効率化」や「業務改善」，「生産性向上」のための活動です。マネジャーは，日々のマネジメントにおいて従来の業務を効率化してチームメンバーの業務負荷やコストを削減し，そこで生じた時間や金銭等の余裕を活用して新たな付加価値を生み出すようにマネジメントをします。このような活動を継続していくことによって，組織は競争力を高めて成長していくことが

できます。

　業務効率化は，従来行っている業務の「ムリ」，「ムダ」，「ムラ」をなくして，同じ結果を得るために必要な時間やコストを削減していくことをいいます。これに対して生産性の向上は，単なる時間やコストの削減にとどまらず，同じチームでより多くの付加価値を生み出していけるようにすることです。日本の人口構造が少子化の一途をたどり，労働可能人口が低減していく中で組織が生き残り成長していくためにはチームの生産性を向上させることが不可欠です。

　マネジャーが，チームの業務効率化や生産性向上に取り組むにあたっては，チーム全体としての全体最適を常に意識する必要があります。特定のチームメンバーの業務負荷を下げるために他のチームメンバーの負荷を高める結果となったり，自分のチームの業務効率化のために他のチームに大きな負担がかかるようになっては組織全体の業務効率化を妨げることとなります。

4-2 問題解決の基本的な考え方——問題解決の７ステップ

　発見した「問題」を解決するために有用な考え方が「問題解決の７ステップ」です。問題解決の７ステップは，次の７つのステップをそれぞれ順を追って実行することによって問題を解決する手法です。

＜問題解決の７ステップ＞

ステップ１	問題を明確化するための現状把握
ステップ２	真の原因の探究
ステップ３	改善目標の設定
ステップ４	改善計画の立案
ステップ５	改善計画の実施
ステップ６	効果の確認
ステップ７	成果の定着化

　上記の７つのステップを順を追って実行することによって，客観的な事実を検証して把握した真の原因に基づいて対策を講じることが可能となります。また，改善計画を部下などのチームメンバーに実施させるにあたって，「この計画を実施して何を目指すのか（目標）」，「その目標を設定したのはなぜ

か」,「いかなるデータに基づいて問題を明確化したのか」を論理的に説明することができます。メンバーは納得感をもって問題の解決に取り組むことができることから，より成果を上げやすい方法であるといえます。

(1) ステップ1——問題を明確化するための現状把握

問題解決のためには，まず「本来あるべき姿・目標」と「現状」とのギャップとして認識されている問題を，客観的なデータを踏まえて明確化します。本来の姿・目標と現状とのギャップという結果をもたらしている要因を見つけ出し，数値・データとして把握するステップです。問題を生じさせている要因は，複数であることもあります。次の真の原因を探究するステップで問題の根本原因に迫るためにも，この現状把握のステップにおいて，問題の原因となり得る要因は極力洗い出しておく必要があります。

①三現主義に基づく現状把握

問題を明確化するための現状把握の手法の1つに，三現主義があります。三現主義は，「現場」，「現物」および「現実」を重視することにより的確な問題解決を図ろうとするものです。すなわち，問題が起こっている現場にマネジャー自身が実際に赴き，問題となっている現物を手に取るなどして，現実を実際に確認します。

＜三現主義＞

現場	問題を生じている現場に赴くこと
現物	問題が生じている物を実際に確認すること
現実	生じた事実をありのままに確認すること

三現主義に従って問題を把握・検証することで，例えば，同様の事象が生じた場合でも，各々の原因が全く異なることを発見することができます。そして，原因が違えば問題の大きさや影響範囲，影響度も変わるため，対処の仕方も異なり，的外れな解決策を講じるのを防止することができます。さらに，三現主義を実践すると，現場の責任者や担当者が，経営や技術の向上・改善に対する参画意識を持つことにつながるだけでなく，現場責任者や担当

者が問題を能動的に解決する能力を向上させられるという効果も期待できます。

②数値・データによる現状把握

　問題の要因は，できるだけ数値・データとして捉えるべきです。「何となく新規受注が落ち込んでいる」や「客数が減少している気がする」といった感覚を持つことは大切ですが，それで留めるだけでは十分とはいえません。例えば，ある期間ごとの客数を継続的に計測してその推移を把握できるようにするなど，誰が見ても問題とわかるように客観的な数値・データとして現状を把握することが必要です。これには相応の手間がかかりますが，このように数値・データを収集し整理しておくことで，問題が解決したか否かを評価することができるという利点があるほか，実際に問題解決にあたる部下が自ら問題の存在に納得することで真摯に問題解決に取り組むこととなり，問題解決を達成する可能性が高まります。

COLUMN　　**問題発見のきっかけ**

　整理整頓ができていないところには，問題が山積している可能性が高いといわれます。整理整頓とは，必要なものと不必要なものを区分した上で，必要なものだけを順序立てて並べることにより，誰でも必要なときにすぐに取り出せるようにすることです。

　例えば，事務机の上に書類が積まれているような場合，処理済みの案件と未処理の案件が混在していたり，未処理の案件の処理が遅れていたりする可能性があります。処理の遅れは，以後の工程に影響を与え，大きな問題に発展することもあります。また，データの管理も同様です。整理整頓されていれば，消失や漏洩のリスクも小さくなります。このことは作業の現場でも同様で，必要な道具が指定の場所に配置されていれば，作業はスムーズに進みますし，事故などの重大な問題も発生しにくくなります。

　整理整頓のできていない部分に注意を払うことにより，問題を見出す糸口とすることができるといえます。

⑵ ステップ2──真の原因の探究

　三現主義に基づいて問題の原因となり得る要因を客観的なデータとともに把握した後は，それらの要因の中から真の原因を探っていきます。真の原因とは，その問題を発生させている根本的な原因であって，これを解決すれば問題が発生しなくなるものをいいます。問題解決という効果を期待する以上，ステップ1で把握した多くの要因の中から真の原因を探究することが不可欠です。

①要因の整理
　このステップ2では，まずロジックツリーのうち原因の探究に用いるWHYツリーなどを用いて，ステップ1で挙げられた要因の論理関係を整理します。例えば，「クレームが前年同期比で10％増えている」という問題について，次の要因が挙げられたとします。

---

　a．商品不良の発生率が5％増加している。
　b．クレームへの第一次対応の失敗による二次クレームが30％ある。
　c．クレーム対応に習熟していない者がいる。
　d．生産ラインに必要な作業者数が不足している。

　これらを整理すると，まずは商品自体の不具合が原因のクレームと，クレーム対応自体の不具合に大きく分けられ，「a．商品不良の発生率が5％増加している」と「d．生産ラインに必要な作業者数が不足している」，「b．クレームへの第一次対応の失敗による二次クレームが30％ある」と「c．クレーム対応に習熟していない者がいる」とは，原因と結果の関係にありそうだとわかります。
　ここで漏れなく重複なく原因となり得る要因が挙げられているか（MECE）を念のため確認します。MECEとなっているかを確認するためのフレームワークとしては，前述した問題発見の4M（人：Man，機械：Machine，材料：Material，方法：Method）や，QCD（品質：Quality，費用：Cost，納期：Delivery）が有用です。もし，漏れがあった場合には，ステップ1に戻

って現状把握をやり直します。

②WHY（なぜ）の繰り返しによる原因の掘り下げ

このように問題の原因となり得る要因を整理できたら，それぞれについて
さらに「WHY（なぜ）」を繰り返して原因を深く掘り下げていきます。
WHYを繰り返すときに注意しなければならないのは，問題が発生している
現場，現物および現実からかけ離れた要因を挙げないことです。例えば，ク
レームの増加という問題に対してWHYを繰り返した結果，「些細な不具合
にもクレームをつける人が増えている」や，「適切なクレーム対応ができな
い者を採用してしまう採用基準がおかしい」といった要因を挙げても意味が
ありません。真の原因を探究する際にも三現主義を徹底します。

③真の原因の特定

WHYを繰り返して限界まで要因を掘り下げた後は，真の原因を特定しま
す。真の原因の特定は，その要因に対策を講じることによって問題が発生し
なくなるかという観点で判断します。この判断には，業務経験や勘もある程
度必要となりますので，マネジャーを中心としてチーム全体で分析し判断す
る必要があります。ここで注意しなければならないのは，真の原因の特定に
時間をかけず，「とにかくできるところから始めてみよう」と取り組みやす
いことから始めるべきではないということです。真の原因を解決しなければ，
どのような対策を講じようと問題は再発します。したがって，真の原因か否
かを真剣に考えることなく，単にやりやすいことから取り組むことは避ける
べきです。

(3) ステップ3──改善目標の設定

ステップ3では，ステップ2で特定した問題に対する真の原因への対策を
講じることによって目指すべき目標を設定します。問題解決のための目標で
すから，「あるべき姿・目標」と「現状」とのギャップを埋めることが目標
となりますが，マネジャーとしては，それに留まらず，さらに高い目標を掲
げることが望ましいといえます。

改善目標は，真の原因としてステップ2で特定し整理した具体的な要因に対して設定します。そうすることで目標達成のために必要な対策を立てやすくなります。例えば，前述した「クレームが前年同期比で10％増えている」という問題の真の原因を「クレーム対応に習熟していない者がいる」ことであると特定した場合，改善目標は「二次クレーム発生率が全クレーム中30％である現状をゼロにする」などと設定します。

　また，第8章第3節「業績目標の設定」でも説明したとおり，改善目標についても，目標項目とともに達成すべき目標値を設定します。つまり，「クレームを減らす」や「売上を伸ばす」といった目標項目に対して，「クレー

COLUMN　KGIとKPI

　業務目標として数値化されている項目（利益率，客単価，リードタイムなど）については，改善項目も数値として設定することが容易ですが，目標項目によっては目標値を設定することが難しいものもあります。例えば，「チームメンバーのクレーム対応習熟度を上げる」という目標項目については，一般に数値目標を設定しにくいといえるでしょう。このように，一見すると定性的な事項を定量的に捉える場合に用いられるのがKGIとKPIです。

　KGIは，Key Goal Indicatorsの略であり，「重要目標達成指標」を意味します。目標達成したと評価できる基準や達成度を数値（指標）として設定するものです。クレームの習熟度については，例えば，「二次クレームの発生率を80％削減」などがKGIに当たります。

　これに対してKPIは，Key Performance Indicatorsであり，「重要業績評価指標」と訳されます。KGIを達成するためのプロセスごとに，その実行の度合いを数値（指標）として把握するために設定します。「二次クレームの発生率を80％削減」するための取り組みとして，クレーム対応マニュアルを作成・周知する場合，KPIには，クレーム対応研修の実施回数や出席率，マニュアル理解度テストの実施回数や合格率などが挙げられます。

　マネジャーは，改善目標の設定とその達成への取り組みとして，KGI・KPIを意識し，常に数値・指標として達成度を測ることによって，目標達成の可能性を高められるといえます。

ムをゼロにする」や「売上を前年対比で10％増やす」といったように，数値として設定します。改善目標の設定では，目標値に加えて期限を決めます。期限のない取り組みは後回しになりやすく，また，問題発生から長期間が経過すると状況が変化するため，その原因となる要因にも変化が生じ，改めて現状把握をやり直さなければならないことにもなります。したがって，現実的な範囲でなるべく早い時期に期限を設定することが望ましいといえます。

⑷　ステップ4——改善計画の立案

次のステップは，改善目標を達成するための改善計画の立案です。問題の真の原因は特定されていますので，その原因を解消するための対応策をできるだけ多く考えます。

対応策を考える際には，チームメンバー全員を集めてミーティングを開催し，ブレーンストーミングの方法を用いてもよいでしょう。その際，ロジックツリーのうち，方法の探求に用いるHOWツリーなどのフレームワーク・ツールを用いると，効率よく探し出せます。

対応策の洗い出しが済んだら，実際に取り組むべき対応策を絞り込みます。問題の解決を目指して真の原因を解消するために有効な対応策を選択する必

COLUMN　問題解決策には優先順位をつける

発見された問題に対する解決策は，1つではなく，複数存在するのが一般です。その場合，解決策に優先順位をつけ，優先順位の高い解決策から実行していくことになります。その際の重要な視点の1つは，実現可能性が高いかということです。

問題を解決するにあたっては，時間や費用など制約された条件の下で，人材，物や情報など限られた資源をフル活用するほかありません。その上で，成果が大きく，かつリスクの小さい解決策を実行していくことになります。

その点からも，マネジャー自身が自ら実施することのできる対策から優先的に実行していくことが大切です。

要があります。その際に，真の原因解消にとって有効であることと並んで重要なのがコストです。いかに有効であっても，コストがかかりすぎて予算の範囲内で実行できない対応策を選択することは，通常は困難です。実現可能な範囲で最も有効であると考えられる対応策を選択するようにします。

　対応策が選択できたら，その優先順位，担当者，期限を決めるとともに，その進捗を確認することができるようKPIを設定することが望ましいです。

⑸　ステップ5──改善計画の実施

　改善計画が整ったら，着実に実施していきます。

　マネジャーとしては，改善計画立案の際に設定したKPIなどのプロセス指標が達成できているかを確認し，また，定期的に進捗状況を確認するための会議を設定して，メンバー相互の情報共有に努めます。

　改善計画を実施する中で，効果が実感できなかったり，結果がすぐに表れない場合もあります。しかし，ビジネスで生じる問題は，複数の要因が複雑に関係していることがあり，いくつかの要因について対応策を講じたとしてもすぐに結果が出るとは限りません。したがって，まずは改善計画で立案した対応策をすべて最後まで実施することが重要となります。

(6)　ステップ6——効果の確認

　改善計画であらかじめ定めた期間まで対応策の実施を継続したら，その効果を確認します。対応策の効果については，目標値を満たしているか否かで測ります。結果として目標に達していた場合であっても，それが対応策を講じた結果として生じているか否かを確認しなければなりません。なぜなら，対応策を講じた結果として目標を達成したのでなければ，問題が再発する可能性があるからです。

　なお，ここで実施した対応策の効果が確認できなかった場合には，ステップ1からやり直すこととなります。万が一，問題解決のステップを再び踏む場合には，チームメンバーのモチベーション維持に留意するべきでしょう。失敗を認め同じことをやり直すことは，誰にとっても嫌なものです。マネジャーとして，部下のモチベーションを維持しリーダーシップを発揮して問題解決に取り組むことが求められます。

(7)　ステップ7──成果の定着化

　問題解決の最後の重要なステップが成果の定着化です。

　問題の真の原因に対して有効な対応策を実施することによって問題の真の原因を解消できたときは，二度と問題が再発しないように，従来の業務の進め方や作業標準を見直します。例えば，問題が再発しない作業方法を策定し，その作業方法をマニュアル化します。これにより，新しい作業方法を周知徹底しやすくなります。そして，チーム全体で新しい作業方法の訓練を実施します。新しい作業方法は，慣れ親しんだ従来の方法を変えるものであるため訓練をしなければ，実施を徹底することは困難であることが予想されます。最後に，新しい作業方法が維持されているかをチームの現場を見て確認します。チームの現場を実際に見て，新たな作業方法の実施により必然的かつ継続的に今まで以上の効果が得られることを確認することができてはじめて，改善策がチーム全体に定着したといえます。

第 10 章

経営にかかわる
基礎知識

　マネジャーは，どのような業務を担当する者であっても経営にかかわる基本的な事項を理解しておく必要があります。いかなる部門のマネジャーでも理解しておくべき経営にかかわる知識としては，マーケティングに関する知識，イノベーションに関する知識が挙げられます。

　マーケティングやイノベーションの知識は，経営企画部門，商品開発部門や営業部門には必須の知識です。しかし，たとえこれらの部門以外の管理部門や製造現場，店舗などのマネジメントに携わるマネジャーであっても，自己の組織の製品やサービスがどのような考え方に基づいて顧客に提供されているかといったマーケティングの基礎を知らずに仕事を行うべきではありません。また，マネジャーは，経営を担う者の1人として，次世代の組織を支える新たな事業・製品・サービスを生み出すべき立場にあり，その責務を負うはずです。さらに，自己の組織の財務状況を把握しておくことはマネジャーに必須であるといえます。

　以上より，ここでは，マネジャーとして必ず押さえておかなければならない経営にかかわる基礎知識を学びます。

1 マーケティングの基礎

1-1 マーケティングとは

マーケティング（Marketing）とはどのような活動を指すのでしょうか。

フィリップ・コトラーによれば，マーケティングとは，製品を創造し他者と交換することによって，個人や団体が必要なものや欲しいものを手に入れるために利用する社会上・経営上のプロセスであるとされています。

1-2 消費者の購買意思決定プロセス

マーケティングを行うにあたり，消費者の行動を理解することが有用です。消費者が購買に至るプロセスを理解することにより，各プロセスで検討するべき施策を明確にすることができます。

コトラーは，消費者が購買に至るまでの購買意思決定のプロセスを次のように説明しています。

①問題認識

購買プロセスは，不足感や不満，不自由さといった問題やニーズを消費者が認識した時から始まります。問題認識は，例えば，空腹や渇きなど内部の刺激，広告や羨望など外部の刺激によって引き起こされます。マーケティングの実施にあたっては，消費者の問題認識やニーズは，どのような状況で生じるのかを把握することが重要です。

②情報探索

消費者は，問題やニーズを認識した場合，その問題解決のための情報探索を行います。その情報源として，家族，友人等の「個人的情報源」，広告，Webサイト等の「商業的情報源」，マスメディア，消費者団体等の「公共的情報源」，製品の操作，使用等の「経験的情報源」が挙げられます。マーケ

ティングの実施にあたっては，消費者が頼りにする情報源と，各情報源が購買決定にもたらす相対的な影響力に注意を払うことが重要です。

③代替品の評価

情報探索により得た代替可能な複数の選択肢を比較検討し，評価を行います。評価プロセスを理解するにあたり，次のような概念の検討が有用と考えられます。

---

1. 消費者はニーズを満足させようとしている。
2. 消費者は製品に一定のベネフィット（製品から得られる利益）を求めている。
3. 消費者は製品を属性の束（ニーズを満たすベネフィットを提供する多様な能力を備えるもの）とみなしている。

マーケティングの実施にあたっては，ターゲットとする消費者が製品のどの属性を重要視しているかを把握することが大切です。

④購買決定

消費者が評価を定めた後でも，購買の決定に至るまでに，「知覚リスク」の影響を受けて購買決定を変更したり延期します。購買・消費に際し，消費者が知覚するリスクには次のようなものがあります。

ⅰ）機能的リスク：製品が期待通りに機能しない
ⅱ）身体的リスク：製品の使用により身体的健康に害を及ぼす
ⅲ）金銭的リスク：製品が支払った代価に見合わない　　　　　　　　　等

マーケティングの実施にあたっては，ターゲットとする消費者がどのようなリスクを重く受け止めているかを理解し，情報やサポートを提供する等の方法で消費者の知覚リスクを軽減することが重要です。

⑤購買後の行動

消費者は，購買後，そのニーズを満たすために製品を使用する過程で，その購買が適切な選択ではなかったのではないかという疑問（バイヤーズリモース）を抱いた場合，自己の選択を肯定・支持する情報に敏感になる可能性

があります。マーケティングは，消費者による購買で終わりではなく，購入お礼状の送付やアフターフォロー等，種々のアプローチを用い，消費者の選択の正しさを裏付ける情報や評価を提供し，消費者が満足できるよう努める必要があります。

　なお，コトラーは，消費者が製品を購入するに際し，必ずしも上記の5つのプロセスのすべてを経るわけではなく，これらのプロセスのうち，いずれかを省略することもあれば，異なる順序をたどることもあるとしています。しかし，これらのプロセスは，消費者が新たな購買をすることについて関心が高い場合の心の動きをカバーしているため参考になるとしています。

1-3 マーケティング・プロセス（Marketing Process）

　次に示すようなマーケティングの手順をマーケティング・プロセス（marketing process）といいます。

図表10-1　マーケティング・プロセス

❶環境分析
　マーケティング環境を分析して，自社の強みを生かせる市場はないかを探します。
❷市場の細分化（セグメンテーション）と絞込み（ターゲティング）
　①で見つけた市場におけるニーズを分析し，ニーズによって市場を分類します。このように分類した市場のニーズに対して，自社の強みが活かせるセグメント（ニーズのかたまり）を選択します。
❸ポジショニング
　②で絞り込んだセグメントの顧客に自社が提供できる価値を定義します。自社製品が競合他社の製品より優位であると認められる価値を定義します。
❹マーケティング・ミックス（マーケティングの4P）
　③で定義した価値を②で絞り込んだセグメントの顧客に伝えるため，製品（Product），価格（Price），流通経路（Place），販売戦略（Promotion）の施策を組み合わせます。
❺マーケティングの実行と検証
　①〜④で定めた計画を実行し，実行結果を検証・分析します。

①環境分析

マーケティングは，自社が置かれている環境（マーケティング環境）の分析から開始します。

マーケティング環境の分析には，第7章第3節で述べた様々なフレームワークを活用することが有用です。マーケティング環境とは，マーケティング活動に影響を及ぼす事象をいい，自社の外側と内側とに区別して外部環境と内部環境に分類することができます。外部環境は，例えば，政治・社会・経済の情勢を指します。第1部で紹介した人口構成の変化などは，この外部環境に当たります。また，競合他社や取引先・協力企業の状況，消費者の嗜好なども外部環境です。これらに対し，内部環境とは，自社の状況，すなわち，自社の強みや弱みがどこにあるかなどを分析するものです。

環境分析においては，自社のマーケティング目標もあわせて検討します。環境を分析する場面で，自社が何を目指すのかをあわせて考えることは重要です。マーケティング目標としては，売上利益，市場シェア，顧客満足度などを検討します。

②市場の細分化（セグメンテーション）と絞込み（ターゲティング）

次に，市場の顧客をグループ分けします。マーケティングにおいては，市場を構成する顧客は，それぞれ異なるニーズを持っているものと仮定されます。セグメンテーションとは，このような顧客のニーズをある程度のかたま

COLUMN　経済学とマーケティングでの「市場」の捉え方の違い

経済学とマーケティングとでは，市場の捉え方が異なります。

経済学においては，現実に行われている売買を対象にしますが，マーケティングでは将来の購買可能性も考慮します。

経済学においては，市場は，需要と供給，すなわち買い手と売り手により形成されると考えます。これに対し，マーケティングにおいては，売り手を含まず，買い手のみで構成されるものと考えます。

りごとにグループ分けをすることをいい，ニーズのかたまりを「セグメント」といいます。

そして，その次に，セグメントのうち，自社が優位な地位を維持できそうな標的市場を選定します。これをターゲティングといいます。

③ポジショニング

セグメントから標的とする市場を選定した後は，その市場における競合企業に対する優位性を確保するために，自社製品の位置づけを明確にします。すなわち，ポジショニングは，ターゲットとする市場の顧客に対して，自社の強みを生かし，自社の製品やサービスの優位な点を明確に位置づけます。

④マーケティング・ミックス（マーケティングの４Ｐ）

マーケティングの４Ｐといわれる製品（Product），価格（Price），流通経路（Place），販売戦略（Promotion）において具体的に戦略を練ります。これをマーケティング・ミックスといいます。マーケティング・ミックスについては，次の1-4で説明します。

⑤マーケティングの実行と検証

マーケティングを実行します。チーム・メンバーなどに必要な業務を分担し，予算と期限を設定して計画を実行します。

マーケティング計画を実行している間は，スケジュールどおりに進んでいるかなどを管理し，ある程度の期間ごとに効果を測定します。

1-4 マーケティング・ミックス（マーケティングの４Ｐ）

マーケティング・ミックスとは，企業がマーケティングを実施するためにマーケティング・ツールを組み合わせることをいいます。マーケティング施策を構成する製品（Product），価格（Price），流通経路（Place），販売戦略（Promotion）のそれぞれの頭文字がともにＰであることから，「マーケティングの４Ｐ」としてよく知られています。

マーケティングの４Ｐは，アメリカのマーケティング学者であるジェロー

ム・マッカーシー（Jerome McCarthy）が1960年に提唱したものです。製造業におけるマーケティングを前提として提唱されたものであるために，製造業以外の事業のマーケティングに当てはめる場合は注意が必要な面もありますが，4Pはマーケティングの基本的な概念といえます。

①製品（Product）

市場に投入する製品・サービスそのものです。製品の品質や機能，デザインに加えて，製品名や容器も「製品」に含まれます。

②価格（Price）

製品の価格です。価格は，利益の確保だけでなく，顧客の「値ごろ感」や製品のイメージ（高級か低級か）にも影響を与えるため，重要です。標準価格の設定，値引きの可否などを検討します。

③流通経路（Place）

製品・サービスの提供地域，物流，販売チャネル，陳列法に関する項目です。製品・サービスがエンドユーザの手元に届くまでの経路を検討します。

④販売戦略（Promotion）

顧客に自社の製品・サービスを知ってもらい，需要を喚起させる活動です。これには，広告，人的販売（販売員等による販売活動），イベントやキャンペーンなどの販売促進を含みます。

2 イノベーション

2-1 イノベーションを生み出す７つの機会

　企業は，絶え間なく新たな価値を創造し，市場にその価値が受け入れられなければ存続することはできません。市場に受け入れられる新たな価値を創造することが「イノベーション」です。企業がイノベーションを実現することによって，社会がより快適で豊かな状態に変わっていきます。世の中をより快適で豊かなものにするような新たな価値を提案し，消費者の共感や支持を得て事業を成功に導くために，イノベーションは重要な役割を担うのです。

　イノベーションは，図表10-2のように①〜⑦の７つの機会から生じます（Peter Drucker）。

　イノベーションは，これら７つの機会が相互に関連しあって実現します。

①予期せぬこと

　予期せぬ成功，失敗その他の出来事は，イノベーションの機会となります。全く予想をしなかった商品が大きな売れ行きを見せることは，予期せぬ成功の例です。予期せぬ成功は，あらかじめ計画されていたことではないとして軽視され，場合によっては無視されることもあります。マネジャーは，この

図表10-2　イノベーションの７つの機会（Peter Drucker）

組織・産業の内部に生じる事象	①予期せぬこと ②ギャップ ③ニーズ ④産業構造の変化
組織・産業の外部に生じる事象	⑤人口構造の変化 ⑥認識の変化 ⑦新しい知識の出現

ような予期せぬ成功をイノベーションの機会として受け止め，新たなビジネスのチャンスとして活かすように心掛けるべきです。

これに対して予期せぬ失敗は，単に計画が正しくなかったり計画の実施を失敗したものと捉えたりすることがあります。もちろん，望ましくない結果が出た場合には，その原因を分析することが必要です。しかし，しっかりと計画し慎重に実施したにもかかわらず予期した結果が得られなかったときには，何か予想していなかった変化が起きているのかもしれません。このように，予期せぬ失敗からうかがうことができる変化を捉えることによって，イノベーションの機会とすることができます。

②ギャップ

理想と現実のギャップなどは，イノベーションの機会となります。

例えば，好景気で需要が伸びているにもかかわらず自社の業績が振るわず，需要の伸びから予想される業績と実際の業績との間にギャップがある場合，その需要を満たす新たな製品やサービスを開発する機会と捉えることができます。

また，競合他社が誤った認識に基づいて事業を行っていると考えられる場合，自社にはビジネスのチャンスがあります。例えば，多くの消費者は機能は少なく安価な商品を望んでいるのに，競合他社は多機能で高価な商品を市場に供給しているような場合です。

③ニーズ

自社の商品やサービスを利用している顧客のニーズを満たす新たな商品やサービスを開発できれば，大きなビジネスチャンスとなります。したがって，ニーズはイノベーションの機会の1つです。

例えば，企業にとって，固定費として収益を圧迫する人件費を削減したいというニーズは，強固に存在しています。したがって，どのような業界にあっても，人件費を削減できるようなイノベーションは，広く受け入れられる可能性があります。

④産業構造の変化

産業と市場の構造変化は，イノベーションの機会の1つです。

例えば，急速な成長を遂げている産業では，産業構造の変化が起き，従前行われてきた方法を急速に陳腐化させ，全く新しい方法が生み出されることがあります。

⑤人口構造の変化

市場における人口の増減，年齢構成や所得の変化など，人口構造の変化は，どのような商品やサービスが，誰によって，どれだけ求められるかに影響します。

とくに，第1部でも紹介した全人口の中で最も多い人数を構成する年代の推移については，注意が必要です。例えば，団塊の世代が40代の頃と60代，70代を迎える頃では，その世代が欲する商品やサービスは変わってきます。年齢構成の変化に伴う需要の変化を現実のものとして捉えることによって，イノベーションが可能となります。

⑥認識の変化

イノベーションの機会としての認識の変化とは，消費者の認識の変化を指します。例えば，野菜に対する嗜好として，傷がなく形のよい野菜が最もよいという認識が一般的になり，市場にそのような野菜しか流通しなくなった後に，傷があったり形の悪い「わけあり」の野菜であったりしてもよいという消費者が現れた場合には，イノベーションの機会となります。

⑦新しい知識の出現

いわゆる発明や発見であり，最もわかりやすいタイプのイノベーションの機会といえます。例えば，青色発光ダイオードの発明・普及により，信号機の光源がLEDに取って代わるなど，社会に大きな変化をもたらしました。このように，新しい知識の出現によるイノベーションは，社会で重要な役割を果たします。ただし，新しい知識によるイノベーションは，その発見・発明から実用化まで長い期間を要し，また多くの失敗を必要とするなどの問題

があります。

2-2 イノベーションから収益を得るための 「イノベーター理論」

(1) イノベーションが波及するステップ

　イノベーションによって生み出された商品やサービスを消費者に普及させ適切な利益を得るために参考にすることができるのがイノベーター理論です。イノベーター理論は，イノベーションによって生み出された製品・サービスに対する消費者の購買行動の特徴から，消費者を「イノベーター」，「アーリー・アダプター」，「アーリー・マジョリティ」，「レイト・マジョリティ」および「ラガード」という5つのタイプに分類し，それぞれの特徴に応じたマーケティングを実践することでイノベーションを普及させることができるとする考え方をいいます。

　1962年にスタンフォード大学の社会学者であるエヴェリット・ロジャース（Everett Rogers）が提唱しました。

第3部　業務のマネジメント

イノベーター （Innovators：革新者）	・どのような製品か実際に使ってみなければわからない商品であっても，新しい技術を使った製品を購入し使ってみたいという考えを持ちます。 ・専門知識に裏打ちされた好奇心が旺盛なため，イノベーションを活用した全く新しい製品を入手したがる傾向があります。 ・自分の価値観は社会の中で相容れないものと考えているとされます。 ・市場の2.5％を占めます。
アーリー・アダプター （Early Adopters：初期採用者）	・イノベーターと同様に，豊富な専門知識を持ち旺盛な好奇心のもとで積極的に情報収集を行い判断します。 ・イノベーターと異なるのは，自分の価値観は社会と調和していると考えており，イノベーションが社会に対してどのような影響を及ぼすかを予見する力を持っています。 ・市場の13.5％を占めます。
アーリー・マジョリティ （Early Majority：前期追随者）	・新製品を利用することで，仕事の効率化やコスト削減が図れるかといった効果を重視するタイプです。 ・新製品を購入するに際して多くの人に利用されているかという実績を重んじます。 ・市場の34.0％を占めます。
レイト・マジョリティ （Late Majority：後期追随者）	・新しい製品などの採用には慎重で，他の大多数の人が使用するのを確認した後に新規な製品などを試す傾向にあります。 ・市場の34.0％を占めます。
ラガード （Laggards：遅滞者）	・流行に関心が薄く，一般化した製品やサービスのみを取り入れる傾向があります。 ・製品が成熟し，衰退期を迎えた頃にようやく購入を始めます。 ・市場の16.0％を占めます。

革新的な製品は，まずはイノベーターとアーリー・アダプターに向けて提供します。イノベーターとアーリー・アダプターは，いわばマニアであって，新たな製品やサービスを自ら試すこと自体に楽しみを感じる層といえます。もっぱらイノベーターやアーリー・アダプターが製品等を購入していた段階を超え，アーリー・マジョリティやレイト・マジョリティにまでイノベーションが普及すると，競合他社が同様の製品・サービスを市場に投入してきますので徐々に競争が激しくなってきます。

⑵　イノベーションの成否を分ける「キャズム（Chasm）」

革新的な製品が提供されても多くの消費者に利用されるまで普及することなく，短期間で市場から姿を消すことがあります。一方，当初はもっぱら一部のマニアのみが使っていた製品が一般消費者にまで普及することもありま

す。これらの差は，何によってもたらされるのでしょうか。

　前述した5つの消費者のタイプの中で，アーリー・アダプターとアーリー・マジョリティとの間には，著しい特徴の違いがあります。そのため，イノベーターやアーリー・アダプターには好意的に受け入れられていた革新的製品をアーリー・マジョリティに受け入れてもらうためには，導入期とは異なるマーケティング戦略が必要になります。イノベーションが一般消費者に普及せず市場から姿を消す場合，このアーリー・マジョリティに受け入れられなかったことが原因となることがあります。このように，アーリー・アダプターを超えてアーリー・マジョリティに普及する困難さを，「溝」になぞらえて，「キャズム」と呼びます。アメリカのマーケティングコンサルタントであるジェフリー・ムーア（Geoffrey Moore）は，キャズムを超え，イノベーションを一般に普及させるために，アーリー・アダプターだけでなく，アーリー・マジョリティに対してもマーケティングが必要であることを提唱しました。

図表10-4　イノベーター理論

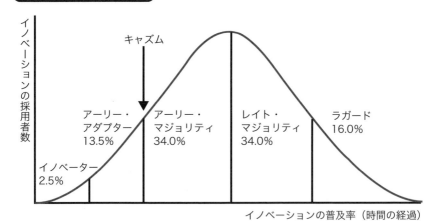

出典：ロジャーズ（2007）p.229を修正。

第 **4** 部

リスクの
マネジメント

第11章 リスクマネジメントの考え方とその実践

1 マネジャーに必要なリスクマネジメント

1-1 リスク(Risk)とリスクマネジメント (Risk Management)の意味

　リスクの定義は様々なものがありますが，ここでは，リスクとは，「組織に何らかの損害を生じさせるおそれのある不確実性」のことを指すものとします。

　そして，リスクマネジメントとは，「組織が効率的にリスクを予防する施策を講じるとともに，リスクが顕在化したときの処理をあらかじめ定めることにより，リスクを管理する一連の活動」をいうものとします。

　リスクマネジメントの領域には，①リスクに基づく損失等が生じる以前にあらかじめその防止を図るという「リスクに基づく損失等の未然防止」と，②リスクに基づく損失等が発生した後に同様の損失等が再び発生することを防止するという「リスクに基づく損失等の再発防止」が含まれます。

　そして，このリスクの「未然防止」と，「再発防止」の計画は，いったん策定すれば終わりというものではなく，想定されたリスクの顕在化という経験や，想定していなかったリスクの発生という経験に基づき，さらに新たなリスクの未然防止策や再発防止策を不断に講じていく必要があります。

	取り組みの手順
リスクに基づく 損失等の未然防止	リスクに基づく損失等の発生確率や発生すべき損失等の規模の予測・分析 ↓ 組織として対策を講ずべきリスクの範囲の設定 ↓ 設定された範囲における対応策の策定：業務マニュアルとは別に，緊急時対応マニュアル等を作成 ※企業として対応すべきリスクの範囲に応じて対策にかかる費用が異なる点に注意が必要
リスクに基づく 損失等の再発防止	損失等が発生した根本原因の究明 ↓ 損失発生の防止策を検討 ↓ 日常の業務マニュアルや作業標準等への具体的な防止策の組込み ※業務マニュアル等に組み込むことにより，過去に損失等の原因となったリスクと同様のリスクが顕在化しても，日常業務の一環として対応することができる

1-2 チームにおけるリスク発生の傾向

　同じ内容で，かつ同じレベルの難易度の業務を担当する複数のチームにおいて，リスクが発生し顕在化するチームと，発生しないチームがあることも事実です。

　この差異は，リスクの発生が不可抗力による場合を除くと，マネジャーによるチーム運営の違いがその一因となっていることがあります。

　チームにおけるリスク顕在化の傾向は，多くの場合チーム自体の業務遂行の難易度や業務上の制約条件などよりも，むしろマネジャーのリスクマネジメントに対する考え方，取り組み方の不十分さにその原因があります。

　過去にリスクが顕在化してトラブルに発展した経験をもつマネジャーは，その経験を踏まえてチームを運営する能力を高めることで，同種のリスクを発生させる割合を小さくすることを心掛ける必要があります。

1-3 マネジャーに求められるリスクマネジメントの
　　基本的な考え方

　マネジャーは，チームをマネジメントする中で，リスクの発生をある程度

予想しリスクを適切に管理できなければなりません。業務規程や作業標準などを整備することによって，業務の中核となる製品などの品質やサービスの質，納期，原価（利益）等に関連するリスクの発生確率は，一般には低く抑えられているでしょう。

しかし，実際には，「なぜ，このようなリスクが発生したのだろうか」というような想定外の事態に直面することがあります。想定外という一事をもって原因究明を諦めてしまうことは簡単ですが，実は「なぜ想定できなかったのか」ということに踏み込んで考え，チーム内の日常業務の進め方や情報伝達などに不備はなかったかを検討する必要があります。

マネジャーはチームの責任者であり，常に担当する業務やプロジェクトに潜むリスクを念頭に置きつつ，そのリスクを極小化するように注意しながら，業務やプロジェクトを推進することが求められます。もちろん，リスクマネジメントをチーム内で徹底するためには，マネジャーだけでなく，チームを構成する一人ひとりの構成員がリスクを軽減することに努めなければなりません。そのため，マネジャーは，チームを構成する一人ひとりに対し，リスクに対する意識を持たせるよう働きかけていく必要があります。具体的には，以下のような点に注意すべきです。

❶業務やプロジェクトにおけるリスクを洗い出すこと（リスクの発見，確認，分析，評価）
❷リスクが顕在化し，トラブルが発生したら，必要に応じ上司とも対応を協議しながら，マネジャーが自ら解決に当たること
❸悪い情報ほど早く正確にマネジャーに伝える旨を部下に徹底すること（悪い情報を報告するのは気が重く，また，失敗を取り返そうとして自分だけで解決しようとする人がいるが，これは誤った問題解決方法であることの再確認）
❹緊急事態の発生に備えて緊急連絡網を作成し，連絡網は修正するたびに全員で共有すること

組織において，すでにリスクマネジメントにかかわる管理体制，規程等が整備されている場合には，マネジャーはチーム内でこれらを実践する役割を担います。

② リスクの洗い出し・分析・リスクの処理・結果の検証

2-1 リスクマネジメントのプロセス

リスクマネジメントは，一般に，①リスクの洗い出し，②リスクの分析，
③リスクの処理，④結果の検証というプロセスを経て行われます。

①リスクの洗い出し

組織におけるリスクマネジメントを考える上で想定すべきリスクには様々
なものがあります。これらのすべてが個々の組織にとって最優先の課題であ
るとは限らず，その対応を検討する際には，リスクの発生確率と発生した場
合に生じる損失の規模とを考慮して優先順位を決定しなければなりません。

まずは，組織のリスクマネジメントにおけるリスクの全体像を把握したい
ところです。

②リスクの分析と処理

組織は，様々なリスク原因を考慮し，当該組織の活動に関係のあるリスク
を洗い出した後は，それらのリスクを分析します。リスク分析とは，一言で
いえば，リスクが顕在化する確率と顕在化したときに生じる損失等の規模を
算定することです。

リスクの分析は，その顕在化の確率や損失等の規模を数量的に把握する方
法（定量的分析）と，数値以外の基準により把握する方法（定性的分析）を
適宜組み合わせて行います。

リスクが顕在化する確率は，科学的根拠に基づき客観的に定まるものにつ
いては，過去の記録，各種統計資料等を参考にすることができます。

リスクの原因によっては，客観的な資料に乏しいものもあります。その場
合には，必ずしも科学的根拠に基づくものではないことを明確にしつつ，経
験則等を駆使し，常識的に誤りではない程度の確率を想定するという方法も

図表11-2　リスクの発生原因となる事象例

◆自然要因リスク(地震，台風・豪雨，火山の噴火，落雷)	◆技術・製品要因リスク(知的財産リスク・ＰＬ・リコール)
◆環境リスク(土壌・水質の汚染)	◆信用リスク(倒産)
◆人的要因リスク(社内不正)	◆情報セキュリティリスク
◆業務リスク(火災・爆発，盗難等)	◆レピュテーションリスク(風評被害・クレーム)
◆労働関連リスク(労働災害，ハラスメント)	◆感染症に関するリスク

あります。

　リスク顕在化の確率を定めた後は，仮にそのリスクが顕在化した場合にはどの程度の規模の損失等が発生するかを推測します。損失等の規模を推測するに際しては，リスクの原因およびその重大な後発事象を網羅的に検証して算定する必要があります。

　また，過去の自社における事例や報道されている他社の事例を適宜参照することによって，現実味のあるレベルを推測することが可能となります。仮にリスクが顕在化した場合に，その処理にあたる現場の担当者がイメージできる程度には具体化することが望ましいといえます。

　リスク顕在化の確率と顕在化した場合に生じる損失等の規模を算定した後は，事業の継続という視点から，損失等の発生の未然防止措置やリスク顕在化時の対応等を定めて，リスクの処理（本節2-2「実効的なリスク管理の方法」参照）を行います。

③結果の検証

　リスクの処理までを実施した後は，一定の期間ごとに，あらかじめ設定したリスクの処理を実施できたか，社会環境や経済状況の変化に伴いリスクの処理までのプロセスを見直す必要はないかなどを検証します。

　結果の検証にあたっては，実際にリスクを処理すべき者を積極的に関与させることが望まれます。予測の前提条件に変化が生じた場合に，業務に直接携わる担当者が，自主的に，業務マニュアルや作業標準を改定する必要性を認識できるようになるからです。また，マニュアルや標準作業の修正・変更に自ら参加する機会が増えることによって，リスクマネジメントに向けた担

当者の意識が向上する効果も生まれます。

2-2 実効的なリスク管理の方法

　組織は，前述のようなリスクが発生した場合に備えて，リスク処理の備え
が必要となります。

①リスクを回避するための人的・物的な備え

　リスクそのものを回避することです。

　例えば，取引先の与信状況の悪化に伴う倒産リスクを回避するために取引
を中止すること，気候変動に伴う風水害のリスクを回避するために生産工場
を移転することや事故防止のための研修・訓練の実施などの対策です。

②リスクによる拡大損害を防止するための備え

　リスク顕在化時における初期対応や応急措置といった，優先的に対応しな
ければならないもののリストアップや，事故発生による拡大損害防止のため
の様々な措置を講じることです。例えば，情報やデータのバックアップの強
化や，資材調達先の分散などの対策です。

③リスクによる経済的損失に対する備え

　組織活動上のリスクで，大きな問題の１つが経済的リスクです。取引先の
倒産や，自然災害による被害，損害賠償責任の負担など，様々な経済的な損
失が発生する可能性があります。そのための備えとしては，リスクに対応す
る保険や企業内での損失準備金の手当てなどが必要となります。

3 リスクの顕在化時にマネジャーに求められるもの

3-1 リスクの顕在化時の心構え

マネジャーは，リスクが顕在化したときには，いかなる心構えをもって対処すればよいでしょうか。

リスクが顕在化したとき，日常の業務の中断や組織の雰囲気の緊張感などの非日常的な出来事が発生します。マネジャーは，リスク処理にあたって，あらかじめ，このような異常事態に対する覚悟が必要です。

この心構えについては，西堀榮三郎氏の著書『品質管理心得帖』にヒントとなる記述があるので紹介します。

> 事件が起こりだしてから「どうしよう，どうしよう」などと思ってはいけません。そこに，「平常心」という心が必要で，これはいかなる場合に立ち入ろうとも，平然としていることです。そういう心を起こすには，どうしたらいいかというと，これは「覚悟」しておく必要がある。何を覚悟するかというと，「思いもよらないことが起こるぞ」ということを覚悟しておくのです。そうすると，思いもよらないことが起こっても，予定のごとくであり，あわてふためきませんね。
>
> （西堀（1981））

マネジャーは，リスクの顕在化時には，自分自身の意識を平常モードから緊急モードにただちに切り替え，部下に対する指示や必要事項の伝達についても「語調」を変えるなどして，部下の緊急対応の意識を覚醒させる必要があります。

3-2 リスクの顕在化時の初期対応（事故情報の伝達力）

マネジャーは，部下に対し，事実を客観的に把握・報告するように指示する必要があります。

第3章第2節2-3(1)「客観的な報告を上げるよう指示する」でも紹介したように，報告者の推測や主観を交えずに事実を客観的に把握することにより，リスクの実態を的確に評価することができます。

客観的な事実把握・報告が徹底されている組織では，リスクの顕在化時に報告された事実情報を，信用性の高いものとしてマネジャーの判断やリスクへの対応に活用することができるからです。

リスク顕在の際には，現場からの情報収集を優先し，現場に出向いて現実に発生している状況を確認してから処置をする必要があります。

すべての担当者が，現場・現実の状況を客観的に把握し報告する体質を身につけるよう指導することが重要です。

POINT　部下の報告を冷静に聞く

部下はマネジャーの表情を見ながら報告し，その反応により，マネジャーの精神状態を推測し，相談をするという心理状態にあるということを認識してください。緊急事態情報や事故情報を至急報告しなければならないとき，マネジャーが不機嫌な顔をすると，怒られるのではないかと不安に駆られて，重要情報を言いそびれてしまうおそれがあります。

その結果，事態が悪化して，手遅れとなってしまうことは，企業の不祥事でもよくみられることです。

POINT　情報のショートカットが必要な場合

一般的に，組織における情報の伝達は，そのルートが確立していて，マニュアルの流れに沿って実行されています。

その決められた流れに従わず，頭越しの報告を上げることは，本来の情報受理権者の立場を無視することにつながり，組織の秩序を乱す者と

いう烙印を押されてしまいます。通常の業務報告や、結果の報告であれば、組織のルールに従うべきでしょう。

しかし、アクシデント情報については、緊急性が通常よりも高いはずですし、一刻を争うこともあります。アクシデント情報が、通常の情報伝達ルートで速やかに処理されれば問題はありません。問題になるのは、通常の情報伝達ルートが機能しないときです。

企業不祥事の多くの事例において、情報の伝達ルートが社内でうまく機能しなかったという事実があります。このような事態を想定したとき、マネジャーであるあなたは、どのように部下に指示しますか。

原則には、例外もあります。原則、あるいは通常のマニュアルでは対処しきれないときは、例外的な対応を考えるべきです。例えば、情報の受け手である上司が不在のときの突発事故の報告が代表的な例です。

この場合、結論からいえば、通常の報告ルートを省略したショートカットにより、さらなる上位者、あるいは他部門へのダイレクトな報告を認めるべきです。もちろん、このようなショートカットの報告自体がマニュアル化されていればそれに越したことはありません。マニュアルになければ、硬直的に考えないで、緊急性に応じた臨機応変な情報ルート開設を認めるべきでしょう。

ただし、この例外的な方法は、事後的なケアが必要です。ショートカットをした報告者に対しては、ただちにスキップした上司に、その理由と情報の報告を忘れずに実行することを指導すべきです。

POINT 報告受理の代行者を決める

マネジャーが出張中であったり、突発事象などで時間が取れないときは、必ず部下からの報告を受ける代行者を決めておいてください。部下としてみれば、せっかく報告を上げようにもマネジャーが不在であった場合、チームとしての情報収集力は失われてしまいます。マネジャーは、

報告を励行させる以上，受け取る工夫も必要です。

　そして，報告受理の代行者は，速やかにマネジャーに連絡をとり，場合により代行決裁の了解を取り付けることが求められます。

4 リスクマネジメントと関連する様々な概念（BCP・コンプライアンス・CSRなど）

　マネジャーは，以下に掲げるリスクマネジメント関連事項の内容を十分理解し，現場における主導的な役割を果たすとともに，部下に対しその内容を適切に指導することが望まれます。

4-1 事業継続計画（BCP）

　組織は，その事業を継続することが必要です。しかし，組織を取り巻く環境には，事業の継続を阻害する要因が数多くあります。例えば，地震，台風などの自然災害や，火災・爆発，大規模なシステム障害，情報漏えいなどの人為的な事故やトラブルが典型的なものです。

　その結果，最悪の場合には，組織は事業の停止に追い込まれるケースもあります。この場合，組織の有する財物への直接の被害や，基幹となる事業が停止している間の利益を損なうばかりでなく，取引先や顧客を失う大きな原因となり，ひいては事業からの撤退に至ることになりかねません。

　組織は，個々の事業形態・特性などを考えた上で，組織を存続させるため，事業を継続するための行動計画である「BCP（事業継続計画；Business Continuity Plan）」および，その運用，見直しまでのマネジメントシステムである「BCM（事業継続マネジメント；Business Continuity Management）」を構築することが求められます。

4-2 コンプライアンス

　リスクマネジメントは，継続的・安定的に組織活動をする上で不可欠の要

素です。この組織の安定的活動の根幹的な基礎ともいうべきものの1つにコンプライアンスがあります。

　コンプライアンスは，「法令等の遵守」ともいわれますが，それは法令等のみを遵守すればいいということではなく，その背景にある法令等の趣旨や精神に沿った活動が求められていることを意味します。

　ところが，組織は，往々にしてコンプライアンスに違反する行動をとってしまうことがあります。その理由として，以下のようなことが考えられます。

　まず，一般的な組織では，経営トップから発信された情報が，マネジャーやラインのリーダー等の階層を経て現場の従業員に至る段階では，その内容が変容してしまうことが考えられます。また，組織内において法令違反行為があった場合でも，最終消費者であるユーザーに直接的な被害が及ばない場合には，その法令違反を是正する動きが生じず，法令違反が常態化してしまうこともあります。さらに組織内の馴れ合い等により，責任の所在が曖昧になってしまうこともコンプライアンス違反が生じやすい理由の1つです。

　組織は，このようなコンプライアンス違反を避ける努力を徹底しなければ継続的・安定的な活動は望めません。その意味で，コンプライアンスを推進することは，リスクマネジメントを確立する上で重要な課題となります。

4-3 組織の社会的責任（CSR・SR）

　CSR（Corporate Social Responsibility）・SR（Social Responsibility）は，一般に「企業の社会的責任」と訳され，企業が利益の追求のみならず，様々なステークホルダー（利害関係者）との関係で企業としての行動規範を策定し，これに従い適切に行動することを求める考え方です。本書では，マネジャーが属する企業全体を「組織」と表現すること，また，社会的責任は公共団体等あらゆる組織が対象であり，「SR」と表されることも多いことなどの理由により，「組織の社会的責任」と表現します。

　近時，国際的にもCSR（SR）の考え方が重視されつつあり，その表れとして，社会的責任に関する国際規格であるISO26000が発効しています。このISO26000は別名「SR26000」ともいわれ，組織が社会的責任を果たすための重要な視点として，①説明責任，②透明性，③倫理的な行動，④ステー

クホルダーの利害の尊重，⑤法の支配の尊重，⑥国際行動規範の尊重，⑦人権の尊重を挙げています。

また，その中核的な主題として，①組織統治．②人権，③労働慣行，④環境，⑤公正な事業慣行，⑥消費者課題，⑦コミュニティ（共同体）への参画と発展，の7つが挙げられています。

組織は，この社会的責任を果たすことにより，社会から信頼感を得られるというメリットがあります。

逆に，組織経営においてCSR（SR）の観点を無視することは，社会的に非難されるリスクが発生します。したがって，組織としてのリスクマネジメントの一環として，CSR（SR）の観点を取り入れ，この観点から適切な行動をとることに留意しなければなりません。

＜企業行動規範の例－東京商工会議所　企業行動規範　第3版＞

企業行動規範（2002年12月制定　2007年4月改定　2013年3月 改定）

　企業は，人権の尊重，法令・国際ルールの遵守はもとより，高い倫理観を持った事業活動を通じて，社会の持続可能な発展に貢献することが求められています。

　本企業行動規範は，会員企業がその実現のために遵守すべき事項を定めたものです。

1．法令の遵守

　　あらゆる企業活動の場において，法令を遵守し，社会倫理に適合した良識ある活動を行う。

2．人権の尊重

　　各人の人権を尊重するとともに，人種・民族・宗教・国籍・社会的身分・性別・年齢・障がいの有無などによる差別を排除する。

3．環境への対応

　　低炭素社会・循環型社会に資する企業活動を行い，環境と経済が調和した持続可能な社会の構築に寄与するとともに，生物多様性保全にも配慮する。

4．従業員の就業環境整備

　　従業員の多様性・人格・個性を尊重し，公平な処遇を実現するとともに，それぞれの能力・活力を発揮できるような安全で働きやすい職場環境をつくる。

5．顧客・消費者からの信頼獲得

　　顧客・消費者のニーズにかなう商品・サービスとそれらに関する正しい情報を提供するとともに，顧客情報等を適切に保護・管理する。

　　あわせて顧客・消費者の声を真摯に受け止め，適正に対応することで顧客・消費者の信頼を獲得する。

6．取引先との相互発展

　公正なルールに則った取引関係を築き，円滑な意思疎通により取引先との信頼関係を確立し，相互の発展を図る。

　7．地域との共存

　　地域の健全な発展と快適で安全・安心な生活に資する活動に積極的に参加・協力し，地域との共存を目指す。

　8．出資者・資金提供者の理解と支持

　　公正かつ透明性の高い企業経営により，出資者や事業資金の提供者の理解と支持を得る。

　9．政治・行政との健全な関係

　　政治・行政とは健全かつ透明な関係を維持し，癒着を絶ち，公正に活動する。

　10．反社会的勢力への対処

　　社会秩序や安全に脅威を与える反社会的勢力・団体に対しては，毅然とした態度で対処し，一切の関係を遮断する。

4-4 内部統制システム

　内部統制とは，組織の業務の適正を確保するための諸々の行動の総体をいいます。一方，リスクマネジメントとは，リスクの顕在化を予防し，ひいては適正な組織活動を推進するものです。したがって，リスクマネジメントと内部統制とは緊密な関係にあるといえます。

　すなわち，組織が内部統制システムを構築するにあたっては，当該組織にいかなるリスクが存在するのかを把握し，リスクについて十分な分析を加えることが不可欠な作業となるため，リスクマネジメントは内部統制システム構築の前提条件となります（参考：東京商工会議所編『ビジネス実務法務検定試験®公式テキスト2級・3級』）。

5 マネジャーが実践すべきリスクマネジメント

　マネジャーは，自己の業務に関連するすべてのリスクを適切に管理しなければなりません。

　マネジャーの業務とは，「人と組織のマネジメント」（第2部参照）と「業務のマネジメント」（第3部参照）です。マネジャーは，それらの業務を行

いながら，そこに潜むリスクを想定し的確に処理していかなければなりません。このように日常業務を進めながら実施するリスクマネジメントは，いわば「平常時」におけるリスクマネジメントといえます。

業務のマネジメントを例にとって関連するリスクを挙げてみましょう。業務の現場における評価指標として，QCD，すなわち品質（Quality），コスト（Cost），納期（Delivery）がありますが，これにSME，すなわち職場の安全（Safety），モラル（Moral），環境（Environment）を加えて，QCDSMEという業務に最低限必要な管理項目を取り上げ，それぞれに関連するリスクを示したのが図表11-3です。

マネジャーは，これらのリスクを管理しつつ日常業務を進めていかなければなりません。

しかし，注意しなければならないことは，マネジャーが実施しなければならないリスクマネジメントは，このような平常時におけるものに限られないということです。

自然災害や事件・事故など，日常業務とは直接関連しない事象に起因して，事業または業務の継続が困難な状況に陥った場合，マネジャーは，その状況

図表11-3　マネジャーに求められるリスク予防保全の取り組み

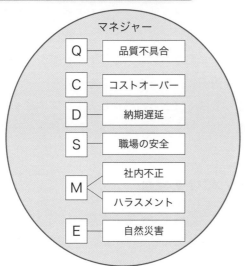

を把握して事業・業務の再開・継続に向けてマネジメントをします。

また，前述の平常時におけるリスクマネジメントにもかかわらず，リスクが顕在化してトラブルが発生し企業に損失等が生じてしまった場合には，平常時とは異なるリスクの管理，すなわち「緊急時」のリスクマネジメントが必要となります。

5-1 平常時におけるリスクマネジメントの実践

マネジャーは，日常業務を遂行する上でも常にリスクを意識し，リスクが顕在化してトラブルが生じることのないよう注意する必要があります。これを平常時におけるリスクマネジメントと呼ぶことは前述しましたが，これはリスクの予防保全と呼ぶこともできます。

ここでは，マネジャーがリスクの予防保全を図りながら自己の組織を管理するのに役立つ考え方や仕事の進め方，部下への接し方などを，第2部「人と組織のマネジメント」や第3部「業務のマネジメント」で述べた考え方や手法を用いて，その応用編として紹介します。

⑴　部下のマネジメントの場面

マネジャーは，基本的な志向として，人の可能性を信じ，人の知恵には限界がないと信じるようにすべきです。信頼が人を育て，知恵を育てます。マネジャーが，自ら知恵を出して働く部下を育てれば，やがてその部下が新たにマネジャーとなり，知恵を出して働く部下を育てます。

マネジャーは，愛情深く，根気よく，心を尽くしてマネジャーという役割を務めることによって部下はさらに成長します。マネジャーは，自ら率先して元気のよい挨拶をし，マネジャー自らが，整理整頓や安全確認の重要性を認識するようにします。

⑵　組織のマネジメントの場面

マネジャーに不可欠な心構えは，職場を良くしていこうという気持ちを常に忘れないことです。具体的には，部下がこの組織に配属されて良かったと思えるような職場を目指します。言い換えれば，マネジャー自身が，自分の

職場を他人に自慢できるか，自分の家族を働かせたい職場であるという自信
があるかということです。そのための基本として，職場においては，整理，
整頓，清掃，清潔（４S）を徹底します。

　お客様に絶対に迷惑をかけないという意識が，平常時のリスクマネジメン
ト，とくにリスクの予防保全にとって非常に重要です。

　マネジャーは，自ら定めたチームの目標達成に向けて，部下全員の担当と
役割，責任範囲を的確に定めて，その進捗を管理するという業務のマネジメ
ントそのものを的確に実施していくことが，平時のリスクマネジメントその
ものであることを忘れてはなりません。

⑶　業務のマネジメントの場面

業務は，「段取り八分，仕事二分」であることに留意すべきです。重要な
業務や難局を乗り切るには，準備が必要不可欠です。むろん，準備には時間
も手間もかかります。しっかりと準備を整えた上で業務に着手することが習
慣となっていれば，大きなトラブルは発生しにくくなります。

　部下の仕事の質は，部下の仕事に対するモチベーションが大きく影響しま
す。そのために，マネジャーは，部下に高いモチベーションをもたせる必要

があります。部下のモチベーションが高ければ，部下は自分の仕事の成果や内容を自ら点検し，さらにその質を高めようと考えます。部下のモチベーションが高いことは平常時のリスクマネジメントという視点からも重要なポイントです。

　最後に，マネジャーは，自己のチームの利益や効率（部分利益）を優先しすぎると，組織全体の利益や効率（全体利益）を損なうことがある点を忘れてはなりません。全体のバランスを見極める能力は，マネジャーにとって重要な要件です。

5-2 緊急時におけるリスクマネジメントの実践

　平常時におけるリスクマネジメントのポイントは，リスクの予防・保全にあります。しかし，現実にリスクが顕在化し緊急事態が発生し，その対応を迫られるということは，マネジャーとして常に覚悟をしておく必要があります。

　リスクの顕在化時こそ，マネジャーの真価が問われるといっても過言ではありません。その場合，第1部から第3部までにおいて述べた，様々なマネジメントの考え方や手法を，緊急時の場面においても発揮できることが大切です。

　次章以降で，主要なリスクについて，マネジャーとして理解しておかなければならない点および対応の留意点を紹介します。

第12章

職場における
リスクマネジメント

　マネジャーは，部下が仕事に取り組むことのできる快適な職場環境を形成するように努めなければなりません。その際，職場の設備等のハード面だけでなく，職場の人間関係や労働負荷等の心理的側面，すなわちソフト面についても十分に配慮する必要があります。強いストレスを感じるようでは，部下は十分に能力を発揮することができません（第2部第6章1-2参照）。

　本章では，マネジャーとして知っておかなければならない労務関係の基本知識，ハラスメントの防止，メンタルヘルス対策，ワークライフバランス，労働災害の防止を取り上げ，疲労やストレスを感じることの少ない職場づくりのためのソフト面での対応について解説します。

① マネジャーが知っておかなければ ならない基本知識

　マネジャーは，部下の管理等にあたって労務関係の基本知識を習得する必要があります。重要なものは以下のとおりです。

1-1 使用者と労働者の関係について

　労働者は使用者に使用されて労働し賃金を支払われる者をいい，使用者はその使用する労働者に対して賃金を支払う者をいいます。いわゆる正規雇用の労働者だけでなく，アルバイトやパートタイマー，契約社員（有期雇用労働者）などのいわゆる非正規雇用労働者であっても，労働者として，労働基

準法その他労働に関する法律による保護の対象となります。

　労働者の権利を確保するため，憲法28条は，「勤労者の団結する権利及び団体交渉その他の団体行動をする権利は，これを保障する」として労働基本権を規定しています。これを具体化した労働基準法，労働組合法，労働関係調整法のいわゆる労働三法を含め，以下のように各種の労働関係を規律する法律が制定され，民法の特別法として様々な目的で規制がなされています。

図表12-1　主な労働関係法令

分　類	代 表 的 な 法 令
労働関係	労働基準法，労働契約法，労働組合法，労働関係調整法
雇用関係	職業安定法，労働者派遣法，パートタイム・有期雇用労働法，男女雇用機会均等法，障害者雇用促進法
安全衛生関係	労働安全衛生法，じん肺法
労働保険関係	雇用保険法，労働者災害補償保険法
生活安定関係	最低賃金法，勤労者財産形成促進法，育児・介護休業法，労働金庫法，中小企業退職金共済法

　また，これらの労働関連法令の多くは強行法規に当たります。強行法規とは，当事者がこれと異なった内容を取り決めることができない規定をいいます。したがって，会社と従業員との間で雇用契約（労働契約）を結んでも，その内容が労働法規に違反していた場合，違反している部分は無効となり，労働法規が適用されます。

1-2 労働条件などについて

　労働条件などを定める労働基準法には，労働契約締結時における規制や，労働契約に付随する労働条件等に関する規制が定められています。その具体的内容は1日8時間・1週40時間制や残業制限，年次有給休暇等の労働時間に関するものがあります。また，直接払い・全額払い等の賃金の支払方法，就業規則，災害補償などに関する規定も置かれています。

(1)　賃金

　賃金とは，賃金，給料，手当，賞与その他名称の如何を問わず，労働の対

276

償として使用者が労働者に支払うすべてのものをいいます（労働基準法11条）。賃金の額は，労働者の最低限の生活を保障する観点から，最低賃金法により最低賃金を保障しています（労働基準法28条，最低賃金法1条）。

　また，マネジャーが法定労働時間（後記(2)参照）を超えて部下に残業（時間外労働）をさせた場合，企業は，原則として，所定の割増賃金を支払わなければなりません（労働基準法37条）。マネジャーは，業務が法定労働時間内に完了するよう，その効率性を常に意識し，企業として過度な人件費が発生しないようマネジメントする必要があります。

(2)　労働時間

　使用者は，原則として労働者に，休憩時間を除き1日につき8時間，1週間につき40時間を超えて労働させてはならないとされています（法定労働時間：労働基準法32条）。法定労働時間外に労働をさせるには，当該事業場に過半数労働者で組織する労働組合がある場合はその労働組合，それがない場合には労働者の過半数代表者との間で書面による協定（三六協定）を結び，行政官庁（所轄の労働基準監督署長）に届け出ることが必要です。

　法定労働時間を超えて労働（時間外労働）をさせた場合，使用者には割増賃金の支払義務が発生します。時間外労働の上限は，原則として月45時間・年360時間であり，「臨時的な特別の事情」がなければこれを超えることはできません。そして，「臨時的な特別な事情」があり労使が合意する場合でも，時間外労働は，ⅰ）年720時間以内，ⅱ）複数月平均80時間以内，ⅲ）単月100時間未満を遵守しなければなりません。また，原則である「月45時間」を超えることができるのは，年間6か月までです。なお，労働者の健康管理の観点から，使用者には労働時間の適切な把握が求められています。

　なお，テレワーク労働者に対しても，使用者は，労働時間を適正に把握する責務を負うため，労働時間の適正な管理を行う必要があります。すなわち，労働基準法上の時間外・休日労働に関する規制が，通常の労働者と同様に適用されるため，労働時間が法定労働時間を超える場合や，法定休日に労働を行わせる場合には，三六協定の締結・届出および割増賃金の支払いが必要となります。

　労働基準法上の労働時間規制を弾力的に運用する制度として，業務の繁閑など企業の都合に合わせて労働時間の配分を調整する変形労働時間制があります。変形労働時間制は，週，月，季節などにより業務の繁忙度に差がある場合に，一定の要件の下に，それに合わせて労働時間を設定することを認める制度です。変形労働時間制は，単位となる期間に応じて異なる定めがなされています（図表12- 2）。

図表12-2　様々な変形労働時間制

1か月単位の 変形労働時間制	労使協定または就業規則等により，1か月以内の一定期間を平均して1週間当たりの労働時間が法定労働時間を超えない定めをすれば，特定の週に法定労働時間を超え，または特定の日に8時間を超えて労働者に労働をさせることができます。
1週間単位の 変形労働時間制	一定の事業においては，あらかじめ就業規則等で特定することなく，1週間を単位として1日8時間を超えて10時間まで労働させることができます。
1年単位の 変形労働時間制	1か月を超え1年以内の期間を平均して1週間当たりの労働時間が40時間を超えない範囲内において，特定の週に40時間を超え，または特定の日に8時間を超えて労働させることができます。労働時間の限度は，1日10時間，1週間52時間です。

　また，フレックスタイム制は，労使間で一定の期間における総労働時間を定め，その範囲内で各労働者が始業・終業時刻を自己の判断で選択できるとする制度です。フレックスタイム制では，コアタイム（全員の就業を義務づける時間）を定めることが認められています。

　このほか，また，労働基準法上，「みなし労働時間制」の制度が認められています。

　みなし労働時間制は，実際の労働時間を算定することが困難であるなどの一定の場合に，一定の労働時間を労働したものとみなすという制度です。これには，事業場外みなし労働時間制，専門業務型裁量労働制，企画業務型裁量労働制があります（図表12- 3）。

図表12-3　様々なみなし労働時間制

事業場外みなし労働時間制	営業職の従業員のように，労働時間の全部または一部について事業場外で業務に従事し労働時間の算定が困難な場合に，原則として通常の所定労働時間を労働したものとみなされるというものです。 事業場外みなし労働時間制の要件を満たす場合は，原則として時間外労働の問題は発生しません。
専門業務型裁量労働制	業務の性質上，業務の遂行の方法を大幅に労働者の裁量に委ねる必要がある一定の業務については，要件を満たせば，労使協定により定めた時間を労働したとみなすことが認められています。専門業務型裁量労働制の対象となる業務には，取材記者，研究開発業務・情報処理システムの分析設計業務，デザイナーなどが挙げられます。
企画業務型裁量労働制	労使委員会が設置された事業場では，労使委員会の決議に基づき，事業運営に関する企画・立案・調査・分析等の業務を行う労働者についても，要件を満たせば，実際に労働をした時間にかかわらず，労使委員会において定められた時間を働いたものとみなすみなし労働時間制を採用することができます。

(3)　休日

　休日とは，労働者が労働義務を負わない日をいいます。使用者は，労働者に対して毎週少なくとも1回の休日を与えるか，4週間を通じて4日以上の休日を与えなければなりません（法定休日：労働基準法35条）。法定休日に労働をさせるには，当該事業場に過半数労働者で組織する労働組合がある場合にはその労働組合，それがない場合には労働者の過半数代表者との間で書面による協定（三六協定）を結び，行政官庁（所轄の労働基準監督署長）に届け出ることが必要です。

　法定休日に労働させた場合，使用者には割増賃金の支払義務が発生します。ただし，就業規則等に休日の振替えができる旨を定めておけば，事前に休日と定められている日を労働日とし，その代わりに他の労働日を休日と特定して振り替えることにより，その日に労働させても休日労働とはならず，割増賃金の支払義務は生じません。いわゆる「休日の振替」です。ただし，休日の振替にあたり，その週の労働時間が法定労働時間（原則40時間）を超えるときは，その超える時間について時間外労働に対する割増賃金の支払いが必要となります。

　なお，「休日の振替」に対し，いわゆる「代休」は，上記の手順を経ることなく，休日に労働をさせた後にその代償としてその後の特定の労働日の労

働義務を免除するもので（昭和23年4月19日基収397号，昭和63年3月14日基発150号），この場合には，企業に割増賃金の支払義務が生じますので注意が必要です。

　また，年次有給休暇については，労働基準法上の週休制（労働基準法35条）とは別に，雇入れの日から起算して6か月間継続勤務し，全労働日の8割以上出勤した労働者に対して，継続し，または分割した10労働日の有給休暇を与えなければならないとされています。使用者は，年次有給休暇を労働者が請求する時季に与えなければなりません。ただし，その請求された時季に有給休暇を与えると，事業の正常な運営を妨げる場合には，使用者は他の時季に与えることができます（単に請求を拒否することはできません）。これを時季変更権といいます。

　使用者は，年次有給休暇が10日以上付与される労働者に対し，「労働者本人の意見を聴取した上での時季指定」，「労働者自らの請求・取得」，「計画年休」のいずれかの方法で年5日以上の年次有給休暇を労働者ごとに時季を指定して取得させなければなりません（年次有給休暇の付与義務）。

(4)　休憩時間

　休憩時間とは，労働時間の途中に置かれた，労働者が権利として労働から離れることを保障された時間をいいます。使用者は労働者に対して少なくとも次の休憩時間を与えなければなりません（労働基準法34条）。この休憩時間に関する規定はテレワークに従事する労働者にも適用されます。

◆1日の労働時間が6時間を超え，8時間以下の場合は45分
◆1日の労働時間が8時間を超える場合は1時間

　休憩時間は，「労働時間の途中」に置く必要があります。したがって，例えば，始業が午前9時，終業が午後6時，休憩時間1時間の職場において，休憩時間を労働時間の最後，すなわち午後5時から午後6時に置く場合，実質的には休憩なしで8時間労働となるなど労働者に負担となるからです。

　また，休憩時間は，自由に利用させなければなりません。業務に従事していなくても，電話当番や来客当番などの手待ち時間は休憩時間とはならず，

労働時間としてカウントされます。休憩時間の自由利用については，休憩時間中に部下が職場から外出することについてマネジャーの許可を要するといった制限を加えても，事業場内で自由に休息し得るならば違法とはなりません。

(5) 就業規則

常時10人以上の労働者（パートタイマーや臨時的な労働者も含まれます）を使用する使用者は，就業規則を作成し，行政官庁（所轄労働基準監督署長）に届け出なければなりません。就業規則は，組織における労働条件や職場の規律などを画一的かつ明確に定めた規則です。マネジャーは，自社の就業規則をよく知っておく必要があります。就業規則の内容がよくわかっていないと，人事労務管理を適切に行うことができません。

労働者と使用者が労働契約を締結するに際し，労働条件を詳細に定めずに労働者が就職することがあります。このような場合であっても，使用者が合理的な労働条件が定められている就業規則を労働者に周知させていれば，労働契約の内容は，原則として，その就業規則で定める労働条件によるものとされます。

(6) 育児休業・介護休業

「育児休業，介護休業等育児又は家族介護を行う労働者の福祉に関する法律」（育児・介護休業法）は，子の養育または家族の介護を行う労働者等の雇用の継続および再就職の促進を図り，職業生活と家庭生活の両立に寄与することを通じて，これらの労働者等の福祉の増進を図ること等を目的としています。それぞれの制度の内容は以下のとおりです。

①育児休業制度とは，労働者が，事業主に申し出ることによって，原則として，子が1歳に達するまでの間，育児休業を取得することができるという制度です。

②介護休業制度とは，労働者が，事業主に申し出ることによって，対象家族1人につき，通算93日まで，3回を上限として，介護休業を取得することができる（分割取得が可能）という制度です。

そのほかに，子の看護休暇制度や介護休暇制度なども認められています。

なお，事業主は，労働者が育児・介護休業等の申出をしたこと等を理由として解雇その他不利益な取扱いをしてはなりません。

また，事業主は，職場において行われる育児介護休業等に関するハラスメント（育児休業，介護休業その他の子の養育または家族の介護に関する制度・措置の利用に関する言動により労働者の就業環境が害されること）のないよう，当該労働者からの相談に応じ，適切に対応するために必要な体制の整備その他の雇用管理上必要な措置を講じなければなりません。

(7)　男女差別の禁止

労働基準法や男女雇用機会均等法などにより，原則として男女の差別は禁止されています。

労働基準法では，使用者は，労働者が女性であることを理由として，賃金について，男性と差別的取扱いをしてはならないとされています（労働基準法4条）。もっとも，業務内容，業務能力等，合理的な理由により，賃金を区別することは問題ありません。

男女雇用機会均等法では，労働者の募集，採用，配置，昇進，退職，定年，解雇等の事項について，男女が均等な機会，待遇を確保できるように，事業主に対して一定の措置を講じるよう求め，性別を理由とする差別的取扱いを禁止しています。

男性と女性では身体的な違いがあるのは当然で，労働基準法は女性社員に対し，①坑内業務の就業制限（労働基準法64条の2），②妊産婦を妊娠・出産・育児などに有害な業務に就かせることを禁止する就業制限業務（労働基準法64条の3），③産前産後休業（労働基準法65条），④妊産婦の労働時間（労働基準法66条），⑤育児時間（労働基準法67条），⑥生理休暇（労働基準法68条）のような特別な保護規定を設けています。

1-3 雇用について

労働者の雇用形態には，正規雇用された，いわゆる正社員のほかに，パートタイマー・アルバイト，派遣労働者および契約社員（有期雇用労働者）と

図表12-4　非正規雇用の労働者の区分

パートタイム労働者・アルバイト	1週間の所定労働時間が同一の事業主に雇用される通常の労働者の1週間の所定労働時間に比し短い労働者。 「週所定労働時間が○時間未満」といった時間数の要件はない。
契約社員 （有期雇用労働者）	事業主と期間の定めのある労働契約を締結している労働者。 契約期間中の解雇，無期労働契約への転換，有期労働契約の更新等について注意が必要である。
派遣労働者	派遣元事業主（人材派遣会社）と雇用契約を締結し，派遣元事業主と労働者派遣契約を締結した派遣先で就労する労働者。 労働にあたっては，派遣先の指揮命令を受ける。

いった，いわゆる非正規雇用の形態があります（図表12-4）。

　非正規雇用労働者も労働基準法上の「労働者」であり，労働基準法その他一定の労働関連法令による保護を受けます。

　同一企業内において，正規雇用労働者と非正規雇用労働者（パートタイム労働者および有期雇用労働者）との間で，基本給や賞与，福利厚生や教育訓練等あらゆる待遇について，不合理な待遇差を設けることが禁止されています（「同一労働同一賃金」）。厚生労働省では，正規雇用と非正規雇用との間の待遇差に関し「不合理」なものか否かについて原則的な考え方や具体例を示す「同一労働同一賃金ガイドライン」を策定しています。

　また，派遣労働者についても，派遣先の正規雇用労働者との間での均等待遇・均衡待遇の確保等の観点から，派遣元事業主（人材派遣会社）と派遣先の事業主に一定の対応が求められます。

　なお，請負労働者に対する対応については，いわゆる偽装請負との関係で，内容を十分に理解しておく必要があります。例えば，発注企業は，その本社ビル内でシステム開発の請負業務に従事している請負労働者に対し，直接具体的な指示をすることはできず，あくまで，請負企業の責任者を通じて指示をしなければなりません。

　派遣・請負に関して，このようなルールを無視すると，労働者派遣法に違反するばかりでなく，職業安定法違反となり，請負企業に加えて発注企業も罰則の適用を受けることがあるので注意が必要です。

1-4 その他の事項について

　上記のほか，労働安全衛生，雇用保険，労災保険等の労働保険，健康保険，厚生年金保険などの社会保険に関する事項等も重要です。

　労働関係の法令に違反した場合は，マネジャー自身も，状況によっては労働基準法等による罰則の適用がありますので，労働関係の法律知識を持つことが必要です（参考：東京商工会議所編『ビジネス実務法務検定試験®公式テキスト2級・3級』）。

② ハラスメントを防止するために

　ハラスメント（Harassment）は，一般的に，「悩ませること」や「嫌がらせ」という意味で用いられます。組織活動で問題となるのは，職場における，主に従業員に対するハラスメントで，セクシュアル・ハラスメント，パワー・ハラスメントなどがあります。

　都道府県労働局企画室や労働基準監督署に設置されている「総合労働相談コーナー」に対する，個々の労働者と事業主との間の紛争に関する相談のうち，「いじめ・嫌がらせ」の件数が増加しています（厚生労働省「平成30年度個別労働紛争解決制度施行状況」）。ここでは，セクシュアル・ハラスメント（セクハラ）とパワー・ハラスメント（パワハラ）について説明します。

2-1 セクシュアル・ハラスメント

　セクシュアル・ハラスメント（セクハラ）は，嫌がらせのうち，性にかかわるもののことです。セクハラは，一般に，対価型セクハラと環境型セクハラに大きく分類されます。

　ただし，実際には，すべてのセクハラ行為が明確に分類できるわけではなく，この2つの型のいずれにも当てはまらないケースもあります。例えば，直接労働条件についての不利益は示されませんが，被害者がそれを恐れて上

司からの要求に応じてしまう場合のように，対価型にも環境型にも当てはまる中間的なケースなどがあります。

例えば，人事院「ハラスメントのない職場にするために」では，次のような言動を「セクハラの具体例」として例示しています。

＜セクシュアル・ハラスメントに当たる言動の具体例＞

◆「男のくせに根性がない」，「女には仕事を任せられない」と発言すること。
◆「おじさん，おばさん」などと人格を認めないような呼び方をすること。
◆女性であるというだけで，職場でお茶くみや掃除，私用等を強要すること。
◆酒席で，上司の側に座席を指定したり，お酌等を強要すること。

図表12-5　対価型セクハラと環境型セクハラの比較

	対価型セクハラ	環境型セクハラ
意味	職場における労働者の意に反する性的要求に応じるか否かで，その労働者が，労働条件について，解雇，降格，減給等の不利益を受けるもの	職場における労働者の意に反する性的な言動により，労働者の職務遂行や能力の発揮に見過ごすことのできない支障が生じ，職場環境が損なわれるもの
特徴	◆一般に，加害者は，被害者の労働条件などを左右できる上司等である ◆セクハラに当たるか否かは比較的明確だが，当事者が上司と部下であるため，紛糾しやすい	◆上司だけでなく，同僚・部下も加害者となり得る ◆対価型と比べ，「労働条件についての不利益」という明確な基準がなく，また，同じ行為であってもセクハラとされる場合とされない場合があるなど，セクハラに当たるか否かの判断が難しい
典型例	◆解雇しないことを条件に，性的行為を強要する ◆交際を求めたが，これに応じなかった社員を，遠隔地に転勤させる	◆必要がないのに，相手の体に触る ◆特定の社員に関する性的な噂話をする ◆職場にヌード写真のカレンダーを貼る

なお，セクハラに類似するものに，「ジェンダー・ハラスメント」があります。「セックス（Sex）」も「ジェンダー（Gender）」も「性」と訳されますが，前者は生物の雌雄としての男女の違いを表すのに対し，後者は社会的・文化的な男女の違いを表します。ジェンダー・ハラスメントとは，社会的・文化的な男女の役割の違いについての固定概念に基づく嫌がらせのことです。

ジェンダー・ハラスメントとセクハラは，それぞれ別個の概念ですが，性的相違に由来する嫌がらせという点で共通しており，その対策にも共通する部分があるといえます。

　事業主は，男女雇用機会均等法に基づき，相談体制の整備等の雇用管理上の措置を講じる義務を負っています。

　事業主は，労働者がセクハラに関する相談を行ったこと，または事業主による当該相談への対応に協力した際に事実を述べたことを理由として，当該労働者に対して解雇その他不利益な取扱いをしてはなりません。また，事業主は，自社の労働者が他社の労働者にセクハラを行い，他社からその雇用管理上の措置（事実確認等）への協力を求められた場合にこれに応じるよう努めること，セクハラに関する研修の実施その他の必要な配慮等をするように努めること，自らも関心と理解を深め，労働者に対する言動に必要な注意を払うように努めることといった努力義務を負います。

　そして，労働者の側も，セクハラに対する関心と理解を深め，他の労働者に対する言動に必要な注意を払い，事業主の講ずる措置に協力するように努めなければなりません。

2-2 パワー・ハラスメント

　職場のパワー・ハラスメント（パワハラ）は，相手の尊厳や人格を侵害し，職場環境を悪化させる行為で，これを放置すれば，労働者は，仕事への意欲や自信を失い，場合によっては心身の健康や生命すら危険にさらされることもあります。また，企業経営上の観点からも，労働者の意欲・生産性の低下や企業イメージの悪化等といった大きな損失につながります。

　マネジャーは，自らの言動がパワハラに該当することがないよう十分に注意するだけでなく，チーム内においてパワハラが発生していないか，その予兆がないか，日ごろから注意しておくことが重要です。

　労働施策総合推進法により，職場におけるパワハラ防止のための措置を講じる義務が企業に課され，適切な措置を講じない場合は是正指導の対象となります。

　労働施策総合推進法上，次の要素をすべて充たすものがパワハラとされ，適正な範囲の業務指示・指導はパワハラには該当しません（労働施策総合推進法30条の2第1項）。

> ❶優越的な関係を背景とした
> ❷業務上必要かつ相当な範囲を超えた言動によって
> ❸就業環境を害すること(身体的もしくは精神的な苦痛を与えること)

　労働施策総合推進法は，パワハラ防止対策のために，事業主に対し，「労働者からの相談に応じ，適切に対応するために必要な体制の整備その他の雇用管理上必要な措置」を講じることを義務付けています。

　事業主は，労働者がパワハラに関する相談を行ったこと，または事業主による当該相談への対応に協力した際に事実を述べたことを理由として，当該労働者に対して解雇その他不利益な取扱いをしてはなりません。また，事業主は，パワハラに関する研修の実施その他の必要な配慮等をするように努めなければならないほか，自らも，関心と理解を深め，労働者に対する言動に必要な注意を払うように努めなければなりません。

　そして，労働者の側も，パワハラに対する関心と理解を深め，他の労働者に対する言動に必要な注意を払い，事業主の講ずる措置に協力するように努めなければなりません。

2-3 ハラスメントの予防

　ハラスメントの発生を未然に防ぐために，まず重要なのは，組織として，ハラスメント問題を認識し，これを防止するための取り組みを全社員に明確に周知することです。その方法としては，図表12-6に掲げる事項が挙げられます。

　マネジャーは，組織の方針や規程の内容を十分に理解した上で，部下とのコミュニケーションを円滑にすることにより，ハラスメントが発生しにくい職場環境を作り出すことが重要です。また，部下から相談を受けた場合，真剣に話を聞くとともに，相談窓口などに誘導することも必要です。さらに，部下を社内研修などに積極的に参加させ，啓蒙に努めることも大切です。

図表12-6　ハラスメント対策の周知

①ハラスメント問題に関する方針の策定および公表	経営トップのメッセージとして組織の方針を明確化することにより，ハラスメントを許さないという職場風土の改善を図ります。
②ハラスメント問題およびその対策の周知徹底	社内研修などにより，具体的な事例を通して，従業員にハラスメントの実態や対応策を習得させます。
③就業規則，組織内の規程の整備	就業規則その他の服務規律を整備すると同時に，職場に沿ったマニュアルを作成することが重要です。あわせて，ハラスメントの未然防止や早期発見などのため，相談窓口を設置することも重要です。

2-4 ハラスメントへの対応

　ハラスメントが生じ，または生じるおそれがある場合に備えて，対応の手続などを定めておく必要があります（図表12-7）。なお，手続の全般にわたり，被害者のプライバシーに対して，最大限の配慮がなされるようにしなければなりません。

図表12-7　ハラスメントへの対応手続

初動対応	被害者の保護・手当，情報の収集・共有
事実の調査	被害者，加害者，および必要に応じて第三者からの事情聴取
状況の改善	加害者への謝罪勧告，被害者の労働条件上の不利益の回復
関係者の処分等	加害者などへの懲戒処分，処分内容の開示，ハラスメントに対する対処方針の周知徹底
再発の防止	組織内の広報誌などによる周知徹底，組織内研修の強化など

　マネジャーは，図表12-7の手続を十分に理解し，手続の各段階で，事情聴取に応じるなど担当部署に協力をしながら，適切に対応していくことが大切です。

3 メンタルヘルス

3-1 こころの病気の初期サイン

(1) 部下のストレスへの気づき

　マネジャーは，その部下の心身の健康状態について，配慮する立場にあります。とくに，心の健康状態（メンタルヘルス）については，不調を訴える者の増加に伴いトラブルも増加しており，従業員のメンタルヘルスケアは，組織にとって見過ごせない問題となっています。

　また，オフィスへの出勤の必要がないテレワークでは，労働者が孤独感を抱きがちになったり，マネジャーや周囲の同僚が，テレワーク労働者のメンタルの不調や身体の変化に気づくのが困難になる場合があります。テレワークに従事する部下に対し，マネジャーは，日常業務での連絡や顔を合わせてのミーティングなど定期的に出社する機会の活用により，テレワークに従事する労働者のメンタル面や身体の変化を察知することが重要です。

　マネジャーが部下のメンタルヘルスを管理するにあたって参考となるものとして，厚生労働省が発表した「家族による労働者の疲労蓄積度チェックリスト」があります。これは，精神的疲労のみを対象にしたものではありませんが，部下の心身の疲労度を判定するにあたり，参考とすることができます。なお，マネジャー自身のストレス管理については，第2部第1章第1節1-4「自己のストレスを適切に管理する」で解説しています。

(2) マネジャーが配慮すべき部下のストレス要因

　ストレス要因とは，ストレスが生じる原因となる刺激のことをいいます。業務から生じるストレス要因であっても，業務外で生じたストレス要因であっても，部下がメンタルヘルスに不調を来たし，組織にとって損失が生じることに変わりはありません。したがって，部下がストレス要因を抱えていな

いかどうか，日頃から注意を払い，ときには声をかけるなどして確認すべきです。ただし，ストレス要因には，部下のプライベートの領域に属するものもあり，すべてを把握することは不可能ですし，また，適切でもありません。具体的には，次のような対応をとるのが妥当であると考えられます。

観察	部下の変化に気づくためには，日常的に部下の様子を観察し，通常の状態を把握しておき，変化を見逃さないようにする
声かけ	部下の変化に気づいたら，これを見過ごすことなく声をかけ，心身の状態を確認する
決めつけない	部下の変化を確認した場合，「病気である」あるいは「病気でない」と決めつけず，医師など専門家の判断を仰ぐ

(3) 部下の変化を早期に発見するためには

メンタルヘルスケアで何より重要なのは，部下の変化にできるだけ早く気づくことです。問題を早期に発見し，迅速に対応することができれば，トラブルの発生を予防し，あるいは，最小化することができます。ここでは，ストレス反応として生じる変化について説明します。

①ストレス反応とは

ストレス反応とは，ストレス要因（ストレッサー）により生じる，身体面，心理面または行動面における変化のことをいいます。メンタルヘルスケアにおいて，早期に発見すべき部下の変化とは，このストレス反応のことであり，その内容を理解しておくことは重要です。ストレス反応の概略は，図表12-8のとおりです。

種　類	特　徴	具　体　例
身体面の反応	ストレスを受けている者が，体調の変化として自覚しやすい	頭痛，肩こり，動悸・息切れ，胃痛，便秘・下痢，食欲低下，不眠など
心理面の反応	ストレスを受けている者が，変化として自覚しやすいが，どう対処してよいかわからない	活気の低下，不安，緊張，抑うつ(気分の落込み，無気力)など
行動面の反応	生活や仕事ぶりに変化が現れるため，周囲に気づかれやすい	飲酒・喫煙の量の増加，遅刻・欠勤の増加，仕事上のミスや事故の増加など

②部下の変化に気づく

　ストレス反応は，もちろん一定の傾向はありますが，その表れ方はケース・バイ・ケースです。そこで，重要となるのは，部下が「通常の状態」と異なることに気づくことです。そのためのポイントとして，次の2つが挙げられます。

時系列で比較する	部下の変化は，客観的な基準に照らし判断するものではなく，現在の部下と過去の部下とを比較して判断する
仕事上の変化を比較する	部下の体調や心理上の変化に気づくことは困難な場合が多いため，仕事上のミスや遅刻・欠勤など，仕事上の変化に着目する

3-2 ストレスチェック制度

　労働者のメンタルヘルス不調（POINT参照）を未然防止（一次予防）し，検査結果に基づき労働者自身のストレスへの気づきを促し，ストレスの原因となる職場環境の改善につなげることを目的として，従業員50名以上の事業所において，1年以内ごとに1回，定期にストレスチェックを実施することが事業者に義務付けられています（労働安全衛生法66条の10）。なお，労働者数50人未満の事業所は，当分の間，努力義務とされています。

POINT　メンタルヘルス不調とは

　メンタルヘルス不調とは，精神および行動の障害に分類される精神障害や自殺のみならず，ストレスや強い悩み，不安など，労働者の心身の

健康，社会生活および生活の質に影響を与える可能性のある精神的および行動上の問題を幅広く含むものをいうとされています。また，労働安全衛生法に基づき事業者が講ずるよう努めるべきとされ，労働者の健康の保持増進のための措置が適切かつ有効に実施されるために定められた「事業場における労働者の健康保持増進のための指針」（厚生労働省，トータル・ヘルスプロモーション・プラン（THP）指針）でも，メンタルヘルスケアは，労働者の健康の維持増進のための具体的措置の1つとして挙げられています。

　メンタルヘルス不調のサインが部下に現れた場合，マネジャーは，1人でこれに対応することは適当ではありません。事業場内産業保健スタッフ等によるケアや事業場外資源によるケアも利用して，適切なサポートが行われるようにすべきです。

　ストレスチェック制度は，大きく，⑴ストレスチェックの実施，⑵面接指導の実施，⑶集団分析の実施で構成されます。

⑴　ストレスチェックの実施

　ストレスチェックは，医師等（医師，保健師その他厚生労働省令で定める者）により実施される心理的な負担の程度を把握するための検査です。ストレスチェックの実施者は，上記の通り，医師等（医師，保健師その他厚生労働省令で定める者）であり，検査を受ける労働者について解雇，昇進または異動に関し直接の権限を持つ監督的地位にある者は，検査の実施の事務に従事してはならないとされています。したがって，一般に，マネジャーはストレスチェックの実施の事務に従事することはできません。

　事業者は，ストレスチェックを実施した医師等から，その結果を労働者本人へ通知させます。この場合，当該医師等は，あらかじめ当該ストレスチェックを受けた労働者の同意を得ずに，当該労働者の検査の結果を事業者に提供してはなりません。

(2) 面接指導の実施

事業者は，上記(1)のストレスチェックの結果の通知を受けた労働者のうち，医師等から，高ストレス者として面接指導が必要と認められた労働者から申出があった場合，医師による面接指導を行います。面接指導の結果，医師から必要があると認められた労働者に対し，事業者は作業の転換，労働時間の短縮，その他適切な就業上の措置を講じなければなりません。

(3) 集団分析の実施

事業者は，実施者に職場の一定規模の集団（部や課など）ごとに集計・分析させ，その結果を勘案し，必要に応じ労働者の心理的な負担を軽減するための適切な措置を講ずるよう努めなければなりません。

4 ワーク・ライフ・バランス

4-1 ワーク・ライフ・バランス憲章

ワーク・ライフ・バランスとは，仕事と生活の調和のことをいいます。わが国では，仕事を何よりも優先する風潮があり，それが第二次世界大戦後の高度経済成長を支えたことは否定できません。しかし，この風潮が，現在，多くの労働問題の元凶となっていることも事実です。

そこで，2007年12月，「仕事と生活の調和（ワーク・ライフ・バランス）憲章」および「仕事と生活の調和推進のための行動指針」が策定されました。

「仕事と生活の調和（ワーク・ライフ・バランス）憲章」は，「仕事と生活の調和が実現した社会」を，「国民一人ひとりがやりがいや充実感を感じながら働き，仕事上の責任を果たすとともに，家庭や地域生活などにおいても，子育て期，中高年期といった人生の各段階に応じて多様な生き方が選択・実現できる社会」であるとし，具体的には以下のような社会を目指すべきであ

ると定めています。

①就労による経済的自立が可能な社会
②健康で豊かな生活のための時間が確保できる社会
③多様な働き方・生き方が選択できる社会

そして，「仕事と生活の調和推進のための行動指針」は，「仕事と生活の調和が実現した社会」を実現するため，企業や働く者，国民の効果的な取り組み，国や地方公共団体の施策の方針を定めています。

4-2 ワーク・ライフ・バランス実現のメリット

ワーク・ライフ・バランスの実現により，労働者および企業には，それぞれ図表12-9のようなメリットがあると考えられます。

図表12-9　ワーク・ライフ・バランス実現のメリット

労働者	健康が保たれる 仕事とプライベート双方の充実が図れる
企　業	労働者がプライベートに費やす時間を生み出すための工夫をすることにより，仕事の生産性を向上させる可能性がある 労働者のプライベートの充実が，仕事に好影響を与える可能性がある 入社希望者が増え，優秀な人材を確保できる可能性が高まる

4-3 ワーク・ライフ・バランス実現のための
　　マネジャーの役割

マネジャーは，まず率先して職場風土の改善に取り組むことが大切です。

その上で，部下のワーク・ライフ・バランスを実現することへの支援を行うようにします。具体的には，多様な働き方に対応できるように，部下の仕事の配分，割り振りなどに気を配る必要があります。

5 労働災害防止のための対策

　事業者は，職場における労働者の安全と健康を確保し，快適な職場環境の形成を促進するための労働災害の防止対策を推進しなければなりません。

　この事業者とは，組織であり，責任を負うのは組織の代表者です。もっとも，通常は，マネジャーに権限委譲が行われており，マネジャーが従業員の安全を管理する責任を負います。

5-1 企業が負う安全配慮義務

　使用者は，労働者から労務の提供を受けるため設置する場所，設備もしくは器具等を使用し，または使用者の指示のもとに労務を提供する過程において，労働者の生命および身体等を危険から保護するよう配慮すべき義務（安全配慮義務）を負っています。使用者は，例えば老朽化した事業所設備について耐震補強等の改善措置を講ずる必要があります。また，使用者の安全配慮義務は設備や作業方法を効率的でかつ適切な状態に保つことと無関係ではなく，これを無視すると災害の発生のみならず作業効率の低下や，品質の低下にもつながることになります。

　使用者は，安全配慮義務に基づき，必要とされている義務内容をよく検討し，必要な処置を行い，さらに，発生しそうな災害を想定し，その防止策をあらかじめ十分精査する必要があります。

　使用者が安全配慮義務に違反しないために，図表12-10のような視点から準備をしておくことが大切です。

図表12-10　労働災害防止の視点

①内在するリスクを想定する	内在するリスクを発見するために，現場を見回り，安全でない状況や従業員の危険な行動がないかを確認するようにします。あわせて，これまでに起こった災害の事例を検証します。
②発見されたリスクを回避する方法を検討する	実現可能なことから順次実施していくことが重要です。
③リスクを排除する呼びかけの徹底	朝礼などでの定期的な呼びかけやポスターの貼り出しなどの啓蒙を行うことが大切です。

5-2 安全管理

(1) マネジャーの安全管理における役割

　安全管理は，経営トップの責任で行うものであり，安全管理がうまくいくかどうかは，その姿勢にかかっているといっても過言ではありません。

　経営トップが打ち出した安全に関する基本方針・安全計画に沿って，各チームのマネジャーは自チーム内のすべての従業員にその方針・方法を徹底させなければなりません。

　各チームのマネジャーは，以下の点に留意しながら，自チームの安全管理を図っていくことが求められます。

◆積極的に自ら安全行動を行う。
◆安全でない状態・危険な行動は絶対に見逃さない。
◆安全管理に積極的な場合には部下を褒める。
◆やらなければいけないことあるいはやってはいけないことを，できるだけ具体的に指示をする。

(2) 労災事故が発生する要因

　労災事故発生の要因としては，人的要因，機械設備の欠陥・故障などの物理的要因，作業の方法・環境などの外的要因，管理上の要因があります。これらの要因が，複雑に絡み合い，安全でない状態や人の危険な行動（ヒューマンエラー）につながり，結果として事故が発生し，災害となります。

マネジャーは，チーム内のメンバーのヒューマンエラーを極力なくすように，チーム内で管理，指導していくことが求められます（ヒューマンエラーについては第13章第1節「ヒューマンエラーのリスク対応」参照）。

5-3 労働災害の発生に備えた事前の対策

⑴ 労働者災害補償保険（労災保険）の内容の理解

労働者を1人でも使用する事業主には，原則として，労災保険が強制適用されます（保険料は全額事業主負担）。

労働者が業務中に負傷等をし，これが業務災害と認定されると，労働者災害補償保険法（労災保険法）に基づき，保険給付がなされます。しかし，労災保険法に基づく保険給付は，被災労働者に対し必要最小限のものであり，これによって十分に補償されるものではありません。

⑵ 任意の保険・共済への加入

組織が被災労働者等から，安全配慮義務違反等を理由として損害賠償請求を受けた場合に，労災保険のみでは十分ではありません。そこで，企業としては，損害賠償の支払義務といった経済的リスクに備える方法として，労働災害について労災保険法に基づく保険給付の上乗せ補償を目的とする任意の保険に加入することなど，あらかじめリスクの軽減を図る手段を検討することも必要です。

第13章 業務にかかわるリスクマネジメント

1 ヒューマンエラーのリスク対応

ヒューマンエラー（Human Error）は，人的要因によるミスのことをいいます。ヒューマンエラーは，製品の製造や，事務処理，顧客対応，安全管理に至るまで，様々な製品の欠陥や業務上の事故の原因となります。

ヒューマンエラーには，人の不注意（過失）によって発生するものと，意図して故意に不適切な行動をとったために発生するものがあります。

一般に，過失によるヒューマンエラーについては，次のような様々な原因と，それによってもたらされるエラーがあります。

---

❶ 業務の内容が正確に伝わらなかったことによる理解不足や誤解
❷ 業務作業自体の失敗
❸ 業務の慣れから生じた先入観による判断ミス
❹ 複数業務を同時並行で作業することによる混乱
❺ 共同作業における他人への依存による手抜き
❻ 過重労働の疲労による作業ミス　　　　　　　　　など

これらの人的な失敗を防止するためには，部下に対してどのような配慮が必要でしょうか。以下，ヒューマンエラーの態様と防止策について紹介します。

ヒューマンエラーの態様と防止策

(1)　業務の内容が正確に伝わらなかったことによる理解不足や誤解の防止

　マネジャーが，部下に業務の指示を出すとき，まず気をつけなければならないのが，マネジャーの意図を部下が果たしてどこまで正確に理解しているかということです。第2章「コミュニケーションの重要性」で解説したように，例えば「同じ日本語だから理解できるはず」という安易な考えでいると，マネジャーの正確な意思は伝わりません。

　そこで，指示をする際には，可能な限り図表や写真などの視覚に訴える資料を使用します。

　例えば，サービス業であれば接客の手順書，製造業であれば作業手順書を部下に配付して業務内容を説明します。マネジャーの言葉の使い方や，部下の理解力，受け止め方の差異により生じる指示内容の誤解を避けるために，様々なアイテムを使うように心掛けます。

　ことに，海外で事業展開をしている組織では，言葉の壁が大きな問題となることがあります。可能な限り，誰にでもわかる図表や絵・写真などを用いて，作業の内容が明確にかつ誤解が生じないように工夫をしてください。

(2)　業務作業自体の失敗の防止

　業務の指示内容は正確に理解できても，作業工程の中で，自分の業務の進捗状況の把握ができなくなったり，作業が他の作業工程と類似するところがあり作業が混乱してしまったり，完成品と未完成品を混同してしまったり，既決書類と未決書類の区別がつかなくなったりするなど，作業の工程の中で生じ得る人為的ミスはたくさんあります。

　こうしたヒューマンエラーは，次に示すような，人間の持つ，様々な知覚能力を良好な状態に保つ工夫により，防止することが可能となります。

❶ 間違えやすい数字やアルファベットなどは使用しない。
❷ メモをとるなどして，行わなければならない作業のし忘れを防ぐ。
❸ 既決箱と未決箱を文字表示だけではなく，色違いのボックスに変える。
❹ 作業経過を明確にするため，色のついたカードを作業工程表に置き，色覚で作業の進捗状況を把握できるようにする。
❺ 類似部材について，部材入れの色分けとともに，作業工程の順番に従った部材配置方法を取り入れるなどの工夫をする。
❻ 精密作業など，視神経を一般の作業より使う場合は，照明を適正な照度に調整し作業環境を良好に保つ。
❼ 危険性の高い作業では，複数で他人の声による，安全点検の点呼を行う。
❽ 騒音の激しい部署では，ノイズキャンセル・ヘッドホンの着用を義務付ける。

　こうした様々な工夫により，作業ミスの防止のみならず，作業効率や労働安全が図れます。

　ヒューマンエラーの防止については，労働災害に関する調査・分析をもとに提唱された「ハインリッヒの法則」（H.W.Heinrich）について理解することも有用です。

　ハインリッヒの法則によると，同一人物に330回の類似した事故が発生するとき，1回は死亡や重傷を伴う重大事故，29回は軽傷を伴う事故，300回は怪我を伴わない事故で，これらすべての事故の背後には恐らく数千に達すると思われる不安全行動・不安全状態が存在すると考えられています。このことから，事故の発生を防げば怪我をなくすことができ，不安全行動・不安

図表13-1　ハインリッヒの法則

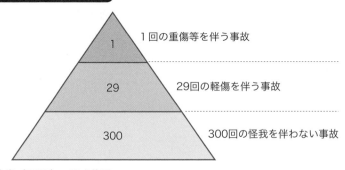

1　1回の重傷等を伴う事故
29　29回の軽傷を伴う事故
300　300回の怪我を伴わない事故

出典：中島（2012）p.13を修正。

300

全状態をなくせば事故も怪我もなくすことができると考えられます。

重要なのは，事故の比率の数字ではなく，日々の業務を行っていく中で，これらの不安全行動・不安全状態を見逃さないための取り組みを行い，日頃から適切に対応しておくことです。

マネジャーは，重大な事故はおろか，軽微な事故さえ発生していないのだから大丈夫と考えてはいけません。

ヒューマンエラーを未然に防ぐためのポイントは，以下のとおりです。

---

❶　組織・チーム内の不安全行動・不安全状態に関する事例を，部下にレポートで提出させるなどして，できるだけ多く収集する。
❷　不安全行動・不安全状態に関する事例について，その状況，発生原因などを組織・チーム内で話し合う。
❸　不安全行動・不安全状態が発生したそれぞれの場面にあった予防策・対応策を検討する。
❹　組織・チーム内でそれらの事例や対応策を共有化していくようにする。

---

(3)　業務の慣れから生じた先入観による判断ミスの防止

機械装置や製品などの故障率を，時間経過との関係で表示した曲線をバスタブ曲線といいますが，ヒューマンエラーについても同様のことがいえます。

人は，誰しも初めての業務は不慣れであるがゆえの失敗をします。しかし，業務に慣れすぎると，今度は思い込みによる判断ミスが生じてきます。製品の故障率と同様の状況が現れます。

この経験や慣れから生じた思い込みを防止するためには，業務記録や作業点検シートを活用し，作業や点検をスキップさせないための工夫が必要です。

マネジャーは，部下に対して点検シートの順序どおり業務・作業を点検させ，例外なくその痕跡を残させることが大切です。

(4)　複数業務を同時並行で作業することによる混乱の防止

マネジャーも含め，部下の仕事は単一ではありません。様々な業務を同時に進行させることも珍しくありません。

業務を同時進行させていると，例えば，Aという作業の中に，B作業の部

材が混入したり，また，数字の誤記入というミスが生じたりします。

　これを防止するには，基本的には，業務の優先順位をつけ，可能な限りA
の作業が終わってからBの作業に取り掛かるという指示をすることです。や
むを得ず，同時に進行する作業が発生した場合は，書類や部材の配列を明確
に区別し，他の部材との混同が起きないよう作業環境を整える必要がありま
す。

(5)　共同作業における他人への依存による手抜きの防止

　1つの作業を複数人で行うことは，お互いが仕事を点検できる環境にある
ので，それ自体は有効な作業方法といえます。しかし，作業の現場で散見さ
れるのが他人への依存による手抜きです。これが，故意に行われることは論
外ですが，無意識のうちに共同作業者に依存するあまり，行うべき点検や作
業を怠ることがあります。これは重大事故に発展する可能性が高いため，明
確な役割分担表を作成し，それを相互に実施したか否かの点検をすることを
励行するよう指示することが大切です。

　共同作業における考え方の基本はリーチングアウトです。リーチングアウ
トとは，人の仕事に関心を持ち，そして，いつでも協力できる姿をいいます。
リーチングアウトは，reach out（手を伸ばす，援助の手を差し伸べる）と
いう言葉からもわかるように，例えば，同僚の仕事の進捗度合いに関心を持
ち，同僚が納期に追われ誰かの手を必要としている状況であれば協力できる
ような姿勢を持つことです。

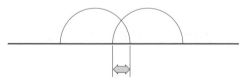

図表13-2　リーチングアウト

自分のリーチングアウトと他のリーチングアウト
をお互いに歓迎し，その重なり合いの部分がチーム
ワークの基本となる。

⑹　過重労働の疲労による作業ミスの防止

業務に対する集中を長時間継続することは，人間の生理上不可能です。

肉体的・精神的に過度な業務を継続することによって発生するヒューマンエラーは，多くのビジネスパーソンが経験していることです。業務の内容にもよりますが，適度な休憩や体操などによってインターバルをとることは，ヒューマンエラー防止の基本です。

ここで，マネジャーにとって大切なことは，業務の指示を出すマネジャーと指示を受ける部下との良好なコミュニケーションです。

マネジャーは，業務を指示するにあたって，正確な指示や情報を提供し，あいまいな点については，積極的に部下に正確に理解したかどうかを質す行動（例えば，復唱させる，指示した内容を自分の言葉で話させる等）が必要です。

複数の共同作業の指示にあたっては，役割分担の明確化や，担当者の相互チェック（例えば，各自の作業の経過を相互に確認させること，文書作成の作業では読み合わせを行う等）を指導することが必要です。

そして，マネジャーは，常に部下の業務が特定の担当者に偏っていないか，過重になっていないかの配慮も必要でしょう。

なお，故意による失敗は，「不正行為」となる場合があるので，就業規則などのルールを徹底し，従業員に対する教育・指導が重要となります。

2　製品やサービスに関するリスク

2-1 製品の「品質」やサービスの「質」に関するリスク

製品の品質やサービスの質にかかわるリスクとは，例えば，製品が市場に流通している段階で製品の欠陥など何らかの問題があることが判明することにより，ユーザー（顧客）に不利益を与え，結果として自社に損失が発生す

ることをいいます。

COLUMN　製品の不具合に関する責任

◆製造物責任(PL：Product Liability)

製造物責任（PL）とは，製品等の欠陥によって他人の生命・身体・財産が侵害された場合に，製造業者等が被害者に生じた損害を賠償する責任を負う制度をいいます。製品等に欠陥があったことについて，製造業者等に過失がなくても責任が発生しますので，製品の製造業者等は，どのような場合にどのような責任を負うのか，正確にそのリスクを認識する必要があります。

品質に関するリスクの一例として，販売した食品に存在した何らかの問題が原因で顧客が食中毒を発症した場合や食品に異物が混入されていた場合のように，商品を販売した後にその商品に不具合があったことが発覚することがあります。

上記の食中毒の場合を例にとって説明すると，以下のような対応措置を講じることが必要となります。

(1)　緊急対応

①初動

顧客から体調の不良を訴える連絡があった場合，その身体の安全・健康のため，その顧客に対し救急車等の出動を勧奨し，専門医による治療等を受けさせるべきです。

それと同時に，組織の関係各部署に緊急連絡を入れ，同種同等の製品の販売停止や，その他の初動対応を徹底すべきです。

②顧客への対応

発症した顧客に対しては，把握できる限りで事情を説明し，調査の進捗状況を適宜報告するほか，原因が当組織にある可能性があるのであれば，早い

段階で見舞品や見舞金を贈ることも考えられます。ただし，当組織に責任があるかどうかが不明な段階であまりに高額の贈答をすることは避けるべきであり，補償・賠償の交渉は当組織に責任があることが判明した後に行うべきです。

③保健所対応

食中毒の疑いがある場合は，速やかに保健所（食品衛生担当官）に申し出て，相談する必要があります。原因の調査は，専門知識を有し科学的検査の実施が可能な保健所が行うものであり，組織の側が単独で事態の収拾を図ろうとすると，事実の隠蔽ととられるおそれがあります。保健所は中立の立場で客観的調査を行う機関ですから，組織としては保健所の調査に可能な限り協力すべきです。

④その他の緊急対応

食中毒の原因が不明のまま食品の販売を続ければ，引き続き食中毒が起こることもあり，事態の悪化を招きかねません。そのため，被害の拡大を防止するため，場合によっては，自主的に休業するという判断も必要でしょう。また，食中毒の原因であると考えられる食品を自主的に回収したり，患者以外の顧客への事情説明を行ったりすることも重要です。

他の事業者が製造・加工した食品であっても，その食品が原因となって食中毒などの事故が発生した場合には，その食品を販売した業者は同様の対応をとらなければなりません。

(2) 行政処分・レピュテーションリスク （評判リスク・風評リスク）への対応

当組織が製造・加工した食品について食中毒が発生した場合，営業許可の取消しや営業の禁止または停止の処分がなされることがあります。また，その対応如何では，安全管理体制の不備や対処の遅れ等について批判的な報道がなされることがあります。そのため，万一，食中毒が発生した場合には，消費者側の視点に立って，次のような対応を行い，組織のイメージの低下に

よる損失を可能な限り防止しなければなりません。

①速やかな原因究明の実行

商品に異物が混入するのは，原料の段階，加工の段階，流通の段階，消費者に渡った段階など，いくつかのパターンに分けて考えることができます。そこで，顧客から異物混入の連絡があった場合には，商品の検査・調査への協力を関係部署または商品を購入した消費者に依頼し，どの段階で異物混入があったのかを見極める必要があります。

いずれにしても，小売業者は売主として返金・代替物の給付，損害賠償などの責任を負う可能性があります。

②再発防止策・予防および改善策の策定と教育訓練の実行

食中毒や異物混入の原因が当組織にある場合には，当組織の努力によりその発生リスクを回避・低減することができます。食中毒に関していえば，食品の安全管理は厚生労働省の発表するガイドライン（食品等事業者が実施すべき管理運営基準に関する指針）が参考になります。また，食中毒が発生した場合の補償等に備えて，保険に入っておくことも重要です。

一方，食中毒や異物混入の原因が他の組織にある場合には，卸売業者や小売業者がそれを防止することはおよそ不可能に近いと考えられます。しかし，いったんそうした事故が起きた組織との間では，原因究明が明確になされ改善措置が講じられるまでの間は取引を停止し，事故の原因となった商品が当組織に納入されることを可及的に防止しなければなりません。

さらに，同様の事故の再発防止のため，業務マニュアルの改善や，部下の教育訓練を徹底すべきです。

(3) リコールとは

リコールとは，一般に，製品の設計や製造過程の過誤により製品に欠陥があることが判明した場合に，製造業者や販売者が無償でその修理や交換，返品に応じる措置をいいます。リコールには，法令に基づいて実施される場合と製造業者等が自主的に行う場合があります。

①製品の品質等に問題を生じさせないための体制整備

製造業者のマネジャーとしては，まず，PL，リコールのリスクを回避するための体制，すなわち製品の設計・製造・流通等を通じて，製品の安全確保に向けた体制を整備することを組織内で構築するように働きかけることが重要です。その際の重要な視点として，①その製品の本来的な用法に従って使用された場合の安全性だけでなく，②合理的に予見される誤使用をも考慮し，そのために製品事故が生じた場合であっても，消費者に生じる被害が最小限にとどまるよう留意します。

そのためには，各部署のマネジャーが連携して，製品開発の段階から，同種の製品でいかなる事故が生じているか等の情報を収集し整理することが必要です。このような情報収集に役立つものとして，経済産業省が消費生活用製品安全法35条1項に基づき事業者から報告を受けた事故のうち，プレス発表を行ったものを，製品名等で検索できるWEBページを公表していますので参考にすることができます（経済産業省：製品安全ガイド「製品事故の検索」）。

②製品の品質等に問題が生じクレーム等を受けた場合に備える社内体制の整備

マネジャーは，製品の安全性に細心の注意を払うべきであるのはいうまでもありません。しかし，それだけでは十分でなく，担当部門のマネジャーは，その事業を継続するために，製品事故が生じた場合に対する対策を講じておくことも重要です。

マネジャーは，自分の組織が製品に関する苦情等の連絡を受けた場合に，適切に処理できるようにしておかなければなりません。クレーム情報は，現場の一営業担当者に伝えられることもあれば，企業の代表番号を通じて総務部門等の担当者に伝えられることもあり，様々な部門がその窓口となる可能性があります。

クレーム情報を受けた者が，「大した情報ではなく，自分で処理できる」と考え，場当たり的な対応をすることも十分考えられますが，製品の品質等に起因する重大なリスクが後に顕在化した場合，企業は多大な損失を被るお

それがあります。そのリスクを最小化するためにも，クレーム情報の連絡・報告体制は非常に重要です。

マネジャーは，クレーム情報をとりまとめる部署にクレーム情報が確実に伝達されるように注意を払う必要があります。

2-2 製品納入やサービス提供の遅延・不能

納品の遅延または不能を引き起こした組織は，納品先からの信用が低下し，場合によっては取引自体を打ち切られることもあります。また，納品遅延や納品不能に対しては，取引先から，債務不履行を理由とする損害賠償を請求されるおそれがあります。

台風などの自然災害が原因で納品が遅れた場合，不可抗力だとして責任を免れる場合もあるでしょう。しかし，自然災害に起因する納品遅延等であっても，倉庫の窓が破損していたのを放置していた場合や，保管状況に不備があった結果，製品の滅失・毀損を招いた場合など自社にも責任がある場合には，債務不履行責任を追及される可能性があります。不可抗力か否かについては，正しい法律知識を持って判断できるように心掛けてください。

次の事例をもとに，納品の遅延や不能への対応について考えてみましょう。

> 納品先と継続的製品供給契約を締結して製品を納入していたが，当社の工場が台風による水害で浸水し，製品が毀損し生産設備が使用不能となった。次の当該製品の納期は3日後であるが，納期に間に合わせることは不可能な状況である。また，今後の生産分についても生産再開の見通しは不透明である。

(1) 被害状況の説明，復旧の見通しの説明

マネジャーは，納品の遅延や不能が確実であることがわかったときには，その理由のいかんを問わず，納品先への連絡を最優先に行う必要があります。

このことが，取引先に対する信頼維持・回復への第一歩です。また，速やかに連絡することで，取引先において，他のメーカーから部材を調達するなどの代替措置を可能にし，損害総額の低減を図ることができます。

具体的には，まずは納品が不能となったことを率直に謝罪するとともに，被害に至った原因，復旧に要する期間の見通しを取引先に伝えます。

(2) 代替業者からの仕入れによる納品確保などの措置

例えば，納入する製品が，汎用性のある製品であって代替品の調達が可能であれば，緊急措置として，同業他社から製品を仕入れて納品を間に合わせるということも検討する必要があります。

もっとも，代替製品の納入にあたっては，取引先の承諾を求めることが必要です。

(3) 取引先の要求の把握

取引先との折衝の際には，取引先が当組織に対し，損害賠償請求，取引の中止・解除など，どのような要求を検討しているのか，その感触をつかむことも大切です。相手方の要求内容をできるだけ早い段階で把握することは，当組織の以後の対応方法を検討するにあたっては重要な要素となります。

(4) 納品先への継続的な報告などの対応

取引先へは，第一報以降も，継続して状況の報告・説明を欠かさず行う必要があります。とくに，情報を訂正すべきときは，適宜その時点で経過を報告することが大切です。

また，取引先からの損害賠償請求などの事態に備えて，総務部門等の関係部署を交えて，当組織としての対応方針を決定する必要があります。その際，状況に応じて弁護士等に相談し，善後策を講じておく必要があります。

さらに，トラブル発生時の対応は，その状況に応じて適切に行う必要があり，経験がないと非常に困難です。そのため，具体的な対応手順をリスクの度合いに応じて定め，マニュアル化し，それに従って教育しておくことも大切です。

③ クレーム対応

　組織が，その活動を通じて商品やサービスを顧客に提供していると，顧客から商品やサービスについて様々な意見が寄せられることがあります。それらの意見は，その組織の商品やサービスに関する大切な情報として，以後の組織の活動に役立たせるべきものです。また，組織は，顧客から，商品やサービスに不具合があったという連絡や，不満・苦情を受けることもあります。このような場合に備えて「お客様対応マニュアル」などが整備されていれば，担当者がそのマニュアルに沿った対応をすることとなりますが，このようなマニュアルによる対応では問題が収束しないこともあります。いわゆるクレーム対応ですが，このような日常業務の範囲を超えた例外的な処理は，マネジャーの重要な仕事の1つです。マネジャーには，適切なクレームへの対応が求められています。

3-1 クレームの通報を受けたときの組織としての対応方法

⑴　クレームに対する初期対応

　例えば，組織の不祥事や製品に関する外部からのクレームの通報は，それを受けた時点ではその真偽が不明であったとしても，まずは，その連絡内容が真実であると仮定して行動すべきです。例えば，匿名であるからという理由で製品に関する外部からの連絡を放置することは慎むべきでしょう。

⑵　クレームの初動調査（SNS等の検索による確認）

　クレームが発生した場合，組織の不祥事や製品に対して同種，同類の情報や噂の有無については，例えばインターネットの検索サイトなどを通じて調査することが可能です。真偽が不明であっても，組織の不祥事や製品に対する風評が流されているとすれば，何らかの対応をしなければ，深刻な風評被害につながる可能性があります。

また，常日頃から，組織に対する風評をソーシャル・ネットワーキング・サービス（SNS）等により，検索調査しておけば，早期に対応するための情報探知が可能です。

⑶　ニュースリリース（顧客・社会への対応）

実際に製品等に不具合があり，その不具合が顧客の健康を害する可能性があるものであった場合や社会的に関心が高い不祥事については，即座に報道され，短期間のうちに世間の関心が高まります。そのため，ニュースリリースが必要になることがあります。ニュースリリースの是非については，総務部等の担当部署で決定されますが，第一報を受けたマネジャーは，組織としてクレームに関する公表の可能性を考慮して，なるべく早く担当部署に，関連情報や資料を提供する必要があります。

ニュースリリースをすべき時期は，生じた事件・事故により異なりますが，報道のタイミングなども考え，事件・事故が生じたことを確認してから間を置かずに公表することが望ましいといえます。

また，報道機関に対しては，事実関係について，当事者として把握していることを，できるだけ正確に公表します。改善策や顧客への対応の現状や方針なども公表し，正直な報道対応を心掛けることが大切です。

初動時の調査の結果，問題点が事実と判明した場合には，必要に応じて緊急記者会見を開き，またはその旨を公表する必要があります。

事件・事故の規模にもよりますが，1〜2度のニュースリリースで事態が収束することはむしろ稀であり，ときには1日に何度もニュースリリースをすることも想定すべきです。そのため，報道機関や担当者の混乱を避けるために，日付や時刻に加え，一連のニュースリリースの順番がわかるように連番（「No.1」や「001」等）も付記する配慮も必要です。

⑷　事実関係の調査

クレーム内容を調査するためには，例えば，その製品の製造にかかわる工場の操業を一定期間停止し，また原材料の調達先等に協力を仰ぐことが不可欠です。そのため，これらの調査を開始するにあたっては，組織としての判

断が必要となります。

また，場合によっては，第三者機関による調査を依頼し，客観的な調査結果を求めることも検討しなければなりません。

(5) 行政への対応

組織の不祥事や製品事故が発生した場合，関係行政機関への届出や報告が企業に義務付けられていることがあります。

例えば，消費生活用製品安全法では，同法に規定する一定の製品について，重大事故が発生した場合，発生の事実を知った日から10日以内に，当該製品の名称や型式等の一定の事項を内閣総理大臣（消費者庁長官）に報告する必要があるとされています（消費生活用製品安全法35条）。

医薬品や食品については，消費生活用製品安全法ではなく，医薬品医療機器等法・食品衛生法といった他の法令に基づく適切な対応が必要であり，業務に関係する法律の知識が不可欠となります。

(6) 緊急時対応マニュアルの整備・見直し

マネジャーは，自社製品等についてクレームを受けその対応を終えたあとは，その対応に不備がなかったかなどを振り返り，今後，同様の事例が起きたときの損害をより軽減するにはどのような対応が必要かを検討します。そして，その結果については，対応マニュアル等の整備・見直しとして「見える化」しておく必要があります。

3-2 クレームへの個別の対応方法

(1) マネジャーによるクレーム対応の必要性

顧客から寄せられる情報にはすべて目を通すというマネジャーもいるでしょう。顧客からの情報は，商品やサービスの質を向上させたり，組織のマネジメントに生かしたりすることができる有用なものです。

製品やサービスについて，顧客の指摘どおりの不具合が認められれば，誠意をもって対応することを心掛け，顧客の被った損害を補てんする必要があ

ります。

⑵ マネジャーによるクレームへの対応方法

①クレームの内容を聞き取り把握する

　マネジャーは，顧客からクレームを受けた場合には，次の点に留意して十分に話を聞くようにしなければなりません。これは，顧客に対し誠実な姿勢でクレームに対応するとともに，顧客が申し出ている苦情に関する情報を収集する必要があるからです。

◆顧客の不満の原因は何か
◆顧客の不満は解消し得るものか
◆現時点において結論として何を求めているか（謝罪，損害賠償，改善措置）

　また，クレームを受け付けた後は，次の点に留意して，引き続き対応に当たるようにします。

◆顧客の主張を整理して，復唱する
◆顧客の心情を否定しない
◆顧客に丁寧に説明する

　ここで注意すべきは，顧客の心情に配慮して誠意ある対応をすることと，責任を認めることは別の問題だということです。もっともクレームを申し立てているということは，顧客に何らかの不満が生じているということであり，組織が責任を否定しようとするあまりに，顧客の心情に配慮することなく，必要以上にビジネスライクな対応をとれば，かえってその不満は募るばかりでしょう。

②原因を究明し責任の所在を確認する

　クレームが発生した原因を，顧客から収集した情報や事実をもとに，可能な限り客観的に究明します。この点は，組織の責任の有無を決定する上で不可欠であり，顧客の関心の高いポイントでもあるため，中途半端に済ますことは許されません。

このプロセスにおいては，まず法律上の責任の有無を見極めることになります。この後のクレーム対応がどのように進むかは，法律上の責任の有無により定まるからです。法律上の責任の有無は，専門的な法的判断を必要とする場合が多く，総務部や法務部などの専任部署（場合によっては弁護士など）への相談が不可欠です。

さらに，組織として，道義的責任や顧客満足（ＣＳ）の観点から，法律上の責任を超えて，どのような対応をするかを検討します。

③不具合に関する情報の共有および対策の実施

複数の顧客から同様のクレームがあった場合，個々のクレームに誠実に対応するほか，そのクレームの原因自体を解決する必要があります。

例えば，商品の説明書の記載に誤りがあった場合，システムの不具合によるトラブルがあった場合などです。このような場合，クレームを受けたマネジャーは，商品やサービスの内容・質に責任を負う担当部門に情報を与えるなど，クレームの原因を迅速に解決するために必要な措置をとらなければなりません。

(3) 悪質なクレームへの対応方法

顧客の中には，組織の些細な落ち度を捉えて執拗に苦情を申し立てる者もいます。いわゆるクレーマー（「コンプレイナー：Complainer」ともいう）です。クレーマーに対する対応を誤ると，風評被害の発生やソーシャルメディアでの炎上など，その他のリスクがともに顕在化し，組織の社会的信用の失墜やブランドイメージの低下など，組織に多大な損害が生じることもあり得ます。

マネジャーは，組織の責任者として，この種のクレーマーへの対応が必要となります。

クレーマーは，執拗に苦情などを申し立てる目的に応じて，次のように分類することができます。

- 苦情を申し立てることにより金銭などの財産を得る目的を持つ者
- 苦情を申し立てること自体を自己の楽しみとする者
- 組織（とくに有名企業・大企業）が自己の苦情に対応しているのを確認することで満足感を得る者

　実際には，クレーマーは上記のいずれか1つだけに当てはまるわけではなく，複数のタイプに当てはまることもあります。現実に対応にあたるマネジャーとしては，そのクレーマーが何を目的としているのかを探ることが重要です。

　当初は単に商品・サービスへの苦情の申立てをするにとどまっていたクレーマーが，組織の態度が軟化するのに乗じて，金銭を得ようと考え，徐々にエスカレートして，犯罪もしくはこれに準ずる不当要求（脅迫，強要，恐喝など）をする者もいます。このような場合には，不当要求には応じず，毅然とした対応をすることが必要です。

POINT 不当要求を受けたときの対応の留意点

　クレーマーからの不当な要求行為は，扱いに慣れていない者にとっては強い恐怖感や，威圧感を覚えます。

　そこで，こうした不当要求に対して最低限どのような点に留意して対応にあたるべきか，その一端を紹介します。

　① 当方の対応は，複数人で行うこと

　相手が複数の場合は，それよりも多い人数で対応し，数の力に負けないようにします。

　② 記録や証拠の確保をすること

　不当要求行為があっても，その証拠などの資料がなければ，いざとなったときの立証が困難となります。可能な限り，録音などによって状況を証明できる資料を収集するようにします。

　③ 不当な要求行為があれば，警察に連絡をすること

　不当要求行為は，例えば，反社会的勢力であれば，ただちに警察による対応の要請が可能です。また，反社会的勢力に限らず，威圧的な要求

行為や対処を求めて居座る行為は，強要罪・恐喝罪・不退去罪などの犯罪になる可能性があります。②の証拠をもとに，速やかに警察に連絡すべきです。

④　裁判所に不当要求禁止の仮処分の申請をする

要求行為をやめさせるために，状況によっては弁護士と相談の上，裁判所に不当要求をしてはならない旨の仮処分を申請することを検討する余地もあります。

4 反社会的勢力への対応

クレームへの対応で，注意しなければならないのは，いわゆる反社会的勢力との関係です。

反社会的勢力の不当な要求に応じたり取引関係を持ったりした場合，暴力団対策法や暴力団排除条例等により，公安委員会から勧告などの処分を受け，取引先や社会から信用を失い，または，反社会的勢力に供与した利益が不当な支出であるとして経営陣が経営責任を追及されるおそれがあります。

反社会的勢力との取引にかかわった担当者が，背任罪や特別背任罪などの刑事責任を問われることもあります。

4-1 マネジャーの心構え

反社会的勢力（「反社」と略して呼ばれることもあります）の定義は，必ずしも統一されたものがあるわけではありません。内閣総理大臣が主宰する犯罪対策閣僚会議がとりまとめた「企業が反社会的勢力による被害を防止するための指針」によれば，反社会的勢力とは，「暴力，威力と詐欺的手法を駆使して経済的利益を追求する集団又は個人」とされ，具体的な属性として「暴力団，暴力団関係企業，総会屋，社会運動標ぼうゴロ，政治活動標ぼうゴロ，特殊知能暴力集団等」が挙げられています。

反社会的勢力に対する基本的なスタンスとしては、第一に最初から接触を持たないこと、第二に仮に接触を持ったときは速やかに関係を断ち切ることです。

4-2 相手方が反社会的勢力であると判明したときの対応

相手方が反社会的勢力であることが明らかとなった場合、ただちに関係を打ち切るべきです。財物の授受があった場合には、ただちに引き渡した物の返還を求め、あるいは受け取った物を返還します。場合によっては即時の完全な関係解消が困難であることもありますが、可能な限り速やかに関係を解消するよう努力します。

このような行動に出た場合、相手方から契約の不当破棄である等の主張がなされる可能性がありますが、これに対しては契約条項の中に反社会的勢力ではないことを誓約する旨の条項（いわゆる「反社条項」）を入れておき、当該条項に違反する不実告知があったことを契約解除の理由とすることが有効です。

反社条項の例として、全国銀行協会が作成した「銀行取引約定書に盛り込む暴力団排除条項参考例」があります。

また、「関係を打ち切るのであれば、反社会的勢力と関係があったことをバラす」「関係を打ち切るのであれば、手切れ金を支払え」等の脅迫がなされることもあります。しかし、これらの行為は、犯罪の構成要件に該当することもありますので、このような脅しに屈してはならないことはいうまでもありません。

4-3 警察等への通報

恐喝や取引の強要などの事実があった場合には、警察に連絡して連携を図り、刑事事件としての立件も視野に入れた対応を検討することが必要です。

また、仮にそのような事態には至っていないとしても、反社会的勢力ではないかとの疑いを持った場合には、警察が相手方について反社会的勢力に関する情報を把握していることがありますので、適切な解決に至る助けとなる場合があります。

4-4 反社会的勢力から不当要求を受けた場合

　反社会的勢力から取引の申込みや金品の要求があった場合には，断固として拒絶することが大切です。

　例えば，会社のサービスや商品にクレームをつけ，それに乗じて不当な要求がなされることがありますが，その場合，事実であれば，謝罪などの通常なすべき対応をとりますが，それを超える要求については，あくまでも拒否する姿勢を崩してはなりません。

4-5 反社会的勢力と取引をしてしまった場合

　マネジャーは，反社会的勢力と取引をしたことが明らかになった場合には，ただちにその旨を上司に報告します。

　反社会的勢力と関係を持ったという事実は，企業の存亡にかかわる重大事

COLUMN　　**反社会的勢力に関する規範**

　東京商工会議所が作成し公表している「企業行動規範」には「社会秩序や安全に脅威を与える反社会的勢力・団体に対しては，毅然とした態度で対処し，一切の関係を遮断する」とあり，また多くの企業が倫理規程等の形で反社会的勢力との関係遮断をうたっています。

　このように，反社会的勢力への対応について，倫理憲章や社内規則という形で会社として，そうした勢力との関係遮断という姿勢をとることを明確化することが重要です。企業として組織的に対応する姿勢を示すことによって，反社会的勢力に直面した従業員が個人的対応を迫られ，恐怖心から相手の要求に応じたり，接触があったりしたことを隠蔽することを防ぐための支柱となります。

　その上で，反社会的勢力対応の担当部署を設け，対応マニュアルを作成して全従業員に配付する，定期的に社員向けの研修会を開催する，契約書や取引約款等に前述の反社条項を取り入れるなど，反社会的勢力対応の体制を構築します。

であるため，一刻も早くその事実を経営層に知らせなければなりません。この点は，第3章第2節2-3⑵「アクシデント情報は優先的に報告させる」で述べたとおりです。

取引先の信用不安に関するリスク

取引先の信用不安とは，売掛金などの回収不能にかかわる取引先の信用力の低下をいい，取引先の資金繰りが悪化したり主力商品の売上が低下したりすることなどによって，売掛金の回収が困難となり，将来的に損失等が発生するおそれが生じます。

5-1 信用調査

信用調査は，取引先の業種や経済環境を把握し，その信用力を把握することを目的として行われます。経済的な取引が行われる場合に，代金などが確実に回収できるかどうかは，取引先の資金繰りとの関連も含め，重要な問題です。したがって，取引を継続しても問題がないかどうか，確実に支払ってくれるかどうかなど，回収が終わるまで，取引先の動向を把握しておくことが重要です。

信用調査は，大きく分けると，次の直接的調査と間接的調査に分けられます。

直接的調査	・貸付先への訪問や経営者との面談 ・提供された資料の調査　など
間接的調査	民間信用調査機関を通じて行う調査　など

このような調査により収集した，法的・財務的ポイントに関連するデータから検討資料を作成し，取引開始の妥当性を判断しなければなりません。その結果，取引先の信用状態に問題がないと判断できれば信用限度を設定します。その後も日常的に取引先に対する信用管理を行い，取引先の信用状態の変化を迅速に把握することが債権管理の上で非常に重要です。

法人には様々な種類があり，商業登記簿等により，以下の事項を調査する必要があります。また，過去の登記事項（目的が変更されていないか，役員の変動が頻繁ではないか等）も調査しておけばさらに良いでしょう。

- 法人の種類・目的 ・役員の変動
- 代表者の権限・責任 ・許認可の取得状況 　その他

加えて，組織の内容を客観的に把握するためには，次の観点から経営分析を実施することが有益です。あわせて，キャッシュフローの把握が重要になっています（詳細については第9章第1節および第2節を参照）。

図表13-3　信用状態把握に有用な経営分析

①安全性の分析	長期・短期の安全性に関し，自己資本比率や借入金依存度，流動比率，当座比率，固定長期適合率等の比率分析を行います。
②収益性の分析	売上高経常利益率・自己資本利益率・経常収支比率・売上高人件費率等の比率分析を行います。
③成長性の分析	成長性は，債権回収率の高さや取引拡大の可能性を示すので，増収率や経常利益増加率，②の各種利益率の増減等で分析を行います。

5-2 危険兆候の発見

取引の相手方の日常的な信用状況の適切な把握により，代金債権の回収遅延・不能に至る危険な兆候を発見することが可能となります（図表13-4）。

図表13-4　危険な兆候の例

項　　目	具　体　的　兆　候
①経営層の変化	商号変更，組織の変更，代表者の突然の交替，合併・事業譲渡，役員の大幅な変更，株主構成の変化，事務所・工場の移転，設備の急速な拡大・縮小
②営業内容等の変化	主要商品の売れ行き不振，販売先の倒産，大口不良債権の発生，市況の悪化，大口返品・クレームの発生，商品のダンピング販売，主要仕入先の変動，主要販売先の変動，消費者運動
③取引実態の変化	売上高の急増減，不相当の受発注，請求残高の急増，担保・保証の変化
④支払実績の変化	支払条件変更の申出（現金取引から手形取引への変更等），手形のジャンプ依頼，支払銀行の変化，支払日の変化，経理担当責任者の不在，他の債権者の行動
⑤生産・在庫の変化	不良製品の続出，在庫の急増減，在庫管理の混乱，機械・設備の保守・整備不良，納期遅れ多発，返品の急増
⑥金融の変化	取引銀行の頻繁な変更，不動産に強力な担保の新規設定（抵当権など）
⑦代表者の変化	経営者の不在，代表者の病気・死亡，後継者の育成難
⑧従業員の変化	労使紛争の激化，従業員の定着率の悪化，勤務態度・モラールの低下，経営者・幹部に対する信頼の欠如
⑨その他	同業者の風評悪化，取引先・同業者・民間調査機関の情報の悪化，決算書等財務資料の不開示，自社訪問の忌避

5-3 危険兆候が発見された後の対応

　取引先に危険兆候がみられる場合には，万一の場合に備えて，取引先に対する債権の存在を立証できるよう，以下のとおり契約関係書類の再点検と整備を行う必要があります。

◆貸付金残高の確認
　金額・元利の区別・担保権の有無等の資料を至急準備する
◆債権回収状況の再点検
　現在までの回収状況，支払遅延等がないかを確認する
◆担保目的物の評価見直しと増担保，代担保の要求の検討
　回収資源の特定をすることが重要である
◆債務者の最近3期間程度の事業年度の事業報告書，有価証券報告書または附属明細書を含む決算書等の点検

　なお，取引先の倒産等により，リスクが現実化した場合には，法的な手段

をとること等を含め，弁護士等と相談しながら，早急に対応することが重要となります。

6 環境問題に関するリスク

　現在，地球規模の課題として環境に配慮する意識が高まり，企業の環境に対する責任も厳しく問われる状況が進展しています。大気，水，森林，土壌，エネルギー，化学物質，廃棄物など，気候変動や生物多様性に影響を与える環境汚染や廃棄物に関するリスクは，あらゆる事業活動において潜在するリスクです。地球環境への配慮を怠った結果，環境汚染や廃棄物の不法処理を引き起こした場合のペナルティは，巨額の賠償責任や社会的評価（レピュテーション）の低下，消費者からの不買，当該企業の取締役等の刑事責任など，企業の存続に甚大な影響を及ぼす致命的なダメージとなり得ます。

　企業として，自社の活動にどのような環境リスクが潜在するのかを把握しその顕在化を回避することが重要な課題です。

　環境関連規制に関しては，廃棄物の処理や有害物質による水質・土壌の汚染，騒音や振動など多数の法令・規則・ガイドライン等のほか，自治体毎に条例や規則に定めが置かれています。自社の事業活動に関連する最新の規制を把握しておくことが不可欠です。

　また，SDGsには地球環境の保護に関する多くのゴールが定められ（目標6，7，11，12，13，14，15など），それを達成するためのターゲットが具体的に掲げられています。自社の事業活動をSDGsで掲げられたターゲットに関連付け，自社の事業活動がSDGsの達成に貢献していることを内外に開示することは，地球環境に配慮した事業活動を通じて持続的に収益をあげていくために有効な施策です。

グリーンウォッシュ

　自社の事業活動や商品が環境に配慮することは，SDGsのゴールを達成するために貢献し，またESGにおけるE（環境）に関する活動に合致します。また，環境に配慮した商品・サービスであることは，一般消費者による商品やサービス選択の基準となっています。そこで，環境に配慮した事業活動を実施し，そのような企業であることを一般消費者に向けて広報して自社のブランドイメージを向上させることが一般に行われています。

　しかし，実際には環境への配慮を行っていないにもかかわらず，環境保護等に貢献するかのような広告や広報を行うことにより，一般消費者に誤った商品・サービス選択をさせようとする場合があります。このように，実際は環境改善効果がない，または，調達資金が適正に環境事業に充当されていないにもかかわらず，環境面で改善効果があると称することを「グリーンウォッシュ」といいます（「グリーンボンド及びサステナビリティ・リンク・ボンドガイドライン」環境省）。

7 サプライチェーンにかかわる様々なリスク

7-1 サプライチェーンが影響を受け得るリスク

　サプライチェーンは，第3部第7章第2節2-6で述べたように，商品や製品が消費者の手元に届くまでに経る様々なプロセスの連鎖です。具体的には，原材料の供給事業者（サプライヤー），メーカー，物流事業者，卸売事業者，小売事業者がこのプロセスを構成する事業を実施することとなります。

　このように，サプライチェーンは，一個の事業者の事業により完結するものではないため，各個の事業において，その事業特有のリスクが潜在します。こうしたリスクの顕在化によりサプライチェーンが寸断されると，製品の供給が不可能となり，そのことによる債務不履行責任（損害賠償）や顧客離れ

等，事業継続に深刻な影響を及ぼしかねません。そこで，サプライチェーンのすべての局面で生じる事象を常に把握しておくことが重要となります。

サプライチェーンが影響を受け得るリスクの例

調達プロセス
・サプライヤーの倒産，労働争議の発生，法令違反による事業の停止
・自然災害やパンデミック
・テロや政情不安
・経済危機，原材料価格の高騰　など

生産・保管プロセス
・工場や倉庫等の火災や倒壊
・製造機械等の棄損　など

物流プロセス
・道路，鉄道など物流網の寸断　など

受注・販売プロセス
・販売店舗の被災
・システム障害，サイバー攻撃　など

7-2 サプライチェーンにかかわるリスクの管理

サプライチェーンにかかわるリスクの管理にあたっては，次の例のように，自社のサプライチェーン上の重要拠点に関し，どのような脆弱性があるかを調査し，その対策を講じることが重要です。

調達プロセス
・1社のみから供給されている原材料の有無
・現在，原材料の供給を受けているサプライヤーが事業不能となった場合，代替のサプライヤーを確保しているか
・原材料価格が高騰した場合，代替の原材料は存在するか　など

生産・保管プロセス
・工場や倉庫等が機能停止した場合の代替拠点は存在するか
・1つの拠点が機能停止した際に及ぼす他の拠点への影響を把握しているか　など

物流プロセス
・既存のルートが寸断した際の代替ルートは定まっているか　など

> 受注・販売プロセス
> ・必要程度の在庫数量を算定，確保しているか
> ・情報セキュリティー機能は最新の状態か
> ・重要情報のバックアップデータを遠隔地保管しているか　など

　ビジネスのグローバル化に伴い，現在，サプライチェーンも複数の国にまたがって展開されています。海外のサプライヤーから供給を受けている原材料が児童労働などの人権侵害や環境破壊，紛争鉱物等に関連している場合，企業や製品の社会的信頼が大きく失墜します。こうした事態は，ESGの観点からも大きなリスクにつながります（第1部第1節1-3参照）。サプライチェーンにかかわるリスクの管理においては，自社製品の原材料は，どこから供給されているのか調査する，SDGs・ESGの観点にそぐわないサプライヤーを排除する，途上地域等に所在するサプライヤーに対する人権や環境保護についての啓蒙を行うといった活動も重要になります。

8　ビジネスと人権

8-1　人権侵害にかかわるリスク

　企業が抱える様々なリスクの1つとして「人権侵害にかかわるリスク」が挙げられます。

　ビジネスのグローバル化に伴い，企業の経済活動を構成するサプライチェーンは，世界中に広がっています。こうしたサプライチェーンの一部において，例えば，低賃金労働や不当・過剰な長時間労働，強制労働，児童労働，土地所有の概念を持たない先住民からの土地の収奪等があった場合，「国境を越えた人権侵害」として国際的に問題視される事態が増加するなど，人権に対する人々の意識が高まっています。

　そのような状況の中，企業は，自社の活動が人権に関して与える影響につ

いて適切に把握することがリスクの回避につながります。

　企業は，自社で雇用する従業員（正社員だけでなくパート・アルバイトや派遣社員などの非正規労働者を含む）に対し，就業における安全配慮，ハラスメントや差別の防止など，その人権についての配慮はもちろん，顧客や消費者，地域社会，さらには事業活動にかかわるサプライチェーン全体といった，自社事業にかかわる全ての人の人権への配慮をおろそかにすれば，経営上，重大なリスクになることに留意しなければなりません。

8-2 人権保護のための規制

　例えば，自社製品の原材料を海外から輸入している企業が，現地の調達先が劣悪な環境下で従業員に労働を強いていたり，安価に原材料を得る目的で森林を違法に伐採しているような場合，その調達先と取引をしていることによって，自社が人権侵害を助長しているとして提訴されたり，外国の法律に基づき制裁等が科される可能性があります。

人権保護に関する諸外国の法律の例

・現代奴隷法(イギリス)
・現代奴隷法(オーストラリア)
・サプライチェーン透明法(アメリカカリフォルニア州)
・サプライチェーン法(ドイツ)
・児童労働注意義務法(オランダ)

　法務省「今企業に求められる『ビジネスと人権』への対応」によれば，企業が自社の人権問題を放置している場合，次のようなリスクが顕在化し得るとしています。

法務リスク	訴訟や行政罰など
オペレーショナルリスク	人材流出やストライキなど
レピュテーション(評判)リスク	不買運動やSNSでの炎上など
財務リスク	株価の下落や投資の引揚げ(ダイベストメント)など

出典：法務省「今企業に求められる『ビジネスと人権』への対応」を加工して作成。

一方で，企業が人権に関する取り組みを充実させた場合のポジティブな影響として，次のようなものを挙げています。

業績への影響	売上の増加	（ａ）新規顧客の開拓・顧客単価の上昇
	コストの減少	（ｂ）採用力・人材定着率の向上（≒採用コストの減少）
		（ｃ）生産性の向上
企業価値への影響		（ｄ）ブランド価値の向上
		（ｅ）株式等価値の上昇

出典：法務省「今企業に求められる『ビジネスと人権』への対応」を加工して作成。

8-3 人権尊重への取り組み

　企業が人権尊重についての取り組みを推進するに際し，指針となるものの1つとして，国連「ビジネスと人権に関する指導原則：国際連合『保護，尊重及び救済』枠組みの実施」を挙げることができます。この指導原則は，「人権を尊重する企業の責任」の運用上の原則として，ⅰ）人権を尊重する責任を果たすためのコミットメント，ⅱ）人権デュー・デリジェンスの実施，ⅲ）人権への悪影響の惹起または助長を確認した場合における正当な手続を通じた救済の提供等を挙げています。

　これらのうち，人権デュー・デリジェンスへの取り組みは，人権問題に起因するリスクの発生を回避する戦略と考えることができます。デュー・デリジェンスは，一般に，負の影響を回避・軽減するために，その立場に応じた相当な注意を払う行為や努力のことを指します。企業の事業活動における人権侵害となり得るリスクのアセスメントや，リスクの顕在化を回避するための対策の構築等を要素とする人権デュー・デリジェンスの適切な実施は，社内外の人権の保護および自社の企業価値の向上に資するものです。

第14章

組織にかかわる
リスクマネジメント

① 情報（個人情報・機密情報）
漏えいに関するリスク

1-1 情報セキュリティリスク

　デジタル社会の進展により，ビジネスを優位に進めるために情報はますますその重要性を増しています。組織にとって，情報を事業や業務に活用することは競争力を維持・向上させるのに重要であると同時に，情報を保護するための情報セキュリティへの対策が不可欠となっています。

　そこで，マネジャーは，自らが情報セキュリティに対する重大なリスクや情報セキュリティ対策に関する基本的な知識を持つことはもちろん，チームメンバーにこれらの重要性を十分に認識させなければなりません。

⑴　情報セキュリティに関する様々なリスク

　情報セキュリティに関するリスクには様々なものがありますが，組織に重大な損失をもたらし得る情報セキュリティリスクには，①個人情報漏えいリスク，②機密情報の漏えいリスク，③情報システムの停止リスク，および④コンピュータウイルスへの感染リスクがあります。

①個人情報漏えいリスク

　組織がその保有する個人情報を漏えいした場合，個人情報の保護に関する法律（個人情報保護法）に違反し，その個人情報により特定される本人から

損害賠償を請求されるだけでなく，その組織の社会的信用が失墜するリスクがあります。その結果，顧客離れなどが生じて，収益を大幅に悪化させることになりかねません。

②機密情報の漏えいリスク

組織は，一般に多くの機密情報を用いて事業を行っています。競合他社との競争を優位に進めるために不可欠な機密情報が外部に漏えいすると，その組織の競争力が低下するだけでなく，情報管理体制が不完全であることが取引先等の知るところとなるとその信用を失うおそれがあります。前述した個人情報や機密情報が外部に流出する原因には，従業員による不正な情報の社外持ち出しや従業員が機密情報を保管した記録媒体を紛失するといったことが考えられます。

③情報システムの停止リスク

現在多くのビジネスはコンピュータシステム等のデジタル技術の利用を前提としています。これら業務を遂行する上で必要不可欠なコンピュータシステムが突然停止するようなことがあれば，業務を行うことができず顧客等に迷惑をかけることとなり，最悪の場合取引停止等の結果を招くおそれがあります。

④コンピュータウイルスへの感染リスク

業務に使用しているパソコンやネットワークがコンピュータウイルスに感染した場合，知らない間に機密情報が外部に送信されたり業務に不可欠なコンピュータシステムが停止するなど，重大な結果をもたらすおそれがあります。

コンピュータウイルスとは，第三者のプログラムやデータベースに対して意図的に何らかの被害を及ぼすように作られたプログラムをいいます。「ウイルス」と呼ばれるように，コンピュータウイルスは，自らの機能によって他のプログラムに自らをコピー等することにより，他のシステムに伝染する機能（自己伝染機能），その機能を発揮するまで症状を出さない機能（潜伏

機能)，プログラム，データ等を破壊したり，本来意図されていない動作を
する等の機能（発病機能）のいずれかの機能をもつとされています。

(2) 情報セキュリティ対策の基本的な考え方

　情報セキュリティは，組織が保有する顧客情報や機密情報等の情報（これ
を情報資産といいます）を「機密性」，「完全性」，「可用性」（これらを情報
セキュリティの3要素と呼ぶことがあります）に関する脅威から保護するこ
とです。情報セキュリティにおいては，情報そのものだけでなく，情報を記
録する媒体（USBメモリやSDカードなど）やデータが保存されているパソ
コンのほか情報が記載されている書類などもその対象とされています。情報
セキュリティにおける機密性，完全性および可用性は，図表14-1のように
まとめることができます。

図表14-1　情報セキュリティの3要素

機密性 (Confidentiality)	機密性とは，情報にアクセスできるのは，それを許された者に限定されていることをいいます。例えば，コンピュータに保存されているファイルにアクセス制限を設定したり，書類を保管しているキャビネットに施錠をして一定の者のみが開錠できるようにすることなどです。
完全性 (Integrity)	完全性とは，情報が正確であり，内容を不正に改ざんされたりファイルが壊れたりしておらず完全である状態を保持することをいいます。
可用性 (Availability)	可用性とは，必要に応じていつでも正当な権限を有する者が情報にアクセスできる状態にしておくことをいいます。情報を保存したサーバーやパソコンが必要な時にいつでも使用できる状態にあることは可用性にかかわることです。

　組織の情報セキュリティ施策について検討する際には，この情報セキュリ
ティの3要素のバランスに配慮することが必要です。例えば，機密性を極端
に高めて業務に必要な情報にアクセスできなくしてしまうことは，可用性を
欠くこととなります。

(3) 情報セキュリティ対策

　情報セキュリティ対策を講じる上で重要なことは，まず経営層が情報セキ
ュリティの重要性を認識し，組織として情報セキュリティ対策を講じるよう

にすることです。そして，組織全体に適用される「情報セキュリティ対策方針」を定め，その方針を具体化するルールを定めます。こうすることで，マネジャーは，自らのチームにおける情報セキュリティの実施を確実に進めることができます。なお，このような規定として定められた情報セキュリティ対策方針等は「情報セキュリティポリシー」と呼ばれることがあります。

マネジャーは，自社の情報セキュリティポリシーに従い，チームメンバーに情報セキュリティについて理解と知識が定着するようにメンバーをマネジメントし，情報セキュリティリスクが顕在化しないようにする必要があります。

1-2 個人情報の漏えいリスク

組織が競争社会の中で優位性を強化するためには，その有する独自の価値ある情報を守り，それを戦略的に活用することが重要です。

顧客リストや販売マニュアル等のような機密情報（営業情報）が，競合する他の組織などに流出すれば，事業活動をする上で大きなダメージとなります。

また，顧客情報の漏えいにより，社会的信用および顧客からの信用を失うリスクがあります。そして，情報が漏えいした顧客に対し損害賠償責任が発生するというリスクもあります。

顧客情報の漏えいについて，事例によって考えてみましょう。

当社では，インターネットを通じて，書籍，ＣＤ，食料品，生活雑貨，家具など幅広い商品の通信販売業を行っており，これまで注文を受けた顧客について，その氏名・住所・連絡先のほか，年齢・性別・購入履歴等から独自にその顧客の嗜好を分析し，顧客データとして管理している。ところが，最近，当社の多数の顧客から，当社の競合他社であるＡ社から頻繁に広告メールが届くとの苦情を相次いで受けた。苦情の内容は，Ａ社の広告メールは，当該顧客の当社からの購入履歴を分析したかのような，当該顧客の嗜好に沿うものであり，その購入履歴がＡ社に漏えいしているのではないか，というものであった。そこで，調査を進めたところ，以前当社

の従業員であったＢが，退職後Ａ社に転職していることが判明した。

(1) 顧客からの苦情に対する初期対応

「顧客情報が漏えいしているのではないか」という顧客からの苦情をきっかけとして，顧客情報の漏えいが判明することがあります。マネジャーは，このような顧客からの苦情に対しては，まず連絡に対する謝意を伝え，その上で，情報漏えいの事実確認の状況や今後の対応を説明しつつ，必要に応じて謝罪の意思を表明します。

このような苦情は，情報漏えいの発生を知る上での貴重な情報提供ともいえます。苦情を寄せた顧客は，組織の大切な「お客様」であることを忘れてはなりません。

(2) 漏えい等事案の報告

個人情報保護法上，個人情報取扱事業者は，その取り扱う個人データの漏えい等，その安全の確保に係る一定の事態が生じたときは，当該事態が生じた旨を個人情報保護委員会に報告しなければなりません。本事例における「当社」は，個人情報保護法上，個人情報取扱事業者に当たりますので，原則として，この報告義務を負います。

(3) ホームページでの事実公表と報道機関（マスコミ）対応

組織がホームページ（HP）をインターネット上に公開している場合には，HPに，顧客情報の漏えいについて，情報が寄せられている旨を公表し，事実関係の調査の状況を説明するようにします。

顧客情報の漏えいに関する苦情が顧客から相次いで寄せられる状況に陥った場合，報道機関に当該情報が伝わることは時間の問題です。

現代社会では，個人情報保護は社会的な要請となっています。個人情報の漏えいに関する社会の関心は高く，組織の情報漏えいに関する事件が発生した場合には，即座に報道されます。そのため，初期対応として，報道機関に対するニュースリリースを準備し行うことが必要です。

⑷ 情報管理体制の緊急点検

　顧客からの通報について，事実関係を調査します。例えば，次に掲げるような初期情報を点検確保する必要があります。

　◆当該顧客情報は，Ｂが管理していた顧客情報であるか。

　◆Ｂは，当社が保有している情報のうち，どの情報にアクセスが可能であったか。

　◆アクセスのログは残っているか。

　さらに，今後Ｂに対する法的措置や，Ａ社に対して，当該顧客情報の使用差止めの請求をする資料として，Ｂの当社入社時，退職時の秘密保持誓約書の点検をします。

　Ｂによる情報持ち出しの事実を確認できた場合，Ａ社に対して，Ｂの持ち込み情報の使用禁止と法的措置の警告をします。

⑸ 法的措置の検討

　組織の保有する個人情報は，その管理状況等のいかんによっては，不正競争防止法上の「営業秘密」に該当します。そして，同法に基づき，ＢおよびＡ社に対して，営業秘密の侵害を理由として当該個人情報の使用の差止請求や，損害賠償請求を求めることも可能です。

　なお，法的措置の検討にあたっては，個人情報保護法やマイナンバー法，不正競争防止法などの正確な知識は不可欠ですので，マネジャーとして知識を身につけておくべきです。

⑹ 顧客からの損害賠償請求に対する備え

　Ｂが当社の顧客情報を持ち出しＡ社に渡したことが明らかとなり，Ａ社の個人情報の使用がＢの情報に基づくものと判明した場合，当社は，顧客から損害賠償請求を受けることもあり得ます。

　その場合，組織における顧客情報の管理体制が万全であったか否かが重要なポイントとなりますので，情報の保管方法やアクセス権者の限定等の徹底状況を把握しておくことが必要です。

(7) 顧客情報管理の徹底

　顧客情報の漏えい事案が発生した場合，顧客情報の管理マニュアルの見直しは当然必要ですが，さらに，見直した管理マニュアルを顧客情報を扱うすべての担当者に周知徹底する必要があります。

　また，こうした事案を予防するために，入社時・退社時に秘密保持誓約書を求めることも大切です。

1-3 機密情報の漏えいリスク

　組織の機密情報については，不正競争防止法などにより組織の知的財産の1つとして保護されていますが，何よりも重要なことは，情報を管理する立場にあるマネジャーが，自己の管理するチームや部下に対して適切な情報管理の基準や手順を示し，教育することです。

(1) 機密情報の管理方法

①組織の機密管理を実行するための条件

　不正競争防止法で保護される情報（営業秘密）は，その組織にとって重要な機密情報であるということが前提です。そのために，保護に値する情報は，①秘密管理性（企業がその情報を管理し，誰でも見られる情報ではないこと），②業務有用性（その情報が企業にとって有益な情報であり，保護に値するものであること），③非公知性（その情報は，一般的に知られていない情報であること）の要件が必要です。

　したがって，まず何が機密情報なのかを部下に周知する必要があります。そして，情報へのアクセス権者を指定し，情報の内容や機密度に応じてアクセスできる情報の範囲を限定する必要があります。

　具体的には以下の②〜④に示すような点に注意して，情報の具体的な管理を実行するようにします。

②物理的管理

◆機密情報（秘密情報）であることの表示

　情報が記載されている部分の隅に秘密であることを示す明快・平易な言語・文字・デザイン・記号・マークなどを記載・記述します。また，プリンターでデジタル透かし情報（廃棄期限や秘密表示等）を付加します。

◆情報媒体の分離保管

　保管室や保管庫の中に情報が記載・記録されている媒体専用のスペースを設けます。情報が記載・記録されている媒体を専用のファイルなどに保管します。

◆持ち出し・複製の制限

　情報媒体の持ち出しや複写，複製を一律に禁止します。アクセス権者による媒体の持ち出しや複写を認める場合には，責任者の許可を必要とするようにします。

◆回収・廃棄

　情報が記載された資料は配付後適切に回収します。また，記録された資料など媒体が不要となったときは，適宜または定期的に廃棄します。廃棄する際には，専門処理業者に依頼して溶解処分をします。シュレッダーにより書類を廃棄処理する際には，廃棄情報を確認します。廃棄期限が到達しているもので廃棄されていないものがないかを確認し，記録媒体は，消去用ソフト，磁気消去等により記録された情報を消去した後，物理的に破壊します。

③技術的管理

◆秘密表示・マニュアルなどの設定

　営業秘密であることを表示するデータを電子情報そのものの中に組み込みます。データ複製やバックアップをする際の手順を文書等で明確化します。

◆アクセスおよびその管理者の特定・限定

　コンピュータの閲覧に関するパスワードを設定し，パスワードの有効期限を設定します。その際，同一または類似パスワードの再利用を制限するようにします。情報セキュリティの管理者が退職した場合には，管理者パスワードに加え，ユーザーIDを再設定します。

◆外部からの侵入に対する防御

　営業秘密を保存・管理しているコンピュータはインターネットに接続しないようにすることが望ましいといえます。

　また，インターネットと内部ネットワークの間に，ファイアウォールを導入することも有効です。そして，コンピュータにウイルス対策ソフトウェアを導入します。サーバーにアクセスする際の認証システムとして，接続時認証および通信情報の暗号化措置を講じます。

◆データの消去，廃棄

　電磁的記録を消去または廃棄する場合には，データの復元が不可能な措置を講じた上で，記録媒体そのものを物理的に破壊します。

④人的管理

　いかに精巧な体制を整備したとしても，営業秘密に接する従業員等がそれを社外に漏えいしてしまえば，組織の秘密管理の努力は水泡に帰してしまいます。実際，従業員等が故意または過失により営業秘密を社外に漏えいする事例が後を絶ちません。このことは，情報の物理的あるいは技術的な管理だけでなく，従業員等の「人」に対する管理が重要であることを裏付けているといえます。

◆秘密保持契約

　入社時，異動時，新プロジェクトへの参加時，中途社員採用時，退職時等には，それぞれ秘密保持に関する誓約書を提出させます。とくに，中途採用の場合，中途採用者が他社在籍時にその機密情報（営業秘密）に接している可能性があるため，他社情報の持ち込み，使用を禁止する旨の誓約書を提出させるなど，他社の秘密の混入（コンタミネーション）が生じないように細心の注意を払う必要があります。

　以下，マネジャーが，人的管理で必要な項目を紹介します。

秘密保持契約の締結	・利用者の情報等を扱う従業員等との間で，秘密保持契約を締結する。 ・派遣社員については，派遣元企業との間で秘密保持契約を締結する。 ・秘密保持契約については，従業員等の退職後も，一定期間は効力を有するものとする。
従業員等への教育	・従業員等に情報セキュリティに関する研修等を行い，情報セキュリティに関する法令および組織内の規程等の遵守，各自の役割と責任，情報漏えい等が発生した際の適切な対応等について，周知徹底を行う。 ・情報セキュリティに関するマニュアルを作成し，従業員等に配付する。
委託先の管理	・業務委託等の相手方が，利用者の情報等に接触する可能性がある場合，秘密保持契約を締結し，情報等の取扱いについて，適切に管理されるよう監督する。

⑵　情報システムに対する不正侵入があった場合

　組織内部のネットワークシステム内にインターネットを経由して不正侵入されることがあります。IT分野の技術革新はめまぐるしく，いったん確立したセキュリティ技術を無効化するような技術が開発されるということがあり得ます。したがって，技術的に不正侵入を完全に防止することは難しいと考えたほうがよいでしょう。そうした観点から，前述したとおり，真に重要な機密情報はインターネットに接続されていない端末で管理したほうがよいでしょう。

　情報システムへの不正侵入によって，システム内にある情報の取得や書き換え等がなされると，組織内で厳重に管理されるべき顧客情報等が外部に漏えいします。

　不正侵入が検知された場合には，まず，外部との接続を断ち，侵入経路や被害の状況等の情報を収集した上で，情報システムを復旧し，営業の継続を図ります。

2 組織内の不正に関するリスク

2-1 部下の不正行為

　不正行為には，従業員が，組織内部で行う不正な行為，例えば，組織内の備品の窃盗行為や，不正経理などの行為があります。ほかにも，組織の内外を問わず行われる不正な行為，例えば，違法薬物の使用，飲酒運転，強制わいせつ行為等があります。

　これらの行為は，「私的非違行為」ともいわれ，これが発覚すると，業務に関連する不正行為であるか否かを問わず，その属する組織名が報道されたり，従業員の管理・教育に関して社会的非難が集中したりするリスクがあります。

　また，こうした不正行為は，多くの場合，窃盗罪（刑法235条），詐欺罪（同246条），背任罪（同247条），横領または業務上横領罪（同252条1項，253条）や麻薬取締法違反，道路交通法違反，強制わいせつ罪（刑法176条）等，何らかの刑事責任も成立することが多いため，いわゆる組織等のレピュテーションリスクにさらされることになります。

　さらに，従業員による不正行為は，就業規則に違反するため，解雇などの懲戒処分の対象ともなります。

　組織内の不正は，どのような組織でも起こり得ます。事業規模が小さな組織では，相対的に大きなダメージとなって，結果として経営への影響を及ぼしやすいのも事実です。とくに人事異動の少ない組織においては，ある部門の業務すべてを1人の人間が処理することがあり得るため，不正を行いやすい環境にあるといえます。

(1) 事実関係の調査，資料の確保

　部下等による不正行為の疑いがあるときは，速やかに担当者を任命して事実確認の調査に取りかかります。

時間が経過すると，証拠が隠滅されたり，証拠が散逸する可能性があるだけでなく，さらなる不正行為によって損害が拡大することもあります。

極めて巧妙・複雑に不正行為が実行されている場合には，自力調査では限界があるため，必要に応じて，公認会計士や弁護士等の専門家に調査を依頼することも検討すべきです。調査手法や着眼点について，専門家のアドバイスは適宜受けるようにしたいところです。

調査の際には，事案によって異なりますが，例えば，組織内の窃盗については，在庫記録，出勤記録などの確認，現金や在庫の確認を通じて不審な点がないかどうかをチェックすることから開始します。

さらに，①特定の担当者の勤務日・勤務時間などの状況と在庫品の不足との関連性の調査，②担当者の日常の勤務態度にも注意すべきです。休日出勤や，関係ないと思われる部署に立ち寄ることが増えたなどの情報も重要情報となることがあります。

(2) 行為者に対する返還要求と社内における処分

不正行為を行った者が判明した場合には，組織が被った損害については雇用契約違反の債務不履行に対する損害賠償として返還を求めるとともに，雇用契約や就業規則に従い，解雇も含めて適切な処分を行うことが必要となります。

ここで適正な処分を行わなかった場合，不正行為を行っても「この程度で済むのか」と思われ，不正行為が繰り返されることになりかねません。また，それが他の部下にも伝わり，不正行為を助長する原因となることもあります。

(3) 法的措置の検討

被害額の返還を求めたにもかかわらず行為者がこれに応じない場合や，被害規模が甚大である場合，あるいは社内調査では限界がありこれ以上事実関係が把握できないといった場合には，顧問弁護士等と相談の上，警察に対し被害届を提出し，告訴手続を行うことも検討します。

(4) 懲戒処分

　組織内の不正の多くは，刑法犯であり，一般的には懲戒解雇事由に当たります。しかし，窃盗行為を行った者が，自らの行為を深く反省し，組織に対し，横領した金額の全額を弁済した場合などは，普通解雇または自主退職といった措置をとることも考えられます。

＜普通解雇と懲戒解雇（参考）＞

普通解雇	一般に，労働者の業務遂行能力や適格性の欠如，勤務態度の不良，傷病等による労働不能，不可抗力などにより雇用継続が困難になった場合になされる解雇である。使用者は，原則として，少なくとも30日前に解雇予告をするか，解雇予告手当を支払わなければならない（労働基準法20条・21条）。
懲戒解雇	一般に，犯罪行為や服務規則違反行為などにより企業秩序を著しく乱したりした労働者に対する制裁罰として行われる処分である。懲戒解雇は懲戒処分の中で最も重い処分とされている。一定の要件のもとで，解雇予告や解雇予告手当の支払いをしないこともできる。また，一般に懲戒解雇の場合は退職金を不支給にしていることが多い。

　なお，労働者に対し懲戒処分をするには，次の事項を考慮する必要があります。

①懲戒処分の根拠事由

　就業規則等で規定した懲戒事由に該当することが必要です。就業規則等の規程で明文化されていない事由について懲戒処分をすることはできません。また，その就業規則が周知されていることも必要です。

②懲戒処分内容の相当性

　過去になされた懲戒処分の案件と比較し，懲戒処分の内容が極端に重くないことが必要です。

③適正な手続

　従業員本人に弁明の機会を与え，社内の懲罰委員会等における手続を経た上で，懲戒処分をすることが必要です。

　とくに，懲戒解雇は，その処分を受ける労働者にとって相当な不利益を課

すものであり，懲戒解雇を行う場合には厳格な運用が必要です。

(5) 組織内の不正に関するチェックリストの策定と実施

　不正行為を防止するには，社内監査等のシステムを構築するとともに，組織内の不正のチェックリストを作成し実施することが大切です。

＜組織内の不正のチェックリスト＞

◆組織内の不正が疑われる場合に，速やかに事実関係を調査し証拠を保全する体制となっているか。
◆組織内で不正が行われた場合を想定した就業規則等の規定は整備されているか。
◆組織内で不正が行われた場合にとるべき警察への手続を知っているか。
◆組織内の不正を防止するための教育・研修は行われているか。
◆組織内の不正を防止するための内部統制システムは構築されているか。

(6) 監査の実施

　組織内の不正の手法は多岐に及ぶため，そのすべてを未然に防止することは困難ですが，可能な限り不正行為を防止・発見するためには組織内の監査を実施することも大切です。ここでいう監査とは，定期的な監査のほかに，随時行われる監査も考慮すべき管理の方法に含まれます。

(7) 不正を防止するための工夫

　組織内の不正を防止するためには，部下が不正の誘惑や機会をもたないという業務上の工夫が必要です。

＜社内不正を予防する工夫＞

誘惑の除去	現金になるべく触れさせない。
現場監視機能の強化	基本的に，すべての手続について複数の者が関与するような体制にする。
固定的人事の回避	定期的に人事異動を実施して，長期間にわたって同じ者が，同一業務を行うことを回避する。

(8) 従業員に対する教育

　組織内の不正行為だけでなく，すべての私的非違行為についても，防止を図るための従業員教育を充実することが大切です。

基本的には，個々の従業員が自覚をしないと，これらを完全に防止をすることはできません。そこで，不正行為を働いた者の社会的な制裁（刑罰・懲戒処分等）や，不正行為による家族への悪影響など，従業員自身のリスクを説明し，コンプライアンス意識を自覚するよう教育することが大切です。

2-2 贈収賄

贈収賄が発覚した場合には，仮にそれが担当者個人の独断によるものであったとしても，組織の行為として受け取られることは避けられません。それにより，組織自体の信用・評判の低下や，国や地方公共団体から競争入札に関する指名停止等の処分を受ける可能性があります。指名停止処分は，官公庁との取引においては致命的であり，事業の続行が不可能となることもあります。そこまで至らない場合であっても，業績の悪化は必至です。

また，事実の発覚により，独占禁止法上の問題や刑法上の公契約関係競売等妨害罪（刑法96条の6）の構成要件に該当する可能性もあります。

さらに，国家公務員倫理法を受けて制定された国家公務員倫理規程は，職務の執行の公正さに対する国民の疑惑や不信を招くおそれがある行為を国家公務員の禁止行為としています。

次に，公務員ではなく民間企業を相手に，受注競争の中で担当者個人に金銭を渡し，またはおよそ通常の接待とはいえない饗応を行うことについても，企業倫理的に正当化できないことは当然です。場合によっては，会社法上の贈収賄罪や独占禁止法違反が問題となります。

マネジャーは，正しい法律知識を身につけて，どのような行為が法令に触れるかなど，理解しておくことが必要です。また，とくに，官公庁との取引については，接待・饗応に慎重な姿勢をとることが重要です。

(1) 該当行為の中止

贈収賄行為あるいはその疑いのある行為が発見された場合には，躊躇せずに，ただちに当該行為を中止させます。企業間取引についても，不正な利益供与を受けた場合には，速やかに返還します。

(2)　事実関係の確認

　贈収賄に関係する各法令の要件を考慮しつつ，事実関係の確認を急ぎます。例えば，接待は何回行われていたか，場所はどこか，同伴者はいたか，金銭は誰がどのような割合で負担していたか，支出された金銭の内訳はどのようになっているか，相手方はどのような権限を有していたか，といった点が挙げられます。ここでどの程度情報を把握することができるか，また，時間的にどのくらい早く把握できるかということが，事件についての公表およびマスコミ対応を行う際の結果に影響します。

　また，この過程で贈収賄に関連する書類等はしっかりと保管し，のちに警察の捜査を受けた際に，提示できるようにすべきです。

(3)　警察等捜査機関への協力

　贈収賄事件は，多くの場合，内部告発や外部からの通報により発覚します。警察等の機関が捜査を開始した場合は，判明している事実関係を正確に説明する必要があります。

(4)　報道機関等への情報開示と顧客対応

　贈収賄事件の大半は，企業や団体の名称，官庁名，当事者の実名が報道されます。また，報道機関に対しては，組織内における事実調査の結果を踏まえて，誠意ある情報開示が求められます。

　報道関係以外に対しても，①社会一般，②取引先，③官公庁・自治体等に対して，関係各部門を通じてホームページ等での公表や個別の説明を行う必要があります。

(5)　企業倫理規程の策定および修正

　企業倫理規程などにおいて，贈収賄を行わないことを宣言します。これは従業員等に対して，組織の基本的姿勢を示す上で大切です。

　また，贈収賄等の防止に関する規定は，普段から見直しを図り，より具体的な対応マニュアルの策定および実施が必要です。

　例えば，①賄賂の相手となる公務員については，現在は，法律の改正等により，「みなし公務員」や，公益性が高い団体について「刑法その他の罰則の適用については，法令により公務に従事する職員とみなす」とされる例が増加しており，そのような立場の者に対する贈答行為は，賄賂罪になること，②外国の公務員に対しても賄賂罪が成立すること（不正競争防止法），外国法（米国法，英国法等）の規定によって，賄賂罪に該当し，組織が多額の罰金を科せられるリスクがあること，③官公庁等各種団体は，それぞれ倫理規程の整備が進んでおり，その規定に抵触するような活動はしないこと，などの，近時の賄賂罪のリスク変化に対応することが大切です。

POINT　諸外国における腐敗防止関連法

　外国公務員への贈答行為が賄賂罪に該当し組織に罰金等が科され得ることは本文に述べたとおりであり，各国の組織がグローバルにビジネスを展開する現代にあっては，国際的にも公正な競争が求められる傾向にあります。主要国で腐敗防止関連法が制定されており，日本の組織のマネジャーも最低限これらの知識を備えておかなければなりません。

　アメリカ合衆国（米国）では，1977年に連邦海外腐敗行為防止法（FCPA：The Foreign Corrupt Practices Act of 1977）が制定され，米国民・米国企業だけでなく外国人・外国企業も対象として，米国以外の国の公務員に対する贈賄行為が禁止されています。連邦海外腐敗行為防止法に違反して贈賄行為を行った場合，法人に対しては，200万ドル以下の罰金のほか違反行為で得た利益等の2倍相当額の罰金が科されることがあります。

　また，イギリス（英国）では，2010年に英国贈収賄防止法（U.K. Bribery Act 2010）が制定されています。英国贈収賄防止法は，腐敗防止に関する最も厳格な規制法の1つといわれ，公務員以外の者への贈賄行為も処罰対象であり，罰金に上限がないことなどの特徴があります。

　さらに，中国においても，刑法で贈収賄罪が定められ，国の職員に対する財物の供与が処罰の対象とされているだけでなく，「商業賄賂罪」

が規定され，会社・企業等の職員に対する財物の供与であっても，その金額が比較的大きい場合には，刑罰の対象となります。

(6) 部下への周知

マネジャーは，部下に対して，贈収賄に該当する行為やその疑いを招く行為はどのようなものか，また，贈収賄を犯した者は刑事責任を問われることをしっかりと指導しなければなりません。

贈収賄に該当する行為がわからないために，問題となる行為をそれと気づかずに行ってしまうこともあります。倫理面や贈収賄を行った場合の結果の重大さを訴えるだけでは贈収賄を防止する上で十分とはいえません。

最新の情報に基づき，具体的に発生した，過去の事例の顛末や，他の組織の事例を紹介するなどといった工夫をすべきです。

2-3 独占禁止法違反（談合および不公正な取引方法）

競争関係にある企業間の談合に参加することは違法・不当な行為であって，発覚すれば刑事罰の対象となるなど重大な結果をもたらします。次のような行為は，談合が疑われる行為として要注意です。

◆建設業者が，他の建設業者と共同して，入札における受注予定者および入札価格を決定した場合（公共工事の発注者に依頼された場合も含む）
◆入札に参加しようとする建設業者が，入札価格について，他の建設業者との間で情報交換を行った場合

---

(1) 入札に関する体制の点検・見直し

談合は，入札制度の機能を損なうものであり，独占禁止法により禁止される不当な取引制限（カルテル）の典型でもあることから，最も悪質な違反行為の1つとされています。そこで，公正取引委員会は，談合に対して厳正かつ積極的に対処することとし，違反行為に対しては排除措置命令や課徴金納付命令などの各種の措置がとられます。

談合に加担したと疑われそうな場面に遭遇したときは，次のように対応を

とるべきです。

◆当組織の所属する事業者団体の会合において，入札に関する談合が話題になった場合，共同意思の形成に加担したとみなされないようにするため，「自社はそのような話題に参加できない」ことを伝え，議事録に記載させ，退席します。
◆業界の行事や懇親会等で，入札における入札価格等に関する話題に及んだ場合，発言の中止を求め，それでもその話題が終わらない場合は退席し，一連の行動を文書化します。

談合については，公共工事の発注者側の担当者が関与することがあり，このような談合を官製談合といいます。これは，発注者の依頼を断れば，今後の取引において当組織が不利になるなどの影響を懸念し，その依頼を受けてしまうという事情が背景にあります。その多くは間違った愛社精神と，組織内での相談体制の不備などに原因があるといえます。したがって，常日頃から経営トップが法令を遵守する旨の宣言を行い，法令に対する組織内の研修の実施により，その対処の行動指針が教育されていることが重要です。

POINT 入札談合以外のカルテル

独占禁止法上の不当な取引制限に該当するカルテルには，本文に述べた入札談合のほかにも次に掲げるような様々な態様があります。

①価格協定	価格の維持・改定や最低販売価格に関する協定
②生産制限協定	生産数量や出荷数などを制限する協定
③技術制限協定	同業者間で技術開発等を相互に制限する協定
④取引制限協定	競合他社との間で取引の相手方や販売地域などを定める協定

これらの協定を結ぶこと等によって，公共の利益に反して，一定の取引分野における競争を実質的に制限すると，独占禁止法に違反することとなります。

さらに，日本以外の国でもカルテル行為への規制がなされており，経済のグローバル化に伴い国境を越えてビジネスを行う組織は，いわゆる国際カルテルの問題に注意が必要です。例えば，アメリカ合衆国（米国）では，1982年に制定された外国取引反トラスト改善法（FTAIA：Foreign Trade Antitrust Improvement Act）により，米国外で行われた行

為であっても，その行為の直接的，実質的，合理的に予見可能な効果が米国に及ぶなどの一定の場合には，外国取引反トラスト改善法が適用できるとされています。このような規定は，中国の独占禁止法にも定められており，中国国外で行われた行為が中国国内の競争を排除または制限する影響を及ぼす行為について，中国の独占禁止法の適用があるとされています。

　以上のように，国内企業との間だけでなく，外国企業との間の国際取引においても，カルテル行為に荷担することのないよう十分な注意が必要です。

(2)　協力会社・下請事業者などとの取引に関する体制の点検・見直し

　不公正な取引方法は，公正取引を損なうものであり，独占禁止法により禁止されています。不公正な取引方法に該当する行為に対しては，排除措置命令が，そのうち一定の行為については課徴金納付命令などの措置がとられます。

　この不公正な取引方法については，取引上の地位が相手方に優越していることを利用した優越的地位の濫用，不当に低い価格で商品などを提供し競争者の販売活動を困難にさせる不当廉売，メーカー等が供給する商品について供給先である小売業者等に対し小売価格等を指定し実効性がある方法でこれを守らせる再販売価格の拘束など11種類が，独占禁止法で規定されています。また，公正取引委員会の告示（一般指定）により，不公正な取引方法に該当する具体的な行為類型が定められています。

　また，優越的地位の濫用については，とくに下請取引関係で問題となることから，下請代金支払遅延等防止法（下請法）によって規制されています。

　組織内の取引の状況，とくに協力会社や下請け会社との取引状況を確認し，不公正な取引方法に該当するような行為が発見された場合には，ただちに是正しなければなりません。

(3)　コンプライアンスの周知徹底

　不正行為については，個々の組織が，その立場に応じて具体的に適用すべ

き基本ルールを作成しなければなりません。独占禁止法を守るために，各組織において，この基本ルールをマニュアルの形式で作成したものは，一般に「独占禁止法遵守マニュアル」と呼ばれます。

「独占禁止法遵守マニュアル」に通常含まれる内容として，次のような項目があります。

◆組織のトップの姿勢表明…組織のトップが独占禁止法を遵守する旨の宣言
◆独占禁止法に関する一般的説明…独占禁止法の趣旨，規制内容，ペナルティ等の説明
◆独占禁止法に関する具体的行動基準…具体的な行動指針・べからず集
◆独占禁止法の遵守手続…組織内における相談体制・チェック体制の説明

組織は，独占禁止法遵守マニュアルを適切に作成し，すべての役職員がこのマニュアルを十分理解し，個別の案件でその適用に疑問があれば，ただちに法務部や弁護士に照会するなどの慎重な対応がとれる体制を整えるべきです。

(4) 不正行為が発覚した場合の対応

談合などの不正行為が発覚した場合の手順の例として，以下のような対応が考えられます。

図表14-3　不正行為発覚時の対応

❶　事実の調査
　法令に違反するとされている事項を特定した上で，法令に違反するとされている事項に関連する契約書等の書類を確認し，責任等を確認する。
❷　当該案件の担当部署との連絡
　当該案件の担当部署を特定した上で，事実を確認し，関連書類の収集等緊急を要する事項の設定および指示を実施する。
❸　法令の内容確認
　社内担当部署（法務の主管）において法令に違反するとされる事項の内容を調査する（弁護士等専門家・所管官庁への照会と確認を含む）。
❹　業務への影響（損害）の想定
　法令違反が発生することにより業務を遂行していく上で影響を受ける事項を確認する。
❺　対応策の方針作成
　法令違反が発生することにより当社に生じる損害や事業に及ぼす影響を軽減する具体的な対応策を検討する。
❻　専門家への相談

当社で作成した対応策について弁護士等専門家に相談し，その意見を反映する。

❼　対応策の方針決定

関係部署と調整し，具体的な対応策を決定する。

❽　行政機関への対応

対応策に基づき主管官庁等の行政当局に連絡し，調整を図る。

❾　顧客・取引先等への連絡

法令違反により影響を受ける顧客・取引先等に連絡をとり，経過報告を行うとともに，必要があれば補償等の交渉を行う。

❿　原因究明と本復旧対応の実施

応急対策後，リスクの顕在化原因を究明し，問題点を明らかにする。原状回復等本復旧対策を具体的に実施する。

⓫　実施状況の確認

本復旧の状況が目標どおりに進捗しているかを確認するとともに，その成果を確認する。

⓬　事実および対策実施状況の公表

取引先・株主その他マスコミ等の情報発信先および方法を設定する。一連の状況を公表し，再発防止措置について言及する。

⓭　実施状況の確認

事業継続計画に沿って対策が実行されているか確認する。

⓮　事実および対策の公表

取引先・株主その他マスコミ等の情報発信先および方法を設定する。あわせて一連の状況を公表し，再発防止措置について言及する。

独占禁止法に違反する行為が行われていた場合の具体的対応として，以下のようなものが挙げられます。

◆組織のトップによる事実の公表および謝罪，今後違法行為を行わない旨の宣言
◆他の案件についての点検および見直し
◆役員・従業者に対する研修等によるコンプライアンスの周知徹底

第15章

事故・災害時にかかわる
リスクマネジメント

1 感染症に関するリスク

職場で新型インフルエンザ等の感染症が発生

　感染症の予防及び感染症の患者に対する医療に関する法律6条7項では，同法の定める新型インフルエンザや新型コロナウイルス感染症等について，新たに人から人に伝染する能力を有することとなったウイルスを病原体とする感染症であって，一般に国民が当該感染症に対する免疫を獲得していないことから，当該感染症の全国的かつ急速なまん延により国民の生命および健康に重大な影響を与えるおそれがあるとしています。これらの感染症は，その免疫を獲得している人がほとんどいないため，容易かつ急速に，人から人へ爆発的感染拡大（パンデミック）を引き起こす危険性があります。

　パンデミックの発生により，次のような社会への影響が懸念されます。

◆膨大な数の患者に医療機関が対応しきれなくなる（医療サービス供給の破たん）
◆国民生活（食料品・生活必需品等）や社会機能（電気・水道・通信・交通など）の維持に
　必要な人材の確保が困難になる
◆社会不安による精神的苦痛，治安の悪化　など

　また，企業活動に関しては，パンデミック時に次のようなリスクが想定されます。

　新型インフルエンザ等感染症のウイルスは，人から人への感染力が強く，組織内に感染者が１人でもいれば，免疫を持たない者に瞬く間に感染が拡大するため，早急な対応が求められます。従業員やその家族に感染が認められた場合の組織としてとるべき対応策をあらかじめ定め，すべての役員および従業員に周知徹底させておくことが大切です。

(1)　新型インフルエンザ等の感染症を発症した従業員の休業について

　マネジャーは，部下が新型インフルエンザ等感染症の症状を訴えた場合，その者を別室等に移動させ，他の従業員や顧客への二次感染のリスクを回避する観点から，他者との接触を防がなければなりません。その上で，保健所等に，現在の症状を連絡し，対応について指示を受けます。

　従業員が新型インフルエンザ等感染症に感染した場合，組織は，法律上，その者の就業を禁止しなければならなくなることがあります（感染症の予防及び感染症の患者に対する医療に関する法律18条２項）。なお，発生している新型インフルエンザ等感染症が，法律による就業制限・就業禁止の措置の対象となるかについては，その時点において厚生労働省が発する情報等に基づいて判断します。新型インフルエンザ等感染症に感染した従業員を，法令等に基づき休業させる場合，一般的には「使用者の責に帰すべき事由による休業」には当たらないと考えられますので，休業手当を支払う必要はありません。

(2)　感染が疑わしい部下がいる場合の対応

　部下が発熱，頭痛，関節痛など，新型インフルエンザ等感染症と類似の症状を訴え，感染が疑われる場合は，まず保健所に連絡を取り，その対応について，保健所の指示を仰ぐ必要があります。これは，保健所の指示によらずに，勝手な判断に基づき医療機関で受診することによる二次感染の発生を防

止するためです。

　なお，感染が疑われる段階で，部下が自らの判断で仕事を休む場合は，通常の病欠と同様に，組織に賃金の支払義務は生じません。

(3)　同居の家族が新型インフルエンザ等感染症に感染した部下への対応

　部下と同居している家族に新型インフルエンザ等感染症の発症が確認された場合，その部下自身が保健所に連絡して指示を受けます。濃厚接触の可能性が高いと判断され，保健所から外出の自粛等を要請された場合，その部下を出社させてはなりません。自宅待機等の期間が経過した後も発症しなかった場合，保健所の意見を踏まえ，出社の可否を検討します。

(4)　二次感染を防止するための対応

　新型インフルエンザ等感染症を発症した部下が使用した机や触れた場所，滞在した場所の周辺の床については，消毒剤を用いて拭き取り清掃を行います。そのほか周囲への接触感染防止の観点から，とくに，人が多く触れる場所（机，ドアノブ，電話機，階段の手すり，エレベーターの押しボタン，トイレの流水レバー，便座等）の拭き取り清掃を念入りに行う必要があります。1日に1回以上行い，消毒や清掃を行った時間を記入・掲示するとよいでしょう。

(5)　感染防止策の実施

　職場における感染防止策として次のようなものが考えられます。

◆来訪者による職場への入場制限
◆通勤ラッシュ時の混雑を回避するための時差出勤や自家用車・自転車による出勤の推進
◆出勤時の体温測定
◆勤務スペースのレイアウト変更による対人距離（2メートル以上）の確保
◆在宅勤務　　　など

---

(6)　職場内での発症が収束した後の対応

　職場内で発症した新型インフルエンザ等感染症が収束した後であっても，

ウイルスは常に変異を繰り返しており，収束した感染症とは異なる型の感染症がパンデミックを引き起こす危険性があります。そのため，マネジャーは，新たなパンデミックに備え，感染予防策に万全を期するほか，発症することにより部下が休まざるを得なくなった場合，残った者で業務を継続できる体制を整える必要があります。その一方で，不要不急の事業については，縮小・休止などにより，感染拡大防止等を図ることが望ましいとされます。

(7) 業務の継続に必要な人材の確保

新型インフルエンザ等感染症の発生時においては，複数の部下が出社できない状況に陥ることがあります。さらに，物品の輸出入が制約されることにより，原材料や物資の不足といった事態も想定されます。

感染拡大の初期段階において，感染者が発生した場合，その濃厚接触者[注]は，所定の期間の自宅待機を要請される場合があります。また，感染の疑いがある者について，保健所による外出自粛要請がなされる可能性があります。このため，新型インフルエンザ等感染症が発生した際には，複数名の部下が一定の期間出社不能になりますので，事業継続に必要な資源としての「人」の確保が困難となることが想定されます。

[注]濃厚接触者には，患者の同居者や直接対面接触者が該当します。直接対面接触者とは，患者に触れることや会話することができる距離で，患者と対面で会話等の接触をした者などをいいます。

新型インフルエンザ等感染症発生の非常事態下において，業務の継続に必要なマンパワー（人数ではなく，業務遂行に必要なアビリティ）を確保するためには，平時から準備・訓練をしておくことが重要です。そのための具体策として，例えば，在宅勤務の採用，複数班による交替勤務，クロストレーニング（後述），意思決定者が感染した場合に備えた代行者の指名などが考えられます。

①在宅勤務の実施
部下が自宅で業務を行う在宅勤務は，他の部下等との接触機会が少ないため，組織内での感染の拡大を防止できます。

この場合，機密情報が漏えいしないよう十分なセキュリティ対策を講じる
必要があります。また，労務管理上は，労働時間の把握と人事考課をどのよ
うに運用するかも問題となりますので，あらかじめ，在宅勤務の規定を整備
しておく必要があります。

平時に在宅勤務を試行しておくことにより，システムの稼働状態，通信ト
ラブルや機器操作上の問題点などが明らかになるため，リスク発生時に在宅
勤務体制へスムーズに移行することができます。

②複数班による交替勤務

部下を複数の班に分け，各班を一定期間ごとに勤務班と自宅待機班で交替
勤務を行うことにより，従業員の大量感染の可能性を低減できます。

③クロストレーニング

1人の従業員が複数の重要業務を遂行できるように日頃から訓練しておく
ことにより，万一，重要業務の遂行を担当する部下が新型インフルエンザ等
感染症に感染した場合でも，代替要員として，その重要業務を遂行できます。

④意思決定者が感染した場合に備えた代行者の指名

マネジャーは，自らが新型インフルエンザ等感染症に感染し就労が不能と
なった場合を想定し，自分の代わりにチームとしての意思決定を行うことが
できる者を選定し，普段から訓練・コミュニケーションを行っておくことが
大切です。

❷ 事件・事故に関するリスク

2-1 施設における事故

事業用施設の中には，危険物，有毒・有害物質，バイオ関連物質等を取り

扱うものがあります。管理の不備や自然災害などが原因で事故が生じた場合，施設が一定期間使用不能となり事業の継続が困難となるおそれがあります。

また，このような施設で発生した事故により従業員や第三者に損害が生じた場合，これを賠償する責任を負うおそれがあります。

さらに，事故がマスコミの報道などにより公になった場合，とくに第三者に死傷者が出たようなときには，組織のイメージを損なうおそれもあります。

(1) 負傷者の救護

負傷者がいる場合には，速やかに救急車の出動を要請するとともに，現場から安全な場所まで離し，応急処置を施します。この際，有害物質などが周辺に飛散したり，あるいは要救助者の衣服に付着したりしている可能性があれば，二次的な被災を防止するため，必要に応じてマスクや防護服を着用する等の防御を行います。

有毒物質による中毒等の場合には，迅速な解毒剤の投与が必要となることがあるため，法令の定めに従って，一定量を施設に備え付けておくべきです。

(2) 二次災害の防止措置

事故現場に第三者等が近づかないようにロープ等でエリア分けを行うとともに，危険物質等の供給バルブを閉めたり，砂や水を散布したりするなどの方法で，危険物質によるさらなる災害の発生を防ぎます。この際，例えば消火しようと水を掛けると爆発するような物質もあるため，防止措置は必ず防災責任者の指示の下で行われるようにする必要があります。

(3) 行政機関への通報

必要に応じ，警察・消防等に通報するのは当然です。この他に，消防法や高圧ガス保安法など，各種の法令等により関係機関への届出が義務付けられている場合には，その定めに従い，所定の届出を行わなければなりません。

(4) 研究・開発設備の復旧

事業を早期に再開し，通常の体制に戻すためには，一刻も早い施設の復旧

が必要となります。

　事業用施設は，しばしば機器等の納入・復旧に時間がかかるため，なるべく早い段階において修理依頼や新規発注を行う必要があります。納入までの間は，同様の機器を保有している企業・学術機関等に依頼して，当該機器が稼働していない時間に利用させてもらうなど，あらゆる手段を検討すべきです。

(5)　情報の公開

　事業用施設はどのようなことを行っているかが公表されていないものがあり，施設で事故が発生したことを聞いた周辺住民は不安になります。そのような不安を取り除くためには，事故の概要や安全性についての情報公開を，早い段階から行っておくことが望ましいといえます。この一連の流れの中で不手際があったり，不正確な情報が流れたりすると，周辺住民の感情が悪化し，場合によっては反対運動などに発展することもあり得ます。

　また，自社の株主にとっても，施設の被害状況や回復の見通し等は，会社の将来性，ひいては株主が所有する自社の株式の価値に影響するため，非常に高い関心を寄せているところであり，このような面からも情報の公開を適宜行う必要があるといえます。

(6)　緊急時体制の構築，マニュアルの作成，訓練

　事故等の発生時に誰が指揮をとり，どのような体制で事態の収拾にあたるのかということを事前に定めておき，実際にそのような事態が発生した場合にはそれに従って行動できるようにしておく必要があります。

　法令において，平常時および緊急時の監督者等を選任して事前の届出をすることが求められている場合もあり，緊急時体制の構築にあたっては，これらの届出も怠らないようにしなければなりません。

　また，監督者等については，選任時の届出のほか，人事異動に伴う変更があった際の届出や，講習の受講を義務付けられている場合もあります。

　施設の開設当初はこれらの義務をきちんと果たしていた企業であっても，時が経つにつれて，届出や受講を失念するケースがしばしば見受けられます。

これらを怠ると，組織や監督者等に罰則が適用されることもあります。また，その間に，事故が発生すれば，防災体制に不十分な面があったと評価される要因となり，組織が損害賠償責任を負うことにもなりかねません。

したがって，法令に基づく届出や講習の受講を適正に行うよう徹底する必要があります。

策定した体制や初動対応については，マニュアルを作成し，施設にかかわる全員に配付します。マニュアルの中には，当該施設において取り扱われている危険な物質や機械について，これらが存在していることおよび判別法や対処法を記載しておきます。

このマニュアルは，判断不能な状況に陥ることを防ぎ，緊急事態における行動指針を与えるものです。施設に勤務する者の中には，危険物質等に関する専門知識を有していない者もいるため，「知識や装備のない者には対応不能であるから危険物質等の漏えい等を発見しても速やかに現場を離れる」ことも1つの対処法である旨を記載しておくことは必須といえます。

そして，定期的に防災訓練を行い，施設にかかわる全員が，いざというときにマニュアルの内容を実践できるようにしておくことも必要です。

(7) 施設の整備

平常時の危険物質の管理体制に問題がなくても，大規模災害などによって事故等が発生するおそれもあります。そこで，事前に施設の防災対策を強化しておくことが必要です。

建物の耐震化，建物区画間の遮蔽扉や消火設備の設置，大型機器の転倒防止のための固定，危険物質の分散保管，禁水性物質の高所への移置等，様々なリスク要因を想定して対策を施しておきます。

(8) 周辺への被害防止対策

施設周辺の住民や建物に対して被害を与えない対策も必要です。

被害防止対策として有効なのは，十分な敷地面積を確保するとともに，事故が発生した際に周辺に被害を及ぼす危険がある建物については，法令による設置基準があればそれに従い，ない場合でも敷地境界線からなるべく離し

て，敷地の中央に設置することが望まれます。空中を飛散するおそれのある物質については，建物の二重構造化などの対策が考えられます。

また，危険物質等が漏えいし，地下水を汚染した場合，一度発生してしまった汚染に対する有効な対策はなく，除去費用が高額に上ることが多いため，費用対効果という意味からも，事前の対策を行っておく必要があります。

2-2 貨物等運送物資に関する事故

貨物等運送物資に関する事故とは，委託を受けて輸送中または保管中の貨物が滅失・毀損または所在不明となる場合や，輸送手段の遮断等により予定期間内の輸送ができない場合など，貨物の所在地あるいは輸送経路において生じる事故をいいます。

(1) 適切な保管場所の選定

自然災害に関する被害については，貨物を保管する施設の立地を適切に選定することにより，被災のリスクを大きく低減することができます。新たに事業所を設置する場合には，地震，土砂崩れ，水害など，複数の場面を想定しながら候補地を検討します。

また，倉庫の設備や荷積みの方法など具体的な保管方法についても検討します。労働災害の防止という点からもこのことは重要です。

(2) 引受け時の貨物情報の収集

危険物や禁制品をそれと認識しないままに引き受けることは，トラブル発生時に損害を拡大させる原因となります。したがって，引受け時に書面に品目を記入させることは当然として，これとは別に危険物や禁制品を含まない旨の確認文言を設けてチェック欄を用意するなど手順を確立するとともに，担当者が確実に実行するよう重要性を説明し，教育を行います。

(3) 貨物情報へのアクセス手段の構築

貨物を取り扱う担当者が，適時に更新される貨物情報に必要に応じてアクセスできる態勢を構築することが重要です。例えば，貨物の所在地に関する

情報は，最新のものに更新されていなければ，緊急事態が発生したときに役に立ちません。他方，従業員による社内不正に利用される可能性もあるため，アクセス可能な者や利用方法については制限を設けることも必要です。

(4) 保険契約の締結

運送営業上発生させた損害を補償する保険は，各保険会社が様々な商品を用意していますので，リスク回避の方法としてこれらに加入しておくことは有効です。

(5) 貨物の現状の確認および保全

現在，貨物がどのような状態にあるのかを確認するとともに，さらなる状況の悪化を防ぐために適切な措置を講じます。このことは，(8)で述べる「事実経過の調査」のためにも必要です。

貨物の一部に被害が発生した場合，無傷の貨物への被害の拡大を防止する必要があります。被害が発生した直後においては，生じた損害を最終的に誰に負担させるかを明らかにすることよりも，まずは損害自体を最小限に食い止めることが重要です。

大規模災害等の場合には，災害が断続的に発生する可能性もあるため貨物所在地の安全性を確認した上で，例えば臨時に貨物を安全な場所に移すこと等も検討します。作業者の安全確保には細心の注意を払います。

また，特殊な保管方式を必要とする物品（冷蔵品等）については，停電や施設破壊が生じて必要な保管方式を維持できなければ，時間の経過により滅失・毀損を生じることがあります。したがって，貨物の状況を確認するだけでなく，施設の被害状況も合わせて確認します。

(6) 依頼主等への連絡

貨物の正常な輸送が行えない場合には，依頼主や荷受人にその旨を速やかに連絡します。このことは，顧客等との間の信頼関係を維持するためにも重要です。依頼主等が，貨物の滅失，毀損または所在不明の事実を知れば，その貨物を利用して行おうとしていた経済活動について，必要な代替措置をと

ることができ，その結果，派生的な損害の拡大を防ぐことにもつながります。

(7) 行政機関への通報・報告

発生した事件や事故の内容によっては，警察・消防等に通報します。さらに，関連行政機関への通報が法令等により定められている場合があります。

例えば，車両による運送事業者については，自動車事故報告規則（昭和26年12月20日運輸省令第104号）や自動車運送事業者等が引き起こした社会的影響が大きい事故の速報に関する告示（平成21年11月20日国土交通省告示第1224号）により，規定された事故（積載物の漏えいなども含まれ，いわゆる交通事故の場合に限られていない）が発生した場合には，所定の方法で国土交通大臣に報告しなければなりません。とくに重要性，緊急性が高いケースについては，電話，ファクシミリ装置その他適当な方法により，24時間以内においてできる限り速やかに，その事故の概要を運輸監理部長または運輸支局長に速報しなければなりません。この速報については，管轄の地方運輸支局ごとに「自動車運送事業者等用緊急時対応マニュアル」が作成されており，事務所等のわかりやすい場所に備え付けます。

(8) 事実経過の調査

初動対応の後に，改めて事件・事故の経緯，原因を調査します。貨物の輸送ができなくなった原因によっては，運送事業者の依頼主等に対する責任を免れることがあります。後日発生した損害の賠償について争いが生じた場合に備えるという観点からは，裁判において十分な主張と立証ができるレベルで行えているかという意識を持って，原因調査にあたる必要があります。

(9) 代替輸送手段の手配

輸送手段が絶たれたために輸送不能となった場合には，輸送を再開することが債務不履行を解消するための最も良い方法であるとともに，顧客満足の点からも望ましいため，代替輸送手段を検討します。

③ 自然災害に関するリスク

自然災害による業務の支障とその対応

　地震により，広い地域に甚大な被害が生じると，場合により，業務を中断せざるを得ない状況となり，極端な状況では，事業の継続が困難となることも考えられます。

　また，地震などの自然災害が発生すると，公共交通機関のマヒにより，従業員の出勤や帰宅が困難になるなどの事態が発生します。

　中長期的なリスクとしては，事業が長期間にわたって再開できず，業績悪化に陥ることや，操業停止による商品等の市場への供給が停止したために，取引先の自社に対する信用や社会的信用を失うことなどが考えられます。

(1)　二次災害の防止措置

　建物の倒壊，ガス漏れや火災発生の可能性など，事業所が危険な状態にあると懸念される場合には，従業員および顧客を安全な場所に退避させるとともに，応急措置や初期消火，警察・消防への通報を行う必要があります。

(2)　危機管理態勢への移行

　大規模自然災害などが発生した場合には，平常時における態勢では危機的状況を脱することが困難です。そのため，危機的状況における態勢に移行する必要があります。危機的状況を想定した「リスク管理計画（危機管理計画）」が定めてある場合は，その計画に従って事態に対応します。ただし，状況によっては，すべてが計画どおりには機能しないことを心にとどめておくべきです。

　一般に，こうしたリスクが発生した直後は，通常の連絡手段が機能しているとは限りません。また，事前にリスク管理担当者を決めていたとしても，その者がどのような状況に置かれているか不明であることが多いでしょう。

そのため，担当者が上長やリスク管理担当者からの指示を待たずに個別に行動することができるように，緊急事態発生時における危機管理態勢への移行にあたっての基準は，例えば，「震度6以上の地震が発生した場合」や「台風等により風速25m以上となることが予想されている場合」など，客観的な情報に基づくものであることが必要です。また，この基準はすべての部下に周知しておく必要があります。

(3) 従業員の安否確認

安否確認チームを組織して，従業員やその家族，関係者の安否確認を行う必要があります。安否確認がとれない従業員については，チームの構成員を派遣して直接安否確認を行うことが必要な場面があります。

災害が発生した直後には，通常の通信手段が使用できるという保証はありません。固定電話・携帯電話のいずれも通信制限がなされる場合があり，つながらない可能性は十分にあります。また，仮に通話が可能であったとしても，通話により短時間に多くの従業員の安否確認を行うことは困難です。これに対し携帯電話の電子メールなどは，緊急時においても比較的機能するといわれています。マネジャーの多くは，緊急連絡先として電話番号を指定していますが，その他にメールアドレスを指定しておくことも有効です。

また，各種伝言サービスの確認も必要です。例えば，NTTが災害時に電話番号宛てに伝言を残すことができる災害用伝言ダイヤル（171）を提供していることは広く知られています。このほかに，電話番号を宛先に指定し，インターネットの通信回線を通じて文字の他に音声，動画および静止画を伝言として投稿できる災害用ブロードバンド伝言板（web171）もあります。

これらによって収集した安否情報は1か所に集約して確実に記録します。リスク発生時は，担当部署では混乱が生じがちですが，通信手段が十分に機能しない状態で，相手に連絡をとることは非常に困難です。したがって，記録漏れや紛失がないよう，安否の確認情報の記録を徹底する必要があります。

(4) 被害状況の確認

安否確認と並行して，組織の設備や商品等の損害状況の確認を行います。

この際，確認にあたる者の安全に十分な配慮が必要です。もし危険な状態であることがわかった場合には，消防等，関連機関への通報を行います。

また，これとあわせて交通やライフラインの状況も，テレビ，ラジオ，インターネット等から入手し，社内に向けて伝達します。

(5) 被害の復旧・通常業務への復帰

自然災害が過ぎ去り状況が安定してきたら，緊急時の態勢から平常時の態勢への復帰を目指します。

復旧に際しては，計画を立てて優先順位を設定します。中核となる事業や，ボトルネックとなる要素から優先的に復旧していくことになります。

(6) 対外的情報開示と顧客対応

組織の状況について，対外的に情報開示を行う必要があります。

情報開示を行う対象としては，一般顧客，取引先，官公庁・自治体等，マスコミなどが考えられます。取引先に対しては営業部門が対応にあたるなど，顧客対応という観点も含めて担当部署を決めて対応します。また，相手方の被災状況も当組織の事業の継続運用との関係で大きな影響を与えてくるため，情報収集に努める必要があります。

また，ソーシャル・ネットワーキング・サービス（SNS）の普及により容易に出回るようになったデマやチェーンメール等の誤情報を発見した場合は，ただちに修正情報を提供する必要があります。

(7) リスク管理計画・事業継続計画の見直し

緊急時の初動段階において適切な行動をとるためには，平常時において「リスク管理計画（危機管理計画）」や「事業継続計画」を策定することが求められます。その内容としては，危機管理対策本部の構成および構築手順，連絡手段，被害に対する初期対応などを盛り込む必要があります。

また，策定したばかりのリスク管理計画は，現実にそぐわない点もあるでしょう。定期的な訓練を実施し，PDCAサイクルを活用して，新たな改善点を検証・検討してリスク管理計画等の見直し・修正を行います。

⑻ 教育および訓練

　緊急時においては通常の指揮系統が機能しない可能性が高く，多くの場合，初期段階においては従業員が自己の判断で行動することが求められます。

　そこで，前述のリスク管理計画を従業員にも周知した上で，定期的に訓練を行うなどしてその浸透を図る必要があります。

⑼ 各リスク要因に対する個別対策

　前述のリスク管理計画に基づいて，緊急用連絡手段の確保，防災設備の充実，事業機器の安全性向上，部品在庫の確保などを行う必要があります。その具体的な内容は業種ごと，またリスクごとに異なるので，各部門の意見を聴いて十分洗い出しを行うようにすることが大切です。

参考文献

- 伊丹敬之（2005）『場の論理とマネジメント』東洋経済新報社
- インターリスク総研編著（2010）『実践リスクマネジメント（第4版）』経済法令研究会
- 上田信行（2009）『プレイフル・シンキング』宣伝会議
- H. イゴール・アンゾフ著　中村元一監訳　田中英之，青木孝一，崔大龍訳（2007）『アンゾフ戦略経営論（新訳）』中央経済社
- A. H. マズロー著　小口忠彦訳（2015）『［改訂新版］人間性の心理学　モチベーションとパーソナリティ』産業能率大学出版部
- SEMI日本地区BCM研究会編（2005）『事業継続マネジメント入門』共立出版
- エイミー・C.エドモンドソン著　野津智子訳（2021）『恐れのない組織　「心理的安全性」が学習・イノベーション・成長をもたらす』英治出版
- エベレット・ロジャーズ著　三藤利雄訳（2007）『イノベーションの普及』翔泳社
- 遠藤功監修・執筆　グロービス・マネジメント・インスティテュート編（2001）『MBAオペレーション戦略』ダイヤモンド社
- 大泉光一（2002）『クライシス・マネジメント（三訂版）』同文舘出版
- 小笹芳央（2006）『モチベーション・リーダーシップ』PHP研究所
- 恩藏直人（2004）『マーケティング』日本経済新聞出版社
- 金井壽宏（1999）『経営組織』日本経済新聞出版社
- 株式会社OJTソリューションズ（2014）『トヨタの問題解決』KADOKAWA
- 北居明（2014）『学習を促す組織文化マルチレベル・アプローチによる実証分析』有斐閣
- 桐村晋次（2005）『人材育成の進め方（第3版）』日本経済新聞出版社
- 久保田進彦，澁谷覚，須永努（2013）『はじめてのマーケティング』有斐閣
- グロービス経営大学院（2011）『グロービス MBA クリティカル・シンキング コミュニケーション編』ダイヤモンド社
- 畔柳修（2008）『上司・リーダーのためのメンタルヘルス』同文舘出版
- 午堂登紀雄（2008）『問題解決力をつける本』三笠書房
- 昆正和（2008）『実践BCP策定マニュアル』九天社
- 斎藤顕一（2006）『問題解決の実学』ダイヤモンド社
- 齋藤嘉則（2010）『新版 問題解決プロフェッショナル』ダイヤモンド社
- 齋藤嘉則（2001）『問題発見プロフェッショナル』ダイヤモンド社
- 佐伯学，田中信，塚松一也（2002）『もっとうまくできる業務改善』日本能率協会マネジメントセンター

365

- 佐藤剛監修 グロービス経営大学院著（2007）『グロービス MBA 組織と人材マネジメント』ダイヤモンド社
- 三宮真智子（2022）『メタ認知 あなたの頭はもっとよくなる』中公新書ラクレ
- ジェイ・B. バーニー著 岡田正大訳（2003）『企業戦略論［上］基本編』ダイヤモンド社
- ジェイ・B. バーニー著 岡田正大訳（2003）『企業戦略論［中］事業戦略編』ダイヤモンド社
- ジェイ・B. バーニー著 岡田正大訳（2003）『企業戦略論［下］全社戦略編』ダイヤモンド社
- ジェフリー・A. クレイムズ著 有賀裕子訳（2009）『ドラッカーへの旅 知の巨人の思想と人生をたどる』ソフトバンククリエイティブ
- ジョセフ・オコナー，アンドレア・ラゲス著 杉井要一郎訳（2012）『コーチングのすべて』英治出版
- ジョン・M.デュセイ著 池見酉次郎監修 新里里春訳（2011）『エゴグラム ひと目でわかる性格の自己診断』創元社
- ジョン・P.コッター著 DIAMONDハーバード・ビジネス・レビュー編集部，黒田由貴子，有賀裕子訳（2015）『リーダーシップ論（第2版） 人と組織を動かす能力』ダイヤモンド社
- 末永春秀（2015）『社員が自主的に育つスゴい仕組み』幻冬舎メディアコンサルティング
- DIAMONDハーバード・ビジネス・レビュー編集部編訳（2009）『［新版］動機づける力』ダイヤモンド社
- 田尾雅夫（1993）『モチベーション入門』日本経済新聞出版社
- 高橋誠（2008）『会議の進め方（第2版）』日本経済新聞出版社
- 高橋誠（1999）『問題解決手法の知識（第2版）』日本経済新聞出版社
- 髙山直（2007）『EQ入門』日本経済新聞出版社
- ダグラス・マグレガー著 高橋達男訳（1970）『企業の人間的側面』産業能率大学出版部
- ダニエル・ゴールマン，リチャード・ボヤツィス，アニー・マッキー著 土屋京子訳（2002）『EQリーダーシップ』日本経済新聞出版社
- 谷口智彦（2009）『「見どころのある部下」支援法』プレジデント社
- チェスター・バーナード著 山本安次郎・田杉競・飯野春樹訳『新訳 経営者の役割』ダイヤモンド社
- デヴィッド・ボーム著 金井真弓訳（2007）『ダイアローグ』英知出版
- 寺澤弘忠（2006）『これからのOJT』PHP研究所

- 東京商工会議所編『ビジネス実務法務検定試験® 1級公式テキスト』中央経済社
- 東京商工会議所編『ビジネス実務法務検定試験® 2級テキスト』中央経済社
- 東京商工会議所編『ビジネス実務法務検定試験® 3級公式テキスト』中央経済社
- 東京商工会議所編著『環境社会検定試験® eco検定公式テキスト』日本能率協会マネジメントセンター
- トム・ピーターズ，ロバート・ウォータマン著　大前研一訳（2003）『エクセレント・カンパニー』英治出版
- トレイシー・K. ギリス著 林春男監修 西日本電信電話株式会社ソリューション営業本部監訳（2007）『事業継続マネジメントBCM』NTT出版
- 中島健一（2012）『経営工学のエッセンス』朝倉書店
- 中原淳編著　木村充，伊勢坊綾，脇本健弘，吉村春美，関根雅泰，福山佑樹，伊澤莉瑛，島田徳子，重田勝介，舘野泰一著（2012）『職場学習の探究』生産性出版
- 西堀榮三郎（1981）『品質管理心得帖』日本規格協会
- 日本ナレッジ・マネジメント学会編（2008）『「型」と「場」のマネジメント』かんき出版
- 日本ナレッジ・マネジメント学会監修 森田松太郎編著（2012）『場のチカラ』白桃書房
- 日本能率協会コンサルティング（2010）『オフィスの業務改善がすぐできる本』日本能率協会マネジメントセンター
- 野中郁次郎（1983）『経営管理』日本経済新聞出版社
- 畠山芳雄（2005）『マネジャー・どう行動すべきか』日本能率協会マネジメントセンター
- 波頭亮（2013）『経営戦略論入門』PHP研究所
- 播摩早苗（2006）『今すぐ使える！コーチング』PHP研究所
- ピーター・サロベイ，デイビッド・R. カルーソ著　渡辺徹監訳（2004）『EQマネージャー　リーダーに必要な4つの感情能力』東洋経済新報社
- ピーター・ドラッカー著　有賀裕子訳（2008a）『マネジメント 務め，責任，実践I』日経BP社
- ピーター・ドラッカー著　有賀裕子訳（2008b）『マネジメント 務め，責任，実践II』日経BP社
- ピーター・ドラッカー著　有賀裕子訳（2008c）『マネジメント 務め，責任，実践III』日経BP社
- ピーター・ドラッカー著　有賀裕子訳（2008d）『マネジメント 務め，責任，実践IV』日経BP社
- ピーター・ドラッカー著　上田惇生編訳（2001）『マネジメント［エッセンシャル

版]』ダイヤモンド社

- ピーター・ドラッカー著　上田惇生訳（2008a）『マネジメント［上］』ダイヤモンド社

- ピーター・ドラッカー著　上田惇生訳（2008b）『マネジメント［中］』ダイヤモンド社

- ピーター・ドラッカー著　上田惇生訳（2008c）『マネジメント［下］』ダイヤモンド社

- ピーター・ドラッカー著　上田惇生訳（2007d）『イノベーションと企業家精神』ダイヤモンド社

- フィリップ・コトラー，ケビン・レーン・ケラー著　恩藏直人監修　月谷真紀訳（2014）『コトラー＆ケラーのマーケティング・マネジメント』丸善出版

- ヘンリー・ミンツバーグ著　池村千秋訳（2011）『マネジャーの実像』日経BP社

- ポール・ハーシィ，ケネス・H. ブランチャード，デューイ・E. ジョンソン著 山本成二，山本あづさ訳（2000）『行動科学の展開〔新版〕』生産性出版

- 堀公俊（2004）『ファシリテーション入門』日本経済新聞出版社

- 本田勝嗣，石川洋（2002）『よくわかるビジネス・コーチング入門』日本能率協会マネジメントセンター

- 本間正人，松瀬理保（2006）『コーチング入門』日本経済新聞出版社

- マイケル・ポーター著　土岐坤，中辻萬治，服部照夫訳（1995）『新訂競争の戦略』ダイヤモンド社

- 松尾睦（2013）『成長する管理職』東洋経済新報社

- 茂木寿（2007）『リスクマネジメント構築マニュアル』かんき出版

- ロジャー・シュワーツ著 寺村真美，松浦良高訳（2005）『ファシリテーター完全教本』日本経済新聞出版社

- David W. Merrill and Roger H. Reid, Personal Styles and Effective Performance, CRC Press, 1981.

- Douglas McGregor（2006）The Human Side of Enterprise, Annotated Edition, McGraw-Hill

- Martin Chemers（1997）An Integrative Theory of Leadership, Psychology Press

- Michael E. Porter and Mark R. Kramer（2011）CSV: Creating Shared Value

- M. Neil Browne, Stuart M. Keeley（2009）Asking the Right Questions, 9th Edition, Longman

- Peter F. Drucker（1993）Management, Harper Business

- Richard M. Ryan, Edward L. Deci（2017）Self-Determination Theory: Basic Psychological Needs in Motivation, Development, and Wellness

※すべてWEB上で閲覧することができます（2022年10月現在）。

●国際機関等
- 持続可能な開発のための 2030 アジェンダ
- SDG Compass
- 責任投資原則（PRI）
- ビジネスと人権に関する指導原則：国際連合「保護，尊重及び救済」枠組実施のために
- 国際統合報告評議会「国際統合報告フレームワーク日本語訳」（日本公認会計士協会・翻訳レビュー作業部会訳）

●日本政府
（環境省）持続可能な開発目標（SDGs）活用ガイド［第 2 版］
（環境省）「グリーンボンド及びサステナビリティ・リンク・ボンドガイドライン」
（経産省）SDGs 経営ガイド
（経産省）伊藤レポート3.0（SX版伊藤レポート）
（経産省）価値協創のための統合的開示・対話ガイダンス2.0（価値協創ガイダンス2.0）
（法務省）今企業に求められる「ビジネスと人権」への対応
（金融庁）投資家と企業の対話ガイドライン（改訂版）

●その他
経団連「人権を尊重する経営のためのハンドブック」

索　引

■■■■■■ さ 行 ■■■■■■

■■■■■■■■ わ　行 ■■■■■■■■

東京商工会議所は，東京23区内の会員（商工業者）で構成される地域総合経済団体です。1878（明治11）年に設立され，商工業の総合的な発展と社会福祉の増進を目的に，「経営支援活動」・「政策提言活動」・「地域振興活動」を３つの柱として活動しています。

検定事業は，経営支援活動における人材育成支援のメインメニューのひとつであり，ビジネスマネジャー検定試験の他にも様々な検定試験を実施しています。

ビジネスマネジャー検定試験®公式テキスト 4th edition（第４版）
■管理職のための基礎知識

2014年12月20日	第１版第１刷発行	
2016年８月10日	第１版第77刷発行	
2017年１月５日	第２版第１刷発行	
2019年７月５日	第２版第66刷発行	
2020年３月１日	第３版第１刷発行	
2022年９月25日	第３版第44刷発行	
2023年３月１日	第４版第１刷発行	
2024年10月20日	第４版第33刷発行	

編　者　東京商工会議所
制　作　㈱ワールド・ヒューマン・リソーシス
発行者　山　本　　　継
発行所　㈱中央経済社
発売元　㈱中央経済グループ
　　　　パブリッシング

〒101-0051　東京都千代田区神田神保町１-35
電話　03 (3293) 3371（編集代表）
　　　03 (3293) 3381（営業代表）
https://www.chuokeizai.co.jp
印刷／文唱堂印刷㈱
製本／誠　製　本　㈱

©2023
Printed in Japan

ポイント5　ビジネスマネジャーBasicTest®とのセット割引

本通信講座＆ビジネスマネジャーBasicTest®を
セット特別価格でご提供

本通信講座とビジネスマネジャーBasicTest®のセットを特別価格にてご提供します。BasicTestは，基礎的知識を問う問題が出題され，本通信講座とともに活用することで，本試験合格に必要な実力を養えます。
※BasicTestの内容等については，p.183〜p.189を参照してください。

講座の概要　（詳細は，Webサイトでご確認ください。）

受講料（税込み）		教材内容
BasicTestあり	24,400円	オリジナルテキスト3冊，練習問題集，リポート問題3回分，本試験出題分布表，「財務諸表・経営指標」問題の解法徹底解説，IBT・CBT対策模擬問題4回分，質問票
BasicTestなし	21,000円	※BasicTestありの場合BasicTest利用ID付き

[開講時期] お申込みは，いつでも受け付けています。お申込みを確認でき次第，学習を開始することができます。

[学習期間] 学習期間は自由に設定できます（直前対策にも有効）。

[模擬問題] IBT・CBT対策模擬問題には，実際の検定試験に出題された問題（過去問）が一部含まれています。

お申込みの流れ

ウェブサイトで申込登録
https://kentei.tokyo-cci.or.jp/bijimane/support/online-course.html

受講料のお支払い
受講料を指定の方法でお支払いください。
詳細については上記ウェブサイトに掲載しています。

開講（教材が届く）
ご入金を確認後，教材を発送いたします。

通信講座に関するお問合せ

ビジネスマネジャー検定試験® 公式通信講座事務局
TEL：03-3352-5261（土日・祝休日・年末年始を除く9:00〜17:00）

業種・職種を問わず管理職として
知っておきたい知識をWEBで診断

ビジネスマネジャー BasicTest®
概　要

マネジメント知識の習得度を WEB で客観的に測定できる診断ツールです。

インターネット環境さえあれば，24 時間 365 日

いつでも好きな時間に好きな場所から受験することが可能です。

昇進・昇格の判断に，中途採用試験に，管理職・管理職候補者への

研修の一環に利用するなど，様々な場面で活用できます。

企業の活用方法・メリット

ポイント 1　管理職・管理職候補者を対象とした能力測定や研修後の効果測定として導入できる

ポイント 2　いつでも利用ができ，すぐに結果を確認することができる

ポイント 3　管理職・管理職候補者全員が受験することで，社内の共通言語や共通認識を一致させることができる

 試験概要

受験料	4,400円（税込）	制限時間	60分（出題数60問） ※開始後の一時中断には対応しておりません。
試験方法	インターネットを通じパソコンを利用しての個別Web試験です。 ※あらかじめ受験するパソコンの動作環境を体験版で確認し、推奨された環境下での受験となります。		
合格基準	スコアで表示（上限100点）		
申込期間	インターネットにて24時間受付しています。 ※毎月第1火曜日5:00〜9:00は定期メンテナンスのためご利用できません。		
テキスト 問題集	ビジネスマネジャー検定試験®公式テキスト 4th edition 　　　　　　　　　　　　　　　　　　　　3,245円（税込） ・・・・・・・・・・・・・・・・・・・・・・・・・・・・・・・・・・・・ ビジネスマネジャー検定試験®公式問題集 2023年版 　　　　　　　　　　　　　　　　　　　　2,750円（税込）		

試験問題は，択一方式による選択式

> **ビジネスマネジャー Basic Test**
> 前頁　60頁中 2頁目　次頁　　　　残り時間:59:33
> ビジネスマネジャー Basic Test　　　　文字サイズ:最大
>
> **問2**
> 部下からの業務報告を受理する場合のマネジャーの行動として最も適切なものを1つ
> だけ選びなさい。
>
> ○ 報告は、チームに所属する部下の各人が、それぞれ報告の都度、任意の様式により報告する
> こととし、定型的な様式は用いないよう指導する。
>
> ○ 報告をする際には、記録やメモ・写真等の資料を提出するなど、可能な限り客観性・正確性
> を担保できる形で報告するよう指導する。
>
> ○ マネジャーの業務効率向上のため、マネジャーがあらかじめ定めた時間以外は報告を受け
> 付けないことを徹底する。
>
> ○ 部下からのアクシデント情報の報告を受けた際は、再発防止を図る観点から、アクシデント
> 情報を報告した部下に「アクシデントの発生を防げなかったことに対し、どう責任を取る
> のか？」を徹底的に問い詰めるとともに、一定の期間にわたり毎日、反省文を書くよう指導
> する。
>
> 次の設問　後で見直す

※ 画像はビジネスマネジャーBasicTestの試験問題例です。

試験問題について

公式テキストに掲載されている内容を問います。出題範囲は、基本的に公式
テキストに準じますが、最近の時事問題などからも出題する場合があります。

試験終了後、得点にかかわらず、認定証（スコ
アレポート）を印刷することができます。

詳しくは，下部 WEB サイトよりお問合せください。

ビジネスマネジャー BasicTest®
主催 東京商工会議所

東京商工会議所 検定センター
公式サイト https://kentei.tokyo-cci.or.jp/bijimane/basic-test/about/

問題解決はマネジャーの初動で決まる！

―超基本の30ケース―

東京商工会議所[編]

A5判・204頁

いつ，誰にでも起こりうるテーマを厳選！

人員不足の現場をマネジメントするときの注意点／部下に資料作成を指示するときの注意点／遅刻・欠勤を繰り返す部下／部下の育児休業／部下の介護休業／個人情報が流出したとき／協力会社への支払を引き延ばしたとき／従業員の重大なミス／重大トラブルが発生したときのチームの連絡体制／クレーマーからの不当要求／派遣労働者を受け入れるとき／セクシュアル・ハラスメントの相談／業務時間中に事故による従業員の怪我／他人のブランドロゴ（商標）の使用／協力会社に義務のないことを無理矢理させたら／失敗をした部下を叱る／反社会的勢力からの不当な要求／仕事が手に付かない部下／共同作業を指示するとき／製品に不具合があったとき／チームの業務量が急増したとき／廃棄物を処理するとき／部下がインフルエンザに罹患したとき／商品の広告や販売促進を考えるとき／通勤途中の事故による従業員の怪我／機密情報が流出したとき／業務指示が不適切なために部下がミスをしたとき／取引先が何度も支払延期を要求してきたら／自社工場で事故が起きたら／中途採用者から前職の情報を取得してよいか

中央経済社